Dr. Mercedes Stiller, Frank von Pablocki

Wir verstehen uns

Neue Ideen für das Miteinander der Generationen

VINCENTZ
Wir entwickeln Fachwissen

Bibliografische Information der Deutschen Nationalbibliothek

Die Deutsche Bibliothek verzeichnet diese Publikation in der Deutschen Nationalbibliografie; detaillierte bibliografische Daten sind im Internet über http://dnb.d-nb.de abrufbar.

Sämtliche Angaben und Darstellungen in diesem Buch entsprechen dem aktuellen Stand des Wissens und sind bestmöglich aufbereitet.
Der Verlag und die Autoren können jedoch trotzdem keine Haftung für Schäden übernehmen, die im Zusammenhang mit Inhalten dieses Buches entstehen.

© VINCENTZ NETWORK, Hannover 2021

Besuchen Sie uns im Internet: www.www.altenpflege-online.net

Druck: Gutenberg Beuys Feindruckerei GmbH

Foto Titelseite: AdobeStock, fizkes, De Visu, Hunor Kristo, VadimGuzhva (Composing)

ISBN 978-3-7486-0307-8

Dr. Mercedes Stiller, Frank von Pablocki

Wir verstehen uns

Neue Ideen für das Miteinander der Generationen

Inhalt

Jetzt Code scannen und mehr bekommen …

http://www.altenpflege-online.net/bonus

Ihr exklusiver Bonus an Informationen!

Hier erhalten Sie Bonus-Material zum Download. Scannen Sie den QR-Code oder geben Sie den Buch-Code unter www.altenpflege-online.net/bonus ein und erhalten Sie Zugang zu Ihren persön-lichen kostenfreien Materialien!

Buch-Code: AH1177

Einleitung

Das vorliegende Buch greift eine aktuelle Thematik in der stationären Altenhilfe auf, die sich bereits jetzt schon abzeichnet und die in den kommenden Jahren noch von zunehmender und zentraler Bedeutung sein wird: Wie sieht die „ideale Einrichtung" aus und was müssen alle am Prozess Beteiligten tun, um diesen Prozess erfolgreich und konstruktiv voranzutreiben?

Fest steht bereits jetzt, dass insbesondere die Zugehörigen mit steigenden Ansprüchen an eine Einrichtung herantreten. Unter Zugehörigen werden Töchter, Söhne, Mütter und Väter sowie (Berufs-) Betreuer bzw. Personen verstanden, die dem in einer Einrichtung der stationären Langzeitpflege untergebrachten Menschen in irgendeiner Art und Weise nahestehen und die sich für seine Versorgung und Betreuung verantwortlich fühlen. Sie erwarten die bestmögliche Versorgung und Betreuung für ihre Zugehörigen.

Aber: Auch die Bewohner werden zunehmend anspruchsvoller. Dies hängt zum Teil damit zusammen, dass es sich hierbei um diejenige Generation handelt, die es gelernt hat, ihre Bedürfnisse klar zu formulieren und die nicht mehr gewillt ist, sich mit Dienstleistungen zufrieden zu geben, die ihren Ansprüchen nicht gerecht werden.

Demgegenüber stehen die Mitarbeiter einer Einrichtung, die es oftmals nicht verstehen können bzw. wollen, mit welchen Forderungen Zugehörige und Bewohner tagtäglich an sie herantreten.

Und schließlich und endlich gibt es da noch die Gruppe der Leitungskräfte, die den Zugehörigen und Bewohnern oftmals zu Beginn des Vertragsverhältnisses pflegerische und betreuerische Versprechungen macht, die in keinerlei Art und Weise mit der Realität übereinstimmen. Dies geschieht häufig, weil die Leitungskräfte möglichen Konflikten zu Beginn des Versorgungs- und Betreuungsauftrags aus dem Weg gehen möchten.

Dieses Vorgehen geht dann aber wiederum mit Folgekonflikten bei den Mitarbeitern einher, die nicht verstehen können, warum Leitungskräfte, die eben nicht mehr tagtäglich an der Basis arbeiten, die aber die Praxis kennen sollten, derartige „Luftschlösser" verkaufen.

Und natürlich führt dies auch zu wiederkehrenden Enttäuschungen bei den Zugehörigen und Bewohnern, da ihnen eben oftmals Dinge versprochen werden, die sich nicht einmal in Ansätzen in der Realität des Pflegealltags realisieren lassen.

Vor diesem Hintergrund stellt sich die Frage danach: Wie sehen Mitarbeiter den Bewohner und wie sieht der Bewohner die Mitarbeiter? Darüber hinaus gilt es aber auch noch den Blickwinkel der Zugehörigen und der Leitungskräfte einzunehmen.

Im Rahmen des vorliegenden Buches werden deshalb „fünf Perspektiven" eingenommen, wenn es darum geht, wer sich aus welchem Blickwinkel heraus bei möglichen Konflikten, Meinungsverschiedenheiten und Beschwerden aus seiner Sicht und subjektiv betrachtet im Recht fühlt. Um diesen „Drahtseilakt", den es in vielen stationären Einrichtungen der stationären Altenhilfe eben Tag für Tag zu bewältigen gilt, anschaulich darstellen zu können, wird mit den folgenden fünf Protagonisten gearbeitet:

- Emil Schwarz ist 80 Jahre alt. Er gehört der Generation der Traditionalisten/Veteranen an. Er lebt auf dem Wohnbereich, auf dem Lena arbeitet: Lena ist seine Bezugspflegekraft. Herr Schwarz ist kognitiv orientiert. Aufgrund eines Schlaganfalls ist er aber körperlich stark eingeschränkt. Die Perspektive, die er gerne einnimmt, ist eher eindimensional. Sie folgt der Devise: „Ihr versorgt mich gut und ich habe meine Ruhe!"

- Isolde Schwarz ist die Tochter von Emil Schwarz. Sie gehört zur Generation der Babyboomer. Isolde Schwarz ist 56 Jahre alt, alleinstehend und fast jeden Tag zu Besuch auf dem Wohnbereich bei ihrem Vater. Isolde Schwarz hat ihren Vater bis vor Kurzem selbst in der Häuslichkeit gepflegt. Nach seinem Schlaganfall fühlte sie sich aber mit seiner Pflege überfordert, so dass sie ihren Vater stationär unterbringen musste. Sie folgt der Devise: „Mein Vater soll hier in der Einrichtung so versorgt werden, wie ich es mir vorstelle und wie er es von zu Hause gewohnt ist!"

- Timo Richter ist Pflegedienstleiter in der stationären Pflegeeinrichtung. Er gehört zur Generation X und ist 45 Jahre alt. Er folgt einer einfachen und pragmatischen Devise: „Die Angehörigen haben immer Recht!"

- Die examinierte Altenpflegerin Lena ist 25 Jahre alt. Sie gehört zur Generation Y und arbeitet auf dem Wohnbereich von Emil Schwarz. Ihr Leitspruch: „Die Bewohner und Zugehörigen sollen realistische Ansprüche in Bezug auf ihre Pflege und Betreuung haben. Dann wird am Ende auch alles gut!"

- Die sich im ersten Ausbildungsjahr zur Pflegefachfrau befindende Auszubildende Alina ist 18 Jahre alt. Sie gehört zur Generation Z und arbeitet ebenfalls auf dem Wohnbereich von Emil Schwarz. Alina folgt der Devise: „Ich möchte hier vor allem Spaß mit den Bewohnern und Zugehörigen haben und von ihnen wertgeschätzt werden!"

Mit der jeweiligen Perspektive erachten sie ihre subjektive Sichtweise als absolut korrekt. Würden sie allerdings von Zeit zu Zeit einmal „die Brille des anderen" aufsetzen, dann kämen sie zu einer anderen Auffassung und würden das jeweilige Gegenüber besser verstehen und andere Lösungswege favorisieren.

Die Protagonisten spiegeln nicht immer die komplette Realität wider: Sie dienen lediglich als „Abbildungsfläche", um die derzeitigen und künftigen Herausforderungen zu verdeutlichen, mit denen die Einrichtungen der stationären Langzeitpflege es lernen müssen, einen konstruktiven Umgang zu finden.

Gemäß dieses Ansatzes, der sich in erster Linie an Mitarbeiter aller Ebenen in stationären Einrichtungen der Altenhilfe richtet – Zugehörigen sollte es zum Lesen auch gerne empfohlen werden – gliedert sich das vorliegende Buch wie folgt:

Zunächst werden die Unterschiede zwischen den Generationen vorgestellt. Im Rahmen dieses Kapitels findet ferner ein Exkurs statt, der sich mit den aufkeimenden Generationskonflikten beschäftigt, die sich auch in der Pflege abzeichnen, wenn fünf Generationen aufeinandertreffen: Traditionalisten/Veteranen, Babyboomer, Generation X, Generation Y und Generation Z.

Danach wird auf ein Persönlichkeitsmodell eingegangen, das Aufschluss darüber geben soll, warum Menschen in verschiedenen Situationen, die den Umgang im Pflegealltag miteinander betreffen, sehr unterschiedlich reagieren und handeln. Dieses hat das Fünf-Faktoren-Modell bzw. die Big-Five als Grundlage.

Im weiteren Verlauf des Buches werden Strukturmerkmale dargestellt, die aus Sicht der Autoren dazu beitragen sollen, die oftmals diametral entgegengesetzte Sichtweise der unterschiedlichen Interessengruppen in stationären Pflegeeinrichtungen stets zu berücksichtigen. Dieses Vorgehen wird jeweils mithilfe der voranstehend abgebildeten fünf Protagonisten mit ihren „fünf Brillen" illustriert.

Des Weiteren werden die zentralen Prozessschritte – vom Erstgespräch über den Aufnahmeprozess bis hin zur Beendigung der Integrationsphase – in einer stationären Einrichtung der Altenhilfe beleuchtet.

Ausgewählte Bereiche, wie die pflegerische Versorgung sowie die Betreuung, werden stets aus zwei Perspektiven zweier Protagonisten betrachtet: Ziel ist es hierbei, die bestehenden Diskrepanzen zu überwinden, um darüber zu neuen Modellen eines reibungsloseren Miteinanders im Pflegealltag zu gelangen.

Darüber hinaus geht das vorliegende Buch der Frage danach nach, ob sich ein Persönlichkeitsmodell zur Personalauswahl in Anlehnung an deren jeweilige Biografie als sinnvoll erweisen könnte. Denn hierdurch könnten alle Interessengruppen mehr Verständnis füreinander aufbringen und somit zu mehr Zufriedenheit gelangen.

Am Ende des Buches erfolgt ein Ausblick darauf, wie es stationären Einrichtungen der Langzeitpflege im Idealfall gelingen kann, sich so zu positionieren, dass verschiedene Perspektiven berücksichtigt werden müssen.

Wenn dies funktioniert, dann wären diese stationären Einrichtungen einen ganzen Schritt weiter: Auf dem Weg in eine andere Moderne bzw. hin zu „idealen Einrichtungen", die stets „fünfdimensional agieren", um mehr Zufriedenheit bei allen Beteiligten herzustellen.

Der Generationswandel in der stationären Altenhilfe

Wenn Sie diesen Abschnitt gelesen haben, dann …

haben Sie eine Idee, wie sich unterschiedliche Generationen generell und besonders im beruflichen Kontext unterschiedlich verhalten. Des Weiteren gewinnen Sie einen Eindruck davon, was die Ursachen für die Verschiedenartigkeit im Verhalten sein können.

Der Generationswandel hat in den letzten Jahren maßgeblich dazu beigetragen, dass sich die Arbeitswelt auch in der stationären Altenhilfe grundlegend verändert hat – und das wird in den nächsten Jahren so weitergehen: Die Digitalisierung und die Globalisierung schreiten voran und verlangen von den Mitarbeitern und Einrichtungen neue Kompetenzen und Sichtweisen. Ferner werden sich die geburtenstarken Jahrgänge (Babyboomer) der heute circa 50 bis 65-jährigen sukzessive aus dem Arbeitsleben zurückziehen und Lücken hinterlassen, die von den geburtenschwachen Generationen nach ihnen rein zahlenmäßig nicht gefüllt werden können. Das Pflegepersonal ist bereits zu einer knappen Ressource geworden. Pflegekräfte können heute schon – und erst recht in der Zukunft – zwischen mehreren Arbeitgebern wählen.[1]

Für Unternehmen der stationären Altenhilfe bedeutet dies, dass sie auf sich aufmerksam machen und intensiv suchen müssen, um geeignete Mitarbeiter in der Pflege zu finden. Alle Pflegeeinrichtungen müssen sich somit bereits jetzt und auch künftig Gedanken machen, welchen Mehrwert sie potenziellen Pflegekräften bieten können, damit diese sich entscheiden, bei ihnen zu arbeiten. Sie müssen Anreize schaffen: Die Tendenz geht heute in Richtung flacher Hierarchien und Work-Life-Balance, da den Pflegekräften der jüngeren Generationen andere Werte wichtig geworden sind als den Generationen vor ihnen. Insofern lohnt sich ein Blick auf die verschiedenen Generationen und ihre Kompetenzen sowie Vorlieben.[2]

Dies insbesondere vor dem Hintergrund, dass in einer Einrichtung der stationären Altenhilfe derzeit noch fünf verschiedene Generationen aufeinander treffen: Das sind zum einen die Bewohner. Diese gehören momentan noch zum Großteil der Generation der Veteranen/Traditionalisten an. Zum anderen gibt es die Generation der Babyboomer, die jetzt noch als Mitarbeiter aktiv in der Pflege tätig sind. Diese werden aber im Laufe der nächsten zehn Jahre in den Ruhestand gehen und die Einrichtungen der stationären Altenhilfe somit verlassen. Bei dieser Generation handelt es sich jedoch in den sich daran anschließenden Folgejahren um die Bewohner der Zukunft.

---

1 vgl. www.berlinerteam/magazin/generation y,x,z,babyboomer.de; Zugriff vom 16.01.2020
2 vgl. www.berlinerteam/magazin/generation y,x,z,babyboomer.de; Zugriff vom 16.01.2020

Neben den noch erwerbstätigen Babyboomern gehören die Pflegekräfte zu unterschiedlichen Anteilen den Generationen X, Y und Z an.

Insofern muss die Frage danach gestellt werden, durch welche Hauptmerkmale sich jede Generation – ob auf Seiten des Bewohners oder der Pflegekraft – auszeichnet und wie sie im Miteinander in einer stationären Einrichtung der Altenhilfe agiert:

- Was will jede Generation für sich erreichen?

- Was motiviert die Vertreter der jeweiligen Generation?

- Wie setzen sich die Generationen voneinander ab?

- Welchen Tendenzen folgt welche Generation trotz der verschiedenen Individuen, die hierunter subsumiert werden?

- Welche unterschiedlichen Verhaltensweisen, Umgangsformen, Normen und Werte haben die unterschiedlichen Generationen verinnerlicht?

Die Generationen im Überblick: Traditionalisten/Veteranen, Babyboomer, Generation X, Generation Y und Generation Z

In der Literatur[3] werden die unterschiedlichen Generationen wie folgt dargestellt:

Generationen in Deutschland	Geburtsjahre	Altersgruppen (Stand 2020)	Prägende Jahre
Die Veteranen /Traditionalisten	1922 – 1945	75 – 98 Jahre	1933 – 1960
Babyboomer	1946 – 1964	56 – 74 Jahre	1957 – 1979
Generation X	1965 – 1979	41 – 55 Jahre	1976 – 1994
Generation Y	1980 – 1995	25 – 40 Jahre	1991 – 2010
Generation Z	1996 – ?	24 Jahre und jünger	2007 – ?
(Quelle: vgl. Magelsdorf 2015:13)			

Es sei an dieser Stelle darauf hingewiesen, dass die Zuordnung der o. g. Geburtsjahre und Altersgruppen differieren kann. Das hängt mit der unterschiedlichen Sichtweise von verschiedenen Autoren zusammen. Für die hier vorliegende Zuordnung der nachfolgend dargestellten Generationen gilt jedoch die o. g. Matrix als handlungsleitend.

3 vgl. Hurrelmann 2014; vgl.auch Magelsdorf 2015

Die Generation der TRADITIONALISTEN/VETERANEN (1922 – 1945)

Als Generation der TRADITIONALISTEN/VETERANEN werden Menschen bezeichnet, die nach 1922 geboren sind. Diese Menschen befinden sich schon lange im wohlverdienten Ruhestand.

Es handelt sich hierbei um die Hauptzielgruppe der derzeitigen Bewohner von stationären Einrichtungen der Altenhilfe. Entweder wohnen sie bereits dort oder aber sie werden im Laufe der nächsten Jahre nach und nach dort einziehen.

Um verstehen zu können, wie sie in der Rolle des Kunden in einer Pflegeeinrichtung auftreten und betreut werden möchten, gilt es, sich darüber Klarheit zu verschaffen, durch welche Werte, Normen und Parameter sie weitestgehend innerhalb ihrer Altersgruppe geprägt wurden. Denn diese Erfahrungen sind handlungsleitend für ihre Vorstellungen, Erwartungen und Kommunikationspräferenzen, mit denen sie an die Pflegekräfte herantreten, die jeweils ganz anderen Generationen angehören. Die Mitarbeiter in der Pflege können Spannungen und Unstimmigkeiten zwischen den Vertretern der unterschiedlichen Altersgruppen also von vornherein vermeiden, wenn sie einmal durch „die Brille" der jeweils anderen Generation schauen.

Die VETERANEN/TRADITIONALISTEN wuchsen während des zweiten Weltkrieges auf bzw. sie nahmen zum Teil noch selbst an ihm teil. Diese Generation gilt als sehr beständig und loyal. Sie ist ferner von Konformität, Respekt vor Autorität und Altruismus geprägt und sie zeichnet sich durch Disziplin und Gehorsam aus.[4] Ihr früheres Arbeitsleben war durch Fleiß geprägt. Sie ließen sich gut führen und hatten Respekt vor Vorgesetzten. Sie gelten allerdings auch als konfliktscheu, zumal sie Probleme im früheren Arbeitsleben nicht gerne ansprachen.[5]

Die TRADITIONALISTEN/VETERANEN gelten ferner als engagiert, diszipliniert, respektvoll gegenüber Autoritäten, loyal sowie als detailverliebt.[6]

Diese Verhaltensmuster haben sie im Laufe ihres Lebens zutiefst internalisiert und sie setzen sie selbstverständlich auch bei den Mitarbeitern aller Ebenen in den stationären Einrichtungen der Altenhilfe voraus.

Hier trifft die Bewohner-Generation der VETERANEN/TRADITIONALISTEN in ihrer Rolle als Kunde unter anderem auf Dienstleistungsanbieter, nämlich auf Pflegekräfte, die der Generation der BABYBOOMER angehören. Deren Werte und Eigenschaften werden nachfolgend dargestellt.

4 vgl. Mangelsdorf 2015:14
5 vgl.www.blog.myknow.com/generationen im web; Zugriff vom 16.01.2020
6 vgl. www. dgfp.de; Zugriff vom 16.01.2020

Die Generation der BABYBOOMER (1946 – 1964)

Die Generation der BABYBOOMER hat die Devise „leben, um zu arbeiten", stark verinnerlicht. Es handelt sich hierbei um die sogenannte Nachkriegsgeneration. In den Jahren unmittelbar nach dem zweiten Weltkrieg war die Geburtenrate noch relativ schwach. Jedoch stieg sie zu Beginn der Fünfziger-Jahre stark an und hielt vor bis zum sogenannten Pillenknick Mitte der Sechziger-Jahre. 1964 war mit circa 1,4 Millionen Neugeborenen der geburtenstärkste Jahrgang in Deutschland. Danach ging die Geburtenrate wieder zurück. Der Bevölkerungsanteil der BABYBOOMER ist im Vergleich mit sämtlichen anderen Generationen sehr hoch.

Erzogen wurden die BABYBOOMER von der Generation der VETERANEN/TRADITIONALISTEN. Diese Erziehung war traditionell und so war auch das Familienbild. Es gab klare Hierarchien; in den Familien herrschte Zucht und Ordnung.[7]

Im Gegensatz zu ihren Eltern, den VETERANEN/TRADITIONALISTEN, die aufgrund der Kriegsjahre eine düstere und traumatische Jugend erlebt haben, war die Welt der BABYBOOMER in den Nachkriegsjahren größtenteils von Optimismus, wachsender Stabilität und steigendem Wohlstand geprägt: Sie wuchsen in der Zeit des Wirtschaftswunders auf. Das führte dazu, dass sich ihnen viele neue Möglichkeiten eröffneten: Die Gesellschaftsordnung sowie die damit einhergehende Bildungspolitik veränderten sich. Die BABYBOOMER erlebten ungeahnte Möglichkeiten durch den Zugang zu Schulen, Universitäten und letztlich dem Arbeitsmarkt. Sie verfolgten hohe Karriereziele und versuchten, den Erwartungen ihrer Eltern gerecht zu werden oder aber sie rebellierten dagegen.[8]

Die BABYBOOMER wuchsen in einem traditionell geprägten familiären Milieu auf: Die Familie setzte sich aus einem verheirateten Ehepaar und mehreren Kindern zusammen. Die Rollenbilder waren klar festgelegt: Während die Väter arbeiten gingen und das Geld für die Familie verdienten, versorgten die Mütter den Haushalt und die Kinder. Die Rollenbilder von Männern und Frauen waren festgelegt: Die grundlegenden Entscheidungen wurden vom Familienoberhaupt, dem Vater getroffen. Die Frauen und Kinder hatten sich dem Familienoberhaupt unterzuordnen.

Vor diesem Hintergrund wuchsen die BABYBOOMER mit klaren Hierarchieverhältnissen auf: Sie lernten es früh, mit ihren Geschwistern zu teilen und Aufgaben im Haushalt zu übernehmen. Mit dem Erreichen der Volljährigkeit war es für die BABYBOOMER selbstverständlich, dass sie sich selbst eine Existenz aufbauten, da sie von Seiten ihrer Eltern keine oder nur noch eine minimale Unterstützung erhielten.[9]
Angesichts dessen musste das Gros von ihnen schnell Verantwortung für das eigene Leben übernehmen.

---

7 vgl.www.blog.myknow.com/generationen im web; Zugriff vom 12.01.2020
8 vgl. Mangelsdorf 2015:14
9 vgl.ebd.:14

Einhergehend mit den bildungspolitischen, wirtschaftlichen und sozialen Veränderungen wandelte sich auch die Arbeitswelt im Laufe der Zeit: Das Männer- und Frauenbild veränderte sich. Frauen wollten durch die Zugangsmöglichkeiten zu höheren Bildungsgraden nicht länger in der Rolle der vom Ehemann abhängigen Frau verbleiben. Dennoch blieben höhere Positionen in der Mehrzahl der Fälle den Männern vorbehalten. Durch die sich abzeichnende Vielfalt in der Arbeitswelt (Zunahme von Gastarbeitern und eine damit einhergehende Konkurrenz im Niedriglohnsektor) musste es die Generation der BABYBOOMER frühzeitig lernen, hart zu arbeiten und sich durchzusetzen. Denn nur auf diesem Weg war es möglich, die angestrebte Karriere und den damit verbundenen gesellschaftlichen Aufstieg zu erreichen. Demgegenüber standen auch Angehörige der BABYBOOMER-Generation, die am klassischen Werdegang scheiterten bzw. die Weltordnung in Form von Protesten, Demonstrationen und der Bekämpfung von sozialer Ungerechtigkeit nachhaltig infrage stellten.[10] Hierzu zählt die sogenannte „68er-Generation".

Das Ausscheiden der BABYBOOMER aus dem Erwerbsleben stellt die Einrichtungen der stationären Altenhilfe bereits schon jetzt und erst recht in den nächsten zehn Jahren vor erhebliche Herausforderungen.

Doch was zeichnet die BABYBOOMER, die sich noch im Arbeitsleben befinden (die jüngsten BABYBOOMER sind heute 56 Jahre alt), heute aus? Was muss ein Unternehmen der stationären Altenhilfe beachten, wenn es die Bedarfe und Bedürfnisse dieser Generation nachhaltig befriedigen will, ohne dabei die Erwartungen der nachfolgenden Generationen außer Betracht zu lassen? Der Frage danach soll im folgenden Abschnitt nachgegangen werden.

Die Generation BABYBOOMER im Arbeitsleben

Laut einer Studie der Kellly Services[11] stellt die Arbeitsplatzsicherheit einen der höchsten Stellenwerte für die noch erwerbstätigen BABYBOOMER dar.

Diesem Umstand kann jede Einrichtung der stationären Altenhilfe derzeit angemessen Rechnung tragen, da der viel zitierte Fachkräftemangel in der Pflege dazu führt, dass möglichst jeder Mitarbeiter so lange wie möglich im Unternehmen verbleiben kann.

Darüber hinaus stellt eine angenehme Arbeitsatmosphäre für die BABYBOOMER ein zentrales Kriterium dar, um sich an einem Arbeitsplatz wohlzufühlen. Ihre „Work-Life-Balance" stellen sie hingegen nicht in den Mittelpunkt ihres Arbeitslebens.[12]

Generell ist ihnen Arbeit ein hohes Gut, der Begriff des Workaholics wurde durch diese Generation geprägt. BABYBOOMER sind teamorientiert, auf ihre Karriere fokussiert und wollen in Führungspositionen gelangen. Sie wollen gebraucht werden und sie wol-

10 vgl. ebd.: 14
11 vgl. www.kellyservices.de/de/siteassets/germany---kelly services/uploadedfiles/germany_-_kelly_services/new_smart_content/business_resource_center/workforce_trends/baby20boomers20kgwi20ebook.p; Zugriff vom 20.01.2020
12 vgl. www.kellyservices.de/de/siteassets/germany---kelly services/uploadedfiles/germany_-_kelly_services/new_smart_content/business_resource_center/workforce_trends/baby20boomers20kgwi20ebook.p; Zugriff vom 20.01.2020

len wertgeschätzt werden für das, was sie können. Im Mittelpunkt ihres Lebens stand und steht der Beruf.

Es handelt sich bei ihnen um loyale, erfahrene und treue Arbeitnehmer. Sie bringen unternehmerisches Geschick, institutionelles Wissen und ein großes Potenzial als Führungskräfte und Mentoren mit.[13]

Vor diesem Hintergrund gilt es für stationäre Einrichtungen der Altenhilfe darauf zu achten, dass sie die BABYBOOMER, diese treue, engagierte und erfahrene Mitarbeitergruppe, anerkennen und fördern, indem sie sie als Mentoren für andere Generationen einsetzen. Dies führt dazu, dass die verschiedenen Altersgruppen besser miteinander arbeiten und sich im Rahmen ihrer jeweiligen Altersvielfalt mit ihren unterschiedlichen Werten gegenseitig unterstützen und voneinander lernen können.

Die oftmals kritische Einstellung der BABYBOOMER gegenüber den Arbeitsweisen von jüngeren Kollegen, wie z. B. gegenüber der GENERATION X[14], würde somit abgemildert werden.

Doch was ist „typisch" für die GENERATION X? Durch welche Merkmale zeichnet sich diese Generation aus und was bedeutet das für die Zusammenarbeit im Team in einer stationären Einrichtung der Altenhilfe und der damit verbundenen Kundenorientierung im Hinblick auf die Bewohner?

Die GENERATION X (1965 – 1979)

Die GENERATION X konnte im Gegensatz zu den BABYBOOMERN keiner vielversprechenden Zukunft entgegensehen, die weitestgehend durch Sorglosigkeit und Optimismus geprägt war. Die GENERATION X musste schneller erwachsen werden und verbrachte wesentlich weniger Zeit mit ihren Eltern als andere Generationen.[15] Dies hing mit mehreren Faktoren zusammen: Traditionelle Rollenbilder bzw. Familienbilder waren nicht länger die Norm. Stattdessen waren in der Mehrzahl der Fälle beide Elternteile berufstätig und die GENERATION X war sich häufig selbst überlassen oder aber ihren älteren Geschwistern. So wird in diesem Zusammenhang auch von der oft zitierten Generation der „Schlüsselkinder" gesprochen. Hinzu kamen steigende Scheidungsraten bei den Eltern der GENERATION X sowie die Entstehung von sogenannten Patchwork-Familien. Unterhaltung und kulturelle Vielfalt erfuhr die GENERATION X über die wachsende Anzahl von Fernsehkanälen.[16]

Gesellschaftlich und politisch wichen Stabilität und Ordnung, z. B. ausgelöst durch die Weltwirtschaftskrise in den 80er-Jahren, einer gewissen Unsicherheit und Zweifeln an etablierten Systemen. Die GENERATION X musste sich schmerzlich darüber klar werden, dass der Wohlstand ihrer Elterngeneration, nämlich der der BABYBOOMER, für sie kaum er-

---

13 vgl. ebd.
14 vgl. www.kellyservices.de/de/siteassets/germany---kelly services/uploadedfiles/germany_-_kelly_services/new_smart_content/business_resource_center/workforce_trends/baby20boomers20kgwi20ebook.p; Zugriff vom 20.01.2020
15 vgl. Mangelsdorf 2015:16
16 vgl. ebd.: 16

reichbar sein würde. Stattdessen wurde diese Generation durch Orientierungslosigkeit und Resignation geprägt, da frühere Maßstäbe und klare Rollenvorbilder ihre Gültigkeit verloren. Unabhängigkeit und Selbstständigkeit wurden zu zentralen Werten dieser Generation. Der Respekt vor Autoritäten ging verloren und es wurde sehr skeptisch auf gesamtgesellschaftliche Versprechungen reagiert.[17]

In dieser Generation zeichnete sich ein Trend zur Individualisierung und Formung von sozialen Gruppen ab, sei es als protestierender Punk oder als liberaler Atomkraftgegner usw. Die etablierten und moralischen und gesellschaftspolitischen Wertvorstellungen der Elterngeneration, nämlich der der BABYBOOMER, wurden als heuchlerisch bezeichnet und als Doppelmoral etikettiert, die nicht mehr zeitgemäß war.[18]

Was ist nun kennzeichnend für die GENERATION X, die sich heute im Arbeitsleben befindet? Die jüngsten XER sind heute 41 Jahre und die ältesten 55 Jahre alt. Was muss ein Unternehmen der stationären Altenhilfe beachten, wenn es die Bedarfe und Bedürfnisse der XER annähernd befriedigen will, ohne dabei die Erwartungen der anderen Generationen außer Betracht zu lassen? Der Frage danach soll wiederum im folgenden Abschnitt nachgegangen werden.

Die GENERATION X im Arbeitsleben

Die GENERATION X setzt sich von der Generation der BABYBOOMER dadurch ab, das sie der Devise „Leben, um zu arbeiten" folgt, während die BABYBOOMER sich dem Credo „Arbeiten, um zu leben" verpflichtet fühlten.[19]

Bei der Generation steht Arbeit nicht mehr länger an erster Stelle. Vielmehr ist sie Mittel zum Zweck. Die XER wollen ein materiell sicheres Leben führen und sich etwas leisten können. Sie sind gut ausgebildet, ambitioniert und ehrgeizig. Sie suchen nach beruflichen Entwicklungsmöglichkeiten und wollen vorankommen. Doch Zeit ist ihnen dabei stets wichtiger als Geld. Sie streben nach einer hohen Lebensqualität und legen dabei gleichzeitig Wert auf eine ausgeglichene „Work-Life-Balance".[20]

Eine sehr wichtige Änderung mit Blick auf die Arbeitswelt und die GENERATION X muss somit von allen Einrichtungen der stationären Altenhilfe beachtet werden: Die XER wollen ihr Leben in keinem Fall wie die BABYBOOMER verbringen, die, wenn sie erwerbstätig waren bzw. es noch sind, nur leb(-t)en, um zu arbeiten.

Die XER wollen unabhängig sein: Es handelt sich bei ihnen um Individualisten. Sie orientieren sich im beruflichen Kontext weniger an Teamarbeit, denn ihre bevorzugte Arbeitsweise ist das selbstständige Arbeiten. Sie wünschen sich Freiräume bei der Arbeitsgestaltung.[21]

17 vgl. ebd.: 17
18 vgl. ebd.: 17
19 vgl.www.blog.myknow.com/generationen im web; Zugriff vom 20.01.2020
20 vgl. ebd.
21 vgl.www.blog.myknow.com/generationen im web; Zugriff vom 20.01.2020

Beruflicher Erfolg ist für sie dennoch gleichbedeutend mit einem wichtig klingenden Jobtitel, der Orientierung entlang von Statussymbolen (Autos, Reisen usw.) und vor allem einem hohen Gehalt.[22]

Die Arbeitsweisen der XER werden vor allem von der Generation der BABYBOOMER als recht kritisch wahrgenommen: So orientieren sich XER im beruflichen Kontext vor allem auf kurzfristige Erfolge und Belohnungen. Sie hegen ein Anspruchsdenken und sind nicht immer bereit, die für eine Aufgabe erforderliche Zeit und Arbeit zu investieren. Diese Generation ist dennoch leistungsorientiert und offen für Risiken sowie Veränderungen. Es muss aber stets gewährleistet sein, dass ihnen ihre Arbeit noch den nötigen Spaß bringt.[23] Die XER lehnen Autoritäten und die damit einhergehenden tradierten „Befehlsketten" am Arbeitsplatz kategorisch ab bzw. stellen sie zumindest in Frage. Ferner begegnen sie der Generation der BABYBOOMER mit Vorbehalten im Hinblick auf ihre Kenntnisstände in Sachen neue Technologien.[24]

Folglich müssen Mitarbeiter in einer Einrichtung der stationären Altenhilfe genügend Freiräume erhalten, um sich individualisiert weiterentwickeln zu können. Flache Hierarchien und aufstiegsorientierte Entwicklungschancen sowie eine damit einhergehende Übernahme von Führungsverantwortung bilden somit den Rahmen im beruflichen Kontext für motivierte Mitarbeiter der GENERATION X.

Den bisher beschriebenen Generationen (BABYBOOMER und GENERATION X) begegnet jede stationäre Einrichtung der Altenhilfe derzeit noch tagtäglich im Berufsalltag. Die Zusammenarbeit zwischen diesen Generationen verläuft nicht immer reibungslos, da die Ziele und Werte bei beiden Generationen häufig diametral entgegengesetzt ausgerichtet sind.

Doch neben diesen beiden Generationen gibt es noch zwei weitere Generationen, die die Zusammenarbeit im Team in einer Pflegeeinrichtung zentral mitbestimmen. Dies ist zum einen die „GENERATION Y", die im Folgenden vorgestellt wird.

Die GENERATION Y (1980 – 1995)

Die GENERATION Y stellt sich im Gegensatz zu den BABYBOOMERN und XERN, die die Zukunft noch als rosig oder zumindest als ermutigend empfunden haben, häufig die Frage danach, ob sie überhaupt noch eine Zukunft hat. Dies hängt zum Großteil mit der Wahrnehmung durch permanente gesellschaftliche und soziale Bedrohungen zusammen, die ihren Ausdruck unter anderem durch die Globalisierung, den Klimawandel und fanatischen Terrorismus finden. Im Vergleich zu den BABYBOOMERN und XERN reagiert die GENERATION Y aber nicht mit Ängsten, Frustration oder gar Resignation auf diesen Umstand. Diese Generation ist sich darüber bewusst, dass sich Dinge schnell verändern und

---

22 Mangelsdorf 2015:17

23 vgl. www.kellyservices.de/de/siteassets/germany---kelly services/uploadedfiles/germany_-_kelly_services/new_smart_content/business_resource_center/workforce_trends/baby20boomers20kgwi20ebook.p; Zugriff vom 20.01.2020

24 vgl. ebd.

dass es keine Sicherheiten gibt. Folglich haben sie beschlossen, das Leben in vollen Zügen zu genießen.[25]

Für die GENERATION Y – gesprochen Why (engl. warum) existiert eine Flut von Bezeichnungen: Generation Maybe, Generation Praktikum, Generation-Me, Generation Beziehungsunfähig, Millennials oder – Generation Prekär, Generation Doof oder gar Generation Chips. Die YPSILONER sind die erste Generation, die teils im digitalen Zeitalter herangewachsen ist, weshalb man sie auch Digital Natives nennt: Kommunikation in Echtzeit ist der Standard, ein Leben ohne Smartphone und Internet ist für sie kaum vorstellbar.

Die früher geborenen Angehörigen der GENERATION Y sind heute maximal 40 Jahre. Sie sind bereits schon längere Zeit im Berufsleben aktiv. Die später Geborenen sind heute maximal 25 Jahre alt. Sie strömen gerade erst in den Arbeitsmarkt oder befinden sind noch in der Ausbildung oder im Studium oder noch auf der Suche nach ihrer beruflichen Ausrichtung. In den nächsten zehn Jahren werden 50 % der Arbeitnehmer Angehörige der GENERATION Y sein.[26]

Die Eltern der YPSILONER, die XER, wurden als Kinder nicht gerade mit Aufmerksamkeit verwöhnt: Folglich bestand ihre Zielsetzung darin, dass es ihrem Nachwuchs besser gehen sollte.[27] Die YPSILONER wurden mit einem eher antiautoritären, fürsorglichen, teils überfürsorglichen Erziehungsstil und dem Trend zur Mitbestimmung erzogen, Wünsche wurden den YPSILONERN schnell erfüllt.[28]

Die Eltern der YPSILONER überschütteten ihre Kinder quasi von klein auf an mit Aufmerksamkeit, Anerkennung und Wertschätzung. Dieser Umstand resultierte daraus, dass diese Elterngeneration in der Mehrzahl der Fälle von einem schlechten Gewissen getrieben wurde, das seinen Ausdruck in der oftmals als zu wenig vorhandenen und empfundenen Zeit fand, die den Eltern für die Familie zur Verfügung stand. Zudem galt es, das kindliche Selbstwertgefühl bei den YPSILONERN zu stärken, was durch eine eher antiautoritäre Erziehung gelingen sollte. Folglich wurden die YPSILONER in ihrer Kindheit von ihren Eltern unterhalten, beschützt und gefördert. Die Eltern meinten es gut mit den YPSILONERN: Nichts war den Eltern zu teuer für ihre Kinder. Sie wurden nicht nur materiell umfassend ausgestattet, sondern es ging auch darum, die YPSILONER in jedem Fall gut auszubilden und sie auf dem Weg ins Erwachsenenleben jederzeit umfassend zu begleiten. YPSILONER wurden von ihren Eltern für jede Kleinigkeit gelobt und belohnt. Bei einem Fehlverhalten gab es jedoch keine Sanktionen. Stattdessen wurden YPSILONER von ihren Eltern in Schutz genommen bzw. es wurden Entschuldigungen für das Fehlverhalten der Kinder entwickelt. Die Erziehung der YPSILONER, die vor allem auf Mitbestimmung und freie Meinungsäußerung abzielte, trug vielfach dazu bei, dass sich die Eltern der YPSILONER der Entscheidung ihrer Kinder unterordneten und nicht umgekehrt.[29]

25 vgl. Mangelsdorf 2015:18
26 vgl.www.blog.myknow.com/generationen im web; Zugriff vom 20.01.2020
27 Mangelsdorf 2015:18
28 vgl.www.blog.myknow.com/generationen im web; Zugriff vom 20.01.2020
29 vgl. Mangelsdorf 2015: 18

Infolgedessen haben die Vertreter der GENERATION Y hohe Erwartungen im Hinblick auf Anerkennung und Mitbestimmung im täglichen Miteinander. Die YPSILONER haben auch noch als junge Erwachsene ein sehr enges Verhältnis zu ihren Eltern. Viele von ihnen werden noch von den Eltern finanziell und ideell unterstützt. Auch auf den elterlichen Rat legen YPSILONER noch als junge Erwachsene gesteigerten Wert: Dies ist insbesondere dann der Fall, wenn sie in der rauen Außenwelt erfahren müssen, dass diese ihnen nicht die gleiche wohlmeinende Unterstützung bietet, die sie in der geborgenen und geschützten Binnenwelt im Zusammenleben mit ihren Eltern erfahren haben. Die Eltern der jungen Erwachsenen, die der Y-Generation angehören, kreisen vielfach wie Helikopter über ihre Kinder, weshalb sie auch „Helikopter-Eltern" genannt werden.

Die YPSILONER haben es also frühzeitig gelernt, dass ihre Bedürfnisse und Wünsche sofort befriedigt werden. Ihre Frustrationstoleranz ist folglich sehr niedrigschwellig und Ziele, die sie sich setzen, müssen sofort realisiert werden. Die verwöhnte Y-Generation, der es an und für sich an nichts mangelt, hat dennoch oder gerade deshalb ein ausgeprägtes Bedürfnis danach, Erfüllung im eigenen Leben zu finden und die Welt zu verbessern. Die YPSILONER suchen zwischen all den technologischen Ablenkungen (Internet usw.) des Alltags nach emotionaler Bindung und tiefer Befriedigung, die weit über Oberflächlichkeiten hinausgehen soll.[30]

Die GENERATION Y stellt die Werte ihrer Eltern-Generation trotz aller Behütung und Unterstützung, die sie erfahren haben, infrage: Wenngleich die Eltern der YPSILONER versucht haben, ihr Familien- und Privatleben mit der Arbeit zu vereinbaren, sind sie daran in der Mehrzahl der Fälle gescheitert. Die YPSILONER haben erfahren, dass sich ihre Eltern oftmals aufgerieben haben und dennoch nicht vor Entlassungen und Restrukturierungen sicher waren. Vor diesem Hintergrund sind sie nicht bereit dazu, die gleichen Opfer wie ihre Eltern zu erbringen. Arbeit empfinden sie nur als eine Möglichkeit der Selbstverwirklichung. Arbeit ist für sie somit nur solange zweckmäßig, wie sie in ihr aktuelles Lebensmodell passt[31]. Ihre Devise lautet „Arbeit und Leben verbinden".

Doch was heißt das nun für eine Einrichtung der stationären Altenhilfe, in der heute schon Pflegekräfte arbeiten, die der GENERATION Y angehören und die erst recht in den nächsten Jahren die Mehrzahl der Mitarbeiter ausmachen werden. Im Rahmen des nachfolgenden Abschnitts erfolgt zunächst einmal ein kurzer Abriss dazu, wie sich YPSILONER im Beruf verstehen.

Die GENERATION Y im Arbeitsleben

Die GENERATION Y sucht in erster Linie nach einem Sinn in der Arbeit. Folglich sind die Ypsiloner nur bereit dazu, mehr zu leisten und zu lernen, wenn sich ein Projekt für sie als sinnvoll erweist. Nichtsdestotrotz stellen sie sich immer wieder die Frage danach, worin

---

30 vgl. ebd.: 19
31 vgl. ebd.:19

der Sinn einer beruflichen Tätigkeit überhaupt besteht. Dieses Hadern und Zweifeln ist typisch für die „Generation Why".[32]

Die Art zu arbeiten und die Ansprüche an Arbeit unterscheiden die Ypsiloner von allen vorangegangenen und bereits vorgestellten Generationen: Der Generation Y ist es nicht mehr so wichtig, in eine Führungsposition zu gelangen. Stattdessen bevorzugen sie flache Hierarchien, Vernetzung und Teamwork. Somit richtet sich ihr Fokus nicht auf weitgesteckte Karriereziele und einen sicheren Arbeitsplatz.[33]

Kollegialität und persönliche Entwicklung stellen die wichtigsten Werte für die Generation Y dar, wohingegen Status- und Prestigedenken als absolut nachrangig erachtet werden.[34]

Die Ypsiloner fühlen sich nur an einem Arbeitsplatz wohl, der ihnen die Möglichkeit bietet, Arbeit und Freizeit nicht mehr länger zu trennen, sondern beides mit einem hohen Anspruch an die Gestaltung ihres Privatlebens miteinander zu verbinden. Es gehört für sie dazu, Privates während der Arbeitszeit zu erledigen. Allerdings sind sie bei Bedarf auch dazu bereit, in ihrer Freizeit zu arbeiten. Am liebsten arbeiten sie mit Kollegen zusammen, die die gleiche Wellenlänge haben.[35]

Ypsiloner achten bei der Auswahl ihrer Arbeitgeber nicht nur auf deren gute Reputation, sondern vor allem auf die Entwicklungsmöglichkeiten, die ihnen diese zur Verfügung stellen. Verlieren Ypsiloner allerdings ihre berufliche Motivation, sei es z. B. aufgrund von auftretenden Schwierigkeiten mit Führungskräften, oder zeichnen sich für sie bessere bzw. attraktivere berufliche Alternativen ab, dann kündigen sie relativ schnell: Im Schnitt tolerieren Ypsiloner für sie nicht tragbare Arbeitsverhältnisse nur ein halbes Jahr. In einer Welt des permanenten Wandels stehen sie also solchen Wechseln wesentlich flexibler gegenüber als zum Beispiel die Babyboomer, die sich im Schnitt zwei bis drei Jahre Zeit lassen, bevor sie eine ihnen unangenehme Arbeitssituation verlassen.[36]

Laut Hurrelmann[37] werden die Ypsiloner also nicht per se Karriere machen, um mehr Geld zu bekommen und mehr Macht zu haben, sondern eine berufliche Tätigkeit suchen, in der sie ihre Vorstellungen verwirklichen können und die sie am Leben lässt: beim Arbeiten leben und beim Leben arbeiten.[38]

Vielmehr weist Hurrelmann[39] darauf hin, dass der Wunsch der Generation Y im beruflichen Kontext vor allem darin besteht, Einfluss zu haben und etwas zu gestalten, was sie für wichtig halten.[40]

---

32 vgl.www.blog.myknow.com/generationen im web; Zugriff vom 20.01.2020
33 vgl. ebd.
34 www.berlinerteam.de/magazin/generation-y-generation-x-generation-z-babyboomer-unterschiede-chancen; Zugriff vom 22.01.2020
35 vgl.www.blog.myknow.com/generationen im web; Zugriff vom 20.01.2020
36 vgl. ebd.
37 vgl. www.faz.net/aktuell/karriere-hochschule/buero-co/2.3113/interview-mit-jugendforscher-zur-gen-y; Zugriff vom26.01.2020
38 vgl. ebd.
39 vgl. ebd.
40 vgl. ebd.

Die YPSILONER gehen ihr Leben folglich eher taktisch an und richten sich ganz stromlinienförmig auf den Erfolg aus. Sie wollen nicht, wie z. B. die Generation der 68er, „aufmucken". Stattdessen versuchen sie das System von innen heraus zu unterwandern. Und das ist das eigentlich Revolutionäre an der GENERATION Y.[41]

Für jede Einrichtung der stationären Altenhilfe bedeutet dies, dass sie den Mitarbeitern der GENERATION Y jederzeit innovative berufliche Entwicklungsmöglichkeiten bieten muss. Diese müssen vor allem auf Selbstverwirklichung und eine unmittelbare Befriedigung von deren häufig generationsbedingten Wünschen und Bedürfnissen abzielen. Hierin liegt auch der entscheidende Unterschied zu den voranstehend abgebildeten Generationen: Diese zeichnen sich durch einen höheren Grad an Frustrationstoleranz aus, wenn es um Anerkennung und Mitbestimmung im Berufsleben geht.

Abschließend wird nun die fünfte und letzte Generation (GENERATION Z) mit ihren Merkmalen und ihrer Lebenswelt vorgestellt.

Auch diese Generation hat bereits den Einzug in das Arbeitsleben in stationären Einrichtungen gefunden: Sie wird in den nächsten zehn bis fünfzehn Jahren im zunehmenden Maße die Pflegekräfte aus der BABYBOOMER-Generation ersetzen.

Die GENERATION Z (1996 – ?)

Die Abgrenzung zwischen der GENERATION Z und den YPSILONERN erweist sich derzeit und mitunter noch als ein wenig schwierig, da die ZLER den YPSILONERN von ihrer Ausrichtung her ähnlich sind und noch mitten in den prägenden Jahren ihrer Generation stecken.[42] Die ZLER sind heute maximal vierundzwanzig Jahre alt. Erst einige von ihnen sind gerade in der Arbeitswelt angekommen oder seit wenigen Jahren in ihr tätig. Andere hingegen befinden sich noch in der Ausbildung bzw. schließen diese in Kürze ab.

Stichhaltige Muster und Merkmale können den ZLERN bis dato noch nicht eindeutig zugeordnet werden: Es fehlt ihnen noch der zeitliche Abstand, um Geschehnisse reflektieren und einordnen zu können bzw. wegweisende Einflüsse als solche zu erkennen.[43] Trotz allem lassen sich Beobachtungen anstellen, deren Bedeutung sich erst im Laufe der Zeit belegen lässt.[44]

Die GENERATION Z wächst – vergleichbar mit der GENERATION Y – in einem von Überfluss gekennzeichnetem Zeitalter auf: Es mangelt ihnen in materieller Hinsicht an nichts. Sie erfahren einen relativen Wohlstand, profitieren von breiten Bildungsangeboten, und dies alles vor dem Hintergrund sicherer politischer Verhältnisse. Dennoch sind sie auch „Opfer" einer auf immer mehr Globalisierung abzielenden Welt, die ihren Ausdruck unter anderem durch das Auftreten von Finanzkrisen, Umweltkatastrophen und Terrorismus findet. Folglich suchen die ZLER gerade in ihrer Ursprungsfamilie nach Rückhalt und Sicherheit. Wie keine andere Generation zuvor, unterscheidet sich die Ursprungsfamilie

---

41 vgl. ebd.
42 vgl. Mangelsdorf 2015:20
43 Mangelsdorf 2015:20
44 vgl. ebd.: 20

der ZLER jedoch von ihrer Struktur her in vielfältiger Art und Weise von allen vorangegangenen Generationen: Alleinerziehende Eltern und unterschiedliche Patch-Work-Konstellationen ersetzen hier die traditionelle Eltern-Kind-Familie. Hinzu kommt, dass viele ZLER Einzelkinder sind. Somit wachsen sie ohne Geschwister auf. Die Aufmerksamkeit und Liebe der Eltern ist dann folglich in der Mehrzahl der Fälle nur auf ein Kind fokussiert. Die Eltern der GENERATION Z verfolgen mit Blick auf ihre Erziehung ein gemeinsames und für sie wichtiges Ziel: Sie kümmern sich intensiv um ihren Nachwuchs und wollen ihm ein möglichst sorgloses Aufwachsen ermöglichen. Die ZLER werden von ihren Eltern permanent umsorgt, geschützt und behütet. Sie haben sich somit daran gewöhnt, kleine „Kronprinzen" oder „Kronprinzessinen" zu sein. Folglich erwächst daraus bei der GENERATION Z ein vermeintlicher Anspruch auf ein sorgenfreies Leben. Auf der anderen Seite erleben die ZLER einen Verlust an Verbindlichkeit mit Blick auf Beziehungen und geschlechtsspezifische Abhängigkeiten: Männer und Frauen sind heutzutage in der Gesellschaft annähernd gleichgestellt und Mädchen und Jungs haben die gleichen Zugangschancen zu allen Berufen.[45]

Die GENERATION Z wächst in einer Welt auf, in der Medien und Technologie allseits präsent sind. Sie pflegen Freundschaften nicht mehr länger analog, sondern virtuell: Soziale Medien, weltweite Vernetzung und permanente Online-Kommunikation bestimmen ihren Alltag und führen zu Entzugserscheinungen, wenn sie verweigert werden. Ferner zeichnet sich die GENERATION Z durch einen markenorientierten Konsum im Freizeitbereich aus, und dies trotz des Klimawandels und aller Ressourcenknappheit, sowie Politikverdrossenheit. Vor diesem Hintergrund bleibt es abzuwarten, ob die Allgegenwärtigkeit von Krisen (Finanz- und Wirtschaftskrise etc.) bei den ZLERN dazu beiträgt, dass sie widerstandsfähiger werden oder sich gar durch ein ohnmächtiges Abstumpfen auszeichnen.[46]

Doch was heißt das nun mit Blick auf die berufliche Entwicklung der GENERATION Z? Dieser Frage soll im nachfolgenden Abschnitt nachgegangen werden.

Die GENERATION Z im Arbeitsleben

Bezüglich der GENERATION Z, die ja erst zum Teil in der Arbeitswelt tätig ist bzw. gerade und vor allem in den nächsten zehn Jahren in das Arbeitsleben startet, können mögliche Entwicklungen nur rein hypothetisch abgeleitet werden, da derzeit noch keine verlässlichen Erfahrungswerte vorliegen, wie die ZLER sich künftig in der Arbeitswelt verhalten und entwickeln werden. Dennoch zeigen sich ein paar Tendenzen bereits jetzt: Die Angehörigen der GENERATION Z versuchen sich – wie alle Generationen – von der vorhergehenden abzusetzen und suchen daher nach mehr Trennung zwischen Arbeit und Privatleben.

Die ZLER vertreten bereits heute die Devise, dass „Arbeit nur ein Teil des Lebens" ist. Im Gegensatz zur vorhergehenden GENERATION Y wollen sie mehr Strukturen und suchen

45 vgl. ebd.: 21
46 vgl. ebd.: 21

feste Abgrenzungen. Für sie wird es nicht länger selbstverständlich sein, Arbeit mit nach Hause zu nehmen. Die GENERATION Z wird nicht mehr so leistungsbereit sein wie die GENERATION Y, da sie Sinn und Selbstverwirklichung stärker im Privatleben und im Pflegen von sozialen Kontakten sehen als in der Arbeit. Im Gegensatz zur eher optimistischen GENERATION Y wird die GENERATION Z vermutlich eher realistisch und individualistisch sein: Sie wissen, dass eine unsichere Zukunft auf sie zukommt.[47]

In der Priorisierung der Lebensziele der GENERATION Z lässt sich dennoch bereits jetzt ein hohes Maß an Ernsthaftigkeit erkennen[48]: Eigene Interessen, Spaß haben und sich selbst verwirklichen können, stellen für die ZLER zentrale Werte dar. Mit Blick auf ihre berufliche Entwicklung bevorzugen sie in erster Linie einen Arbeitsplatz, der ihnen Sicherheit bietet, und einen Beruf, der ihnen Spaß macht. Der berufliche Erfolg ist für sie eher von nachrangiger Bedeutung.[49]

Der ausgeprägte Wunsch nach Sicherheit ist für die GENERATION Z zentral: Sie planen ihr Leben frühzeitig (eine Familie gründen, ein Haus bauen etc.).[50]

Im Gegensatz stehen derzeit das direkte und von den Eltern der XER „perfektionierte" Umfeld und die notwendige Portion Realismus, die die GENERATION X benötigt, wenn sie über den Tellerrand der von den Eltern geschaffenen sicheren Binnenwelt mit den herausfordernden Gesetzen der beruflichen Außenwelt konfrontiert wird. Abzuwarten bleibt es mit Blick auf den beruflichen Kontext, wie den ZLERN der Balance-Akt zwischen einem Leben nach dem Lust-und-Laune-Prinzip auf der einen Seite und der hohen Erwartungshaltung auf der anderen Seite gelingt.[51]

Die Merkmale und Charakteristika der voranstehend dargestellten fünf Generationen (TRADITIONALISTEN/VETERANEN, BABYBOOMER, XER, YPSILONER und ZLER) werden nun noch einmal abschließend tabellarisch dargestellt, um im Überblick aufzuzeigen, worin die gravierenden Unterschiede dieser fünf Generationen bestehen.

---

47 vgl.www.blog.myknow.com/generationen im web; Zugriff vom 27.01.2020

48 vgl. www.karriere.mcdonalds.de/docroot/jobboerse-mcd-career-blossom/assets/documents/McD_Ausbildungs-studie_2013.pdf; Zugriff vom 27.01.2020

49 vgl.ebd.

50 vgl. www.spiegel.de/karriere/generation-z-wie-daimler-sich-auf-junge-mitarbeiter-vorbereitet-a-1039136; Zugriff vom 27.01.2020

51 vgl. Mangelsdorf 2015:22

Typische Werte und Eigenschaften der fünf Generationen im Überblick

	Babyboomer	Generation X	Generation Y	Generation Z
Prägende Einflüsse	Wirtschaftswunder, Mauerbau, Kubakrise, Ermordung JFK`s, Woodstock, Mondlandung,TV, Familienbild	Ölkrise, RAF, Tschernobyl, Challenger, Mauerfall, Atari, Walkman, Video, MTV, Scheidungsraten	Globalisierung, Klimawandel, Golfkrieg, 9/11, Bin Laden, Euro, Tsunami, Facebook, Handy, Helikopter-Eltern	Wirtschaftskrise, Finanzkrise, Haiti, Fukushima, Arabischer Frühling, ISIS, Reality-TV, iPad, Smartphone, Kronprinz-Kindheit
Typische Eigenschaften	optimistisch, tatkräftig, teamorientiert, konfliktscheu, pflichtbewusst	skeptisch, pragmatisch, eigenständig, direkt, pflicht-ergeben	authentisch, sprunghaft, sozial vernetzt, anspruchsvoll, selbstbewusst	realistisch, flüchtig, hypervernetzt, fordernd, egozentrisch
Werte	Demokratie, Gemeinschaft, Entscheidungsfreiheit, Idealismus, Konsens, Loyalität, Ordnung, Sorgfalt, Status, Strebsamkeit	Autonomie, Erfolg, Flexibilität, Gegenleistung, Individualismus, Kompetenz, Produktivität, Professionalität, Vielfalt, Zielorientierung	Abwechslung, Beteiligung, Lifestyle, Nachhaltigkeit, Selbstverwirklichung, Sinnstiftung, Spaß, Transparenz, Zugehörigkeit, Zusammenarbeit	Erfüllung, Informationsfreiheit, Integrität, Sicherheit, Sparsamkeit, Stabilität, Unternehmergeist, Unverbindlichkeit, Vernetzung, Zweckmäßigkeit
Arbeitsethos	haben eine hohe Arbeitsmoral und wollen eine „Bilderbuchkarriere" hinlegen, um den vermeidlichen Erwartungen der Gesellschaft zu entsprechen; sind intrinsisch motiviert, qualitativ hochwertige Arbeit zu leisten	Produktivität ist das A und O für XER; sie konzentrieren sich auf Ergebnisse und das Endresultat, Unternehmensziele sind wichtiger als persönliche Ziele, sie tun „was nötig ist", um einen Job zu erledigen, erwarten aber auch, dafür belohnt zu werden	Abkehr von der kompletten Hingabe und Aufopferung für die Arbeit; sind fixiert auf persönliche Lebensziele und Sinnfindung, machen einen Job solange er der eigenen Selbstverwirklichung dient, andernfalls suchen sie sich etwas Neues	wollen vor allem die hohen Erwartungen der eigenen Eltern erfüllen; sind noch auf der Suche nach dem eigenen Antrieb fürs Berufsleben, wünschen sich aber einen sicheren Arbeitsplatz und wollen einen Beruf, der sie erfüllt und Spaß macht

Tabelle 1: vgl. Mangelsdorf 2015:22f.

	Traditionalisten/Veteranen
Prägende Einflüsse	Nachwirkungen der Weimarer Republik und erste parlamentarische Demokratie in Deutschland, 2. Weltkrieg, NS-Regime, Deutsches Reich, Judenverfolgung, KZ`s und Ende des 2. Weltkriegs
Typische Eigenschaften	strebsam, obrigkeitshörig, fleißig, pünktlich, verlässlich, konservativ, traditionell-hierarchisch geprägt, ordnungsliebend, pflichtbewusst, gehorsam, dominant und zugleich subaltern bis devot gegenüber ranghöheren Personen
Werte	Statussymbole, Haus und Zuhause sind eine sichere Bastion, Wiederaufbaumentalität, traditionelles Rollenbild in Bezug auf die Rolle des Mannes und der Frau (der Mann ist der Brotverdiener und die Frau ist die Hausfrau und Mutter) , sie wollen Bewährtes bewahren
Arbeitsethos	Orientierung an väterlichen Leitungskräften, Nine-to-five-Arbeitshaltung, Corporate-Karriere-Haltung für Männer, Bevorzugung des autoritären Führungsstils, Streben nach beruflichem Erfolg und Aufstieg, zuverlässige Pflichterfüllung und Fokussierung auf die Sicherung des einmal Erreichten

Tabelle 1: vgl. Mangelsdorf 2015:22f.

Doch wie wichtig ist es, die Merkmale der fünf dargestellten Generationen zu kennen, um einerseits über eine bedürfnisgerechte Versorgung von Bewohnern in einer stationären Einrichtung der Altenhilfe und andererseits über eine konstruktive Zusammenarbeit von Mitarbeitern auf den unterschiedlichen Unternehmensebenen Prognosen zu treffen?

Im Hinblick auf ein reibungsloseres Miteinander der Generationen in einer Altenpflegeeinrichtung ist dieser Gedankengang künftig zentral, denn: Alle fünf Generationen haben die Eigenart sich abzugrenzen und dadurch entstehen Konflikte.

Entlang der im vorliegenden Buch gewählten fünf Protagonisten, von denen jeder einer der fünf Generationen angehört, soll anhand von verschiedenen Alltagssituationen in der Einrichtung aufgezeigt werden, welche Fehler es zu vermeiden gilt und welche „Brille" aufgesetzt werden muss, um aus dem Blickwinkel der jeweils anderen Generation zu gucken.

Im Anschluss daran wird in dem folgenden Kapitel der Blick auf unterschiedliche Persönlichkeitsmodelle gerichtet. Dieses, um ein weiteres Erklärungsmuster für Konflikte bzw. Verhaltensweisen zu nutzen.

Die fünf Protagonisten und ihre Merkmale

Wenn Sie diesen Abschnitt gelesen haben, dann…

… haben Sie unsere fünf Protagonisten besser kennengelernt. Sie konnten sich ein Bild von ihnen und ihren Vorlieben, Antreibern und Verhaltensweisen machen.

Um die fünf Protagonisten, die im vorliegenden Buch eine zentrale Rolle spielen, besser kennenzulernen, werden diese nun nachfolgend anhand ihrer generationsbedingten Charakteristika näher vorgestellt.

Emil Schwarz

Status	Angehöriger der folgenden Generation	Alter in Lebensjahren
Vater von Isolde Schwarz und künftiger Bewohner der Seniorenresidenz, die Timo Richter leitet	Traditionalist/Veteran	80 Jahre alt

Emil Schwarz und seine typischen Werte und Eigenschaften	
geprägt durch folgende Einflüsse	• er wurde 1940 während des zweiten Weltkriegs in Hamburg geboren • er hat seine Kindheit zunächst im zweiten Weltkrieg und seine Jugend im Zeitalter des Wiederaufbaus erlebt • er war 60 Jahre verheiratet • er ist seit fünf Jahren verwitwet • aus der Ehe mit seiner verstorbenen Frau ist eine Tochter hervorgegangen • sein Haus und Grundstück hat er vor fünf Jahren verkauft und ist aufgrund seiner körperlichen Konstitution zu seiner Tochter gezogen • er hat seine Ausbildung zum Finanzbeamten mit 17 Jahren begonnen • im Alter von 30 Jahren übernahm er die Leitung der Finanzabteilung bis zu seiner Pensionierung
seine Eigenschaften	• er kann sich gut mit sich alleine beschäftigen • er ist nicht sehr kommunikativ und benötigt soziale Kontakte nur in geringem Maße • er ist umgänglich und verträglich, solange in seinem Alltag alles nach seinen Vorstellungen verläuft • er ist ehrlich und verlässlich • er hat „seinen eigenen Kopf" und ist manchmal ein wenig stur und eigensinnig
seine Werte	• er ist sehr traditionell geprägt und folgt der Devise: „Der Mann hat das Sagen und die Frau hat sich unterzuordnen" • Sauberkeit, Ordnung, Pünktlichkeit, Zuverlässigkeit sind ihm wichtig • er ist eher konservativ und lehnt Veränderungen jeglicher Art ab • er ist es gewohnt, dass andere Menschen seinen Anweisungen Folge leisten

Emil Schwarz und seine typischen Werte und Eigenschaften	
seine Erwartungen	• er erwartet, dass einmal getroffene Absprachen in einer stationären Einrichtung der Altenhilfe stets vom Personal eingehalten werden • er erwartet Sicherheit und absolute Verlässlichkeit bezüglich seiner Versorgung und Betreuung • er möchte, dass seine Wünsche und Bedürfnisse in jedem Fall zeitnah vom Personal erfüllt werden

Isolde Schwarz

Status	Angehörige der folgenden Generation	Alter in Lebens- jahren
Tochter von Emil Schwarz und zukünftige Zugehörige in der Seniorenresidenz, die Timo Richter leitet	Babyboomer	56 Jahre alt

Isolde Schwarz und ihre typischen Werte und Eigenschaften	
geprägt durch folgen- de Einflüsse	• sie ist das einzige Kind, das aus der Ehe von Emil Schwarz und seiner verstorbenen Frau hervorgegangen ist • sie ist als Einzelkind großgeworden • ihre Eltern waren bei ihrer Geburt schon ein bisschen älter • die traditionellen Vorstellungen ihrer Eltern hat sie nicht verinnerlicht: Sie ist unverheiratet und hat keine Kinder; stattdessen hat sie Karriere gemacht • sie hat Rechtswissenschaften studiert, sich im Alter von 40 Jahren selbstständig gemacht und leitet heute eine Kanzlei mit zehn festangestellten Mitarbeitern • ihr Karrierestreben war stets bestimmend für ihre Lebensgestaltung: Das Privatleben stand hier nie im Mittelpunkt der Selbstverwirklichung
ihre Eigen- schaften	• sie ist dominant, ehrgeizig, fleißig und zielstrebig • sie ist sehr analytisch und rational, aber wenig empatisch • kognitive Aspekte stehen bei ihr – im Vergleich zu emotionalen Entscheidungen – stets im Vordergrund ihres Handelns • sie ist streitbar, rechthaberisch und durchsetzungsfähig • dennoch reagiert sie auf Kritik allergisch, da sie diese als Angriff auf ihr Selbstwertgefühl interpretiert und im Prinzip konfliktscheu ist
ihre Werte	• Pflichtbewusstsein, Disziplin, Strebsamkeit sind für sie handlungsleitend • sie ist sehr status- und positionsorientiert: Als selbstständige Juristin möchte sie stets gesellschaftliche Anerkennung erhalten • Autarkie und Autonomie in jedweder Hinsicht sind für sie wesentlich • Wettbewerb und Karrieredenken sieht sie als zentral an
ihre Erwartungen	• sie erwartet, dass sie für die Unterbringung ihres Vaters in einer stationären Ein- richtung der Altenhilfe genau die Dienstleistung erhält, für die sie auch bezahlt • sie ist klare Strukturen und Hierarchien gewohnt: Folglich erwartet sie, dass die Zu- ständigkeiten und Befugnisse von den Dienstleistungsanbietern in der stationären Altenhilfe immer klar geregelt und kommuniziert werden • sie erwartet, dass ihr Vater in der Pflegeeinrichtung wie ein „König" behandelt wird und dass seine Bedürfnisse und Wünsche jederzeit erfüllt werden • sie ist sehr darauf bedacht, dass ihr Vater in einer Pflegeeinrichtung genauso versorgt wird, wie sie es bis dato in ihrer Häuslichkeit für ihn gemacht hat

Timo Richter

Status	Angehöriger der folgenden Generation	Alter in Lebensjahren
Pflegedienstleitung der Seniorenresidenz, in die Emil Schwarz einziehen will	Generation X	45 Jahre alt

Timo Richter und seine typischen Werte und Eigenschaften	
geprägt durch folgende Einflüsse	• er wurde in seiner Jugend sehr früh mit der Übernahme von Verantwortung betreut und musste als ältestes Kind in der Familie schnell Verantwortung für seine zwei jüngeren Geschwister übernehmen, da beide Elternteile berufstätig waren • er war sich oftmals selbst überlassen und musste folglich schnell selbstständig, erwachsen und unabhängig werden • die Orientierung an den etablierten Rollenvorbildern seiner Eltern war für ihn nicht handlungsleitend: Er lebt mit seiner langjährigen, in der Pflege tätigen Lebensgefährtin zusammen und hat bis dato weder Heiratsabsichten noch hegt er einen Kinderwunsch • er hat im Anschluss an seine Ausbildung als examinierter Altenpfleger sehr zeitnah seinen beruflichen Aufstieg geplant und ist bereits seit 15 Jahren als Pflegedienstleitung tätig
seine Eigenschaften	• er ist pragmatisch und zielgerichtet • er ist autonom und selbstbestimmt • er ist aber auch misstrauisch und skeptisch: Er vertraut niemanden außer sich selbst • er ist zielstrebig und dynamisch, vor allem, wenn es darum geht, seine eigenen Interessen zu wahren • er zeigt vor allem dann Initiative, wenn er daraus einen Nutzen für sich und sein berufliches Vorankommen ableiten kann • er ist loyal, solange er Lob und Anerkennung in monetärer Form für seine beruflichen Leistungen erhält
seine Werte	• er stellt Autoritäten per se infrage • er vertritt die Auffassung, dass sich Respekt erst verdient werden muss • er ist sehr status- und karriereorientiert • er ist stolz auf seinen Titel als Pflegedienstleitung sowie auf jede Form der Beförderung • er legt Wert auf seine Work-Life-Balance und gibt wenig bis gar nichts aus seinem Privatleben preis
seine Erwartungen	• er erwartet von seinen Mitarbeitern, dass diese eigenständig arbeiten und dass sie nicht ständig Feedback, Wertschätzung und Anerkennung von ihm verlangen • er setzt in jedem Fall eine ständige Leistungsoptimierung bei seinen Mitarbeitern voraus • er verspricht den Zugehörigen und Bewohnern Vieles, obwohl er darum weiß, dass deren Wünsche und Bedürfnisse im Pflegealltag nicht immer erfüllt werden können: Stattdessen erwartet er von seinen Mitarbeitern, dass diese auftretende Probleme an der Basis lösen und ihn nicht damit belästigen • für ihn ist es wichtig, dass seine Einrichtung einen guten Ruf genießt und dass er diese erfolgreich steuert

Lena

Status	Angehöriger der folgenden Generation	Alter in Lebensjahren
Pflegefachkraft auf dem Wohnbereich, auf dem Emil Schwarz künftig wohnen soll	Generation Y	25 Jahre alt

Lena und ihre typischen Werte und Eigenschaften	
geprägt durch folgende Einflüsse	• sie ist als Einzelkind aufgewachsen • ihre Eltern haben sie sehr verwöhnt, aber auch früh zur Mitbestimmung und freien Meinungsäußerung erzogen • sie hat ihre Ausbildung zur Pflegefachkraft vor zwei Jahren abgeschlossen, nachdem sie zuvor mehrere Praktika in unterschiedlichen Unternehmen durchlaufen hat • ihre Eltern haben sie seit ihrem Schulabschluss mit 17 Jahren in ihrem Berufsfindungsprozess unterstützt und sie nicht dazu gedrängt, sich vorschnell festzulegen • sie konnte sich erst einmal ausprobieren und hat nach ihrem Freiwilligen Sozialen Jahr beschlossen, in die Altenpflege zu gehen • sie ist Single • erst vor einem Jahr ist sie bei ihren Eltern ausgezogen und wohnt jetzt alleine in ihrer eigenen Wohnung
ihre Eigenschaften	• sie ist anspruchsvoll • sie übt gerne aktiv Kritik, kann aber nicht damit umgehen, wenn sie selbst kritisiert wird • ihre Frustrationstoleranz ist gering • sie ist kreativ, flexibel, motiviert und offen für Neues, wenn es ihr als sinnvoll erscheint • sie arbeitet gerne im Team • sie ist gut vernetzt und pflegt auch private Kontakte mit ihren Kollegen
ihre Werte	• sie möchte in erster Linie Spaß bei ihrer Arbeit haben • sie legt Wert auf ihre Selbstverwirklichung • sie arbeitet, um zu leben: Ihr Lebensmittelpunkt liegt eher im Privatleben • ihr persönliches Wohlbefinden ist für sie zentral • sie möchte Eigenverantwortung übernehmen, aber nur dann und solange, wie sie den Sinn darin erkennt
ihre Erwartungen	• sie erwartet von ihren Vorgesetzten eine partizipative bzw. integrative Führung und einen Dialog auf Augenhöhe (vgl. Mangelsdorf 2015:85) • sie möchte für ihren Einsatz von Vorgesetzten, Bewohnern und Zugehörigen gelobt und belohnt werden (vgl. ebd.:85) • Unterstützung und ständige Wertschätzung in Form von positivem Feedback von Vorgesetzten, Zugehörigen und Bewohnern sind für sie unerlässlich (vgl. ebd.:85) • sie erwartet einen verlässlichen Dienstplan • ihr Vorgesetzter soll mit ihr transparent und gleichberechtigt kommunizieren und keine Versprechungen gegenüber Zugehörigen und Bewohnern machen, die nichts mit der Realität der Arbeitsprozesse zu tun haben

Alina

Status	Angehöriger der folgenden Generation	Alter in Lebensjahren
Auszubildende zur Pflegefachfrau auf dem Wohnbereich, auf dem Emil Schwarz künftig wohnen soll	Generation Z	18 Jahre alt

Alina und ihre typischen Werte und Eigenschaften	
geprägt durch folgende Einflüsse	• sie ist Einzelkind • sie wurde von ihren Eltern stets behütet und umsorgt • vor einem Jahr hat sie sich nach eingehender Beratung mit ihren Eltern dazu entschieden, erst einmal eine Ausbildung zur Pflegefachfrau zu machen, da ja in der Pflege Mitarbeiter gesucht werden und dieser Job als sicher gilt • sie ist derzeit noch auf der Suche nach dem eigenen Antrieb für ihr Berufsleben (vgl. Mangelsdorf 2015:23), da sie sich nicht sicher ist, ob dies der richtige Job für sie ist • sie möchte ihre Eltern aber auch nicht enttäuschen und deren ehrgeizige Erwartungen erfüllen (vgl. ebd.:23) • sie wohnt noch bei ihren Eltern, die ihr ein relativ sorgenfreies Leben ermöglichen und ihr alle Aufgaben im Haushalt abnehmen • sie ist Single und lässt sich Zeit bei der Suche nach dem passenden Partner • sie ist im Zeitalter der digitalen Vernetzung aufgewachsen und bevorzugt den Austausch in sozialen Netzwerken
ihre Eigen-schaften	• sie ist leistungsorientiert und damit manchmal überfordert (vgl.ebd.:82) • sie ist sprunghaft, dabei aber auch authentisch (vgl. ebd.:23) • sie ist anspruchsvoll und selbstbewusst , aber auch anstrengend und unreif (vgl. ebd.:23) • sie ist sehr realistisch, aber andererseits auch noch sehr „verspielt", naiv und dabei unstet • sie neigt manchmal zur Selbstüberschätzung und tritt sehr fordernd auf • Kritik an ihrer Person kann sie nur sehr schwer ertragen • sie übernimmt Eigenverantwortung, wenn ihr die Übernahme einer Aufgabe als zielgerichtet und effizient erscheint • sie leidet aber auch unter Versagensängsten, ist oft wütend oder zornig und besitzt nur eine geringe Problemlösungskompetenz (vgl. ebd.:82)
ihre Werte	• sie hat ein großes Autonomiebedürfnis (vgl. ebd.:92) • sie ist zwar diszipliniert, definiert sich dabei aber in erster Linie über die jeweilige Leistung, die sie erbringt • sie ist egozentrisch (vgl. ebd.:23) • sie hat nicht automatisch Respekt vor Autoritäten, es sei denn, diese treten professionell auf und stellen ihre Fachkompetenz nachhaltig unter Beweis (vgl. ebd.:93) • sie ist belastbarer als Außenstehende denken (vgl. ebd.:136) • Abgrenzung und Individualität sind für sie sehr wichtig (vgl. ebd.:138) • ihre Work-Life-Balance hat sie noch nicht gefunden (vgl. ebd.:151)

Alina und ihre typischen Werte und Eigenschaften	
ihre Erwartungen	• sie folgt nur einem Vorgesetzten, der ihr ein ehrliches, authentisches und realistisches Feedback gibt
	• sie erwartet kompetente und dialogbereite Vorgesetzte, von denen sie lernen kann
	• sie möchte für ihre Arbeitsleistung Lob und Anerkennung erhalten, vor allem in monetärer Form
	• sie bevorzugt einen unterstützenden Führungsstil, der zum Erreichen von hochgesteckten Zielen anspornt und den Weg dahin ebnet (vgl. ebd.:85)
	• sie erwartet, dass ihre Vorgesetzten ein offenes Ohr für ihre Ideen und Verbesserungen im Arbeitsprozess haben

Diese fünf voranstehend abgebildeten Persönlichkeiten werden in den folgenden Kapiteln in unterschiedlichen Konstellationen in Kontakt treten und dieses immer wieder zu unterschiedlichen Themen:

Die Kapitel mit den unterschiedlichen Situationen und den jeweiligen Protagonisten			
	Timo	Lena	Alina
Isolde	Vom Erstkontakt zur Aufnahme – Der erste Eindruck	Wenn es einmal schiefgeht – Das Beschwerdemanagement	
Emil	Der Einzug des Bewohners – Die Integration in ein System	Die Versorgung des Bewohners – Die Geduld und die Möglichkeiten	Die Betreuung – Das Angebot zum Mensch sein
Timo		Die Macht kommt von „Oben" – Führung und Persönlichkeit	
Lena			Der fachliche Austausch – Wenn es einmal hakt

Im Anhang des Buches (vgl. S. 159ff.) finden sich Hinweise auf die Strukturmerkmale der stationären Pflegeeinrichtung, in der die Pflegedienstleitung Timo Richter, die Pflegefachkraft Lena und die Auszubildende Alina arbeiten, und in der Isolde Schwarz ihren Vater Emil Schwarz unterbringen möchte.

Diese Strukturmerkmale verstehen sich als Rahmen für die späteren Prozessschritte. Sie werden nun in den nächsten Kapiteln unter Einbeziehung der fünf Protagonisten und ihrer unterschiedlichen „Blickwinkel" näher beleuchtet. Ziel ist es hierbei, aufzuzeigen, mit welcher Sichtweise die fünf Protagonisten in unterschiedlichen Situationen aufeinander reagieren und inwieweit Missverständnisse entstehen, die es zu vermeiden gilt.

Ein Persönlichkeitsmodell als Erklärungsmuster

Wenn Sie diesen Abschnitt gelesen haben, dann …

haben Sie einen ersten Eindruck davon, dass es sinnvoll ist, sich mit Persönlichkeitsmodellen auseinanderzusetzen, um ein besseres Verständnis für das Verhalten eines Gegenübers zu erlangen. Denn nur dadurch ist es uns möglich, Konflikte im Konsens zu lösen.

Menschen nehmen täglich Kontakt zueinander auf. Hierbei sind mehrere Faktoren zu bedenken:

■ Die Situation bzw. das „Thema", in dessen Zusammenhang der Kontakt stattfindet.

■ Der Ort, an dem der Kontakt stattfindet.

■ Die individuellen Wünsche und Bedürfnisse, die mit dem Kontakt verbunden werden.

Die Situationen in einer stationären Einrichtung sind vielfältig. Diese ergeben sich häufig aus den Strukturen, die die Einrichtung definiert hat. Bereits vor dem Einzug in eine Einrichtung nehmen Interessenten und Mitarbeiter der Einrichtung Kontakt zueinander auf. Dieses setzt sich vom Einzug über die Pflege, Betreuung und Begleitung bis zum möglichen Auszug fort. In den jeweiligen Situationen werden inhaltliche Informationen weitergegeben. In der Kommunikationspsychologie wird in diesem Zusammenhang vom eigentlichen „Sachthema" gesprochen. Einrichtungen der Altenhilfe haben in diesem Zusammenhang viele unterschiedliche Methoden entwickelt, um einen zielgerichteten und effektiven Austausch zu gewährleisten. Ob es sich hierbei um Fragebögen, Checklisten oder Dokumentationssystematiken handelt. Diese unterstützen in der Regel den Mitarbeiter in seiner Arbeit und sichern den Kommunikationsinhalt entsprechend des jeweiligen Themas. Zum Beispiel wird schon in der Maßnahmenplanung der mögliche Inhalt eines Gespräches mit einem Bewohner beschrieben. Vor allem für Menschen mit Demenz sollen wiederkehrende Informationen eine räumliche bzw. zeitliche Sicherheit geben.

Der Ort des Kontaktes ist ebenfalls von entscheidender Bedeutung für die Qualität des Ergebnisses. Wichtige Gespräche finden in einer ruhigen und meistens entspannten Atmosphäre statt. Kurze Informationen können auch im „Vorbeigehen" kommuniziert werden. Moderne Einrichtungen der Altenhilfe haben es sich zum Ziel gesetzt, die jeweiligen Kontakte entsprechend der jeweiligen Inhalte in speziell dafür vorgesehenen Räumlichkeiten stattfinden zu lassen. Somit gibt es Räume für die Mahlzeiten, für die Betreuungsangebote in Gruppen oder ruhige Ecken für tröstende und unterstützende Worte. Diese Struktur ist nicht zu unterschätzen. Menschen neigen dazu, Räumen einen

Charakter zu geben, der mit einem jeweiligen Thema gekoppelt ist. Diese Wahrnehmung kann sich ab einem bestimmten Demenzgrad auflösen. Dennoch ist ein Speiseraum ein Speiseraum und ein Bewohnerzimmer ein Bewohnerzimmer. Bestimmt durch die Größe und das Interieur.

Nun treffen Menschen zu einem bestimmten Thema in einem Raum zusammen. Und obwohl der Raum der Raum ist und ein Mensch in erster Linie ein Mensch, wird sich die Qualität des Kontaktes ganz unterschiedlich gestalten, und zwar auf der Grundlage der jeweiligen Persönlichkeit der Akteure. Unabhängig davon, welche Rolle (Bewohner, Angehöriger bzw. Zugehöriger, Mitarbeiter, Seelsorger, Betreuer usw.) der Einzelne innehat. Die Rollenzuweisung ist in jedem Fall zu beachten. Ein Mitarbeiter wird sich hoffentlich nicht in ein Bewohnerbett legen und einen Mittagsschlaf halten. Und ein Bewohner wird wahrscheinlich wenig Chancen haben, wenn er in das Dienstzimmer geht und die Medikamente für den Abend stellen will. Was jedoch immer wieder auffällt ist, dass sich die Einrichtungen der Altenhilfe sehr viele Gedanken über die strukturelle und räumliche Eingliederung der Mitarbeiter und Bewohner machen, sich jedoch wenig Zeit dafür nehmen, die jeweilige Persönlichkeit des einzelnen Akteurs strukturiert zu hinterfragen.

Persönlichkeit wird definiert als „das einzigartige und andauernde Muster von Verhalten, Wahrnehmung und Emotionen jedes Individuums, das zu konsistenten Reaktionen in verschiedenen Situationen führt." [1] Denn „die unterschiedlichen starken Einflüsse von Situation und Person auf das Verhalten wurde im sogenannten dynamischen Interaktionismus aufgelöst." [2]

Hierbei ist zu bedenken, dass die „Analyse einer Persönlichkeit" immer nur ein Konstrukt sein kann. Es wird nie die reale Wirklichkeit eines Menschen abbilden können. Dennoch wird es für die Zukunft immer wichtiger werden, sich mit den realen Wünschen und Bedürfnissen der einzelnen Akteure auseinanderzusetzen, um diesen eine zielgerichtete und möglichst reibungsfreie Kommunikation bzw. Interaktion zu ermöglichen.

Die Erkenntnis über das eigene Selbst ist der erste Schritt zur Integration in ein soziales Gefüge.

Verschiedene Persönlichkeitsmodelle

Es gibt eine Vielzahl von Persönlichkeitsmodellen, die versuchen, das menschliche Erleben und Verhalten zu erklären. Viele Modelle sind bei einer ersten Betrachtung sehr eingängig und dadurch angeblich für die Umsetzung im beruflichen Kontext geeignet. Dieses ist jedoch leider nicht immer so. Denn jedes Modell erklärt einen Teil der Wirklichkeit und nicht das gesamte Spektrum des menschlichen Verhaltens.

Die Modelle gehen dabei stets von der Stabilität einer definierten Eigenschaft aus. Denn, sollte ein Mensch in einer Situation ein Verhalten aufzeigen, so ist die Wahrscheinlichkeit sehr hoch, dass er sich in einer gleichen, späteren Situation wieder ähnlich ver-

1 Comer 2008:523
2 Hossiep 2005: 18

hält. Dieses gilt unter anderem für Offensivstrategien sowie für Vermeidungsstrategien. Es ist sehr unwahrscheinlich, dass ein Mensch heute mit Neugier und Interesse auf fremde Personen zugeht und morgen aus Angst und Argwohn fremden Menschen ausweicht. „Dramatische Veränderungen der Persönlichkeit mögen durch große Anstrengungen möglich sein […]. Dies bedeutet, dass Sie, wenn Sie keine großen Anstrengungen unternehmen, Ihre Persönlichkeit zu ändern, in zehn Jahren sehr wahrscheinlich immer noch die gleiche Person wie jetzt sein werden" (Montag 2016:60). Dennoch: „Es zeigt sich, dass besonders dann Persönlichkeitsveränderungen beobachtet werden können, wenn der erste Messzeitpunkt in entsprechenden Studien im jungen Alter liegt oder jenseits des 50. Lebensjahres" (Montag 2016:56). Wir gehen in den nachfolgenden Überlegungen davon aus, dass sich die Persönlichkeitsmerkmale im Laufe eines Lebens verändern können. Diese sind für den einzelnen jedoch kaum spürbar, denn diese Entwicklung erstreckt sich über Jahrzehnte.

Veränderung im Verhalten sind auch in kurzen Zeitintervallen möglich. Dieses ist jedoch immer ein aktiver Prozess, der meistens nur dann angestoßen wird, wenn ein großer Leidensdruck entsteht. Hier sind verschiedene therapeutische Ansätze (Verhaltens-, Gesprächspsycho- oder Gestalttherapie usw.) zu nennen, die genau auf diese Verhaltensveränderung abzielen.

Dieses Buch will nicht zur Persönlichkeitsveränderung anregen. Vielmehr sollen sich unterschiedliche Persönlichkeiten besser kennenlernen. Es steht Menschen im beruflichen Kontext auch nicht zu, an anderen „herumzudoktern". Das ist psychologischen Profis vorbehalten. Dennoch ist die gemeinsame Auseinandersetzung mit dem Gegenüber der notwendige Schritt, um sich aufeinander einzustellen.

Im Nachgang werden verschiedene Ansätze vorgestellt, die in den Unternehmen angewendet werden. Jedes Unternehmen und jede Führungskraft sollte sich das Modell aussuchen, das für die eigenen Strukturen am geeignetsten erscheint. Am Ende der Auflistung wird ebenfalls deutlich, warum sich der Inhalt dieses Buches an einem Modell orientieren wird. Denn: Ohne eine für alle Beteiligten transparente Vorgabe kann kein gemeinsames Verständnis für Situationen entwickelt werden.

Myers-Briggs-Typindikator (MBTI)

Der Myers-Briggs-Typenindikator ist weniger ein Persönlichkeitsmodell, als vielmehr ein Indikator, der auf der Typenlehre von C.G. Jung aufgebaut wurde. „Der MBTI ist einer der bekanntesten und am häufigsten eingesetzten Typen-Test, auch im beruflichen Kontext." [3] Es werden dabei vier Skalen ermittelt. Aus der Jungschen Typenlehre sind es Extraversion versus Introversion auf der Skala „Energie", über die Sinne vs. Intuition auf der Skala „Wahrnehmung" und logisch analytisch vs. persönlich wertend auf der Skala „Entscheidung". Myers-Briggs fügten noch eine vierte Skala dazu: Strukturiertheit vs. Flexibilität auf der Subskala „Lebensstil": Das Verhalten der Person in der Außenwelt. [4] Es wird viel Kritik an dieser

3 Hossiep et al. 2005:46
4 vgl. Sarges 2005:365

Systematik geübt, da die Reliabilität (=Zuverlässigkeit eines wissenschaftlichen Test) des Instrumentes nicht nachgewiesen werden konnte. Das bedeutet, dass nicht eindeutig bewiesen worden ist, dass die Erhebung des Typenindikators jeweils auch nur die definierten Skalen einschätzt. Um die Reliabilität zu belegen, wiederholen die gleichen Probanden den Test zu unterschiedlichen Zeiten. Bei einer hohen Reliabilität würden identische Ergebnisse erreicht werden. Des Weiteren sind diese Tests – und die damit verbundene Einschätzung der Persönlichkeit – nur über eine Gebühr über lizenzierte Trainer erhältlich.

Das DISG®-Persönlichkeitsmodell

Das DISG®-Persönlichkeitsmodell baut auf den Reaktionen bzw. Verhaltenstendenzen Dominanz, Gewissenhaftigkeit, Initiative und Stetigkeit auf. Es wird hierbei die Wahrnehmung aus dem Umfeld mit der Eigenwahrnehmung verglichen. Dieses Modell wird unter anderem als Selbstanalyse und in verschiedenen Trainingsbereichen angeboten. „[Entlang der Systematik werden] anhand von 2 Dimensionen vier Persönlichkeitsmerkmale/4 Typen und verschiedene normierte Profile [abgeleitet]. DISG® ermöglicht damit eine schnelle, die Persönlichkeit grob umfassende Beschreibung des Teilnehmers." [5]. Sollte ein Unternehmen dieses Modell anwenden wollen, so ist es unumgänglich, sich vorab über Lizenzen autorisieren zu lassen, da die Rechte zur Umsetzung bei Unternehmen liegen und es sich bei DISG® um eine Marke handelt.

Die Big-Five der Persönlichkeit oder: Das Fünf-Faktoren-Modell (FFM)

Die sogenannten fünf Faktoren der Persönlichkeit sind ein aus der empirischen Psychologie gewonnenes Konstrukt. Dieses Modell diente bis heute wiederum vielen Autoren als Grundlage für Persönlichkeitstests, z. B. in der Eignungsdiagnostik. Hervorzuheben sind der NEO-PI-R (Ein Persönlichkeitstest mit 240 Fragen) oder der NEO-FFI (dem NEO-Fünf-Faktoren-Inventar nach Costa und Mc Crae mit 60 Fragen). Beide Verfahren ermitteln die jeweiligen Ausprägungen der fünf Persönlichkeitsmerkmale mittels entsprechender Zuordnung von jeweiligen Unterkategorien. Wobei ein Persönlichkeitsmerkmal als „die überdauernde Konstanz, mit der eine Person auf ihre Umgebung reagiert und auf sie einwirkt" definiert wird.[6]

Es wird sich im weiteren Verlauf dieses Buches zeigen, dass eine gezielte Persönlichkeitsdiagnostik dazu beiträgt, viele Herausforderungen im Alltagsleben zwischen Pflegemitarbeitenden und Pflegekunden zu meistern.

Die fünf Faktoren sind:

Extraversion: Herzlichkeit, Geselligkeit, Durchsetzungsfähigkeit, Aktivität, Erlebnishunger, Frohsinn

5 Hossiep et al. 2005:73
6 Comer 2008:523

Verträglichkeit: Vertrauen, Freimütigkeit, Altruismus, Entgegenkommen, Bescheidenheit, Gutherzigkeit

Offenheit für neue Erfahrungen: Einfallsreichtum, Kultiviertheit, Originalität, Vielseitigkeit, Intellektualität, Aufgeschlossenheit, Ästhetik

Gewissenhaftigkeit: Kompetenzstreben, Ordnungsliebe, Pflichtbewusstsein, Leistungsstreben, Selbstdisziplin, Besonnenheit

Neurotizismus (auch Emotionale Labilität genannt): Ängstlichkeit, Reizbarkeit, Depression, Soziale Befangenheit, Impulsivität, Verletzlichkeit

Auch dieses Modell ist in der Wissenschaft nicht unumstritten, weil es bis heute nicht im Ganzen (alle fünf Eigenschaften sind gleichwertig) bestätigt werden konnte. Empirische Untersuchungen zeigen jedoch besonders bei dem Faktor „Gewissenhaftigkeit" eine gute Prognosevorhersage im Hinblick auf das Verhalten eines Menschen.

In diesem Buch wird das Big-Five-Faktorenmodell herangezogen, weil es im wissenschaftlichen Kontext die größte Akzeptanz besitzt. Wobei es in der Betrachtung immer um das jeweilige Gegensatzpaar gehen wird. Besonders deshalb, weil es verschiedenen Situationen gibt, die in einer Altenhilfeeinrichtung vorkommen können, und dabei in der Regel mindestens zwei Persönlichkeiten aufeinandertreffen. Dabei haben beide das selbe Recht auf die Gültigkeit ihrer Wünsche. Egal, aus „welcher Ecke" diese Bedürfnisse stammen. Es gibt also kein „richtig oder falsch". Vielmehr sollte jetzt ein gegenseitiges Verstehen beginnen.

Auf den nächsten Seiten werden die fünf Faktoren detailliert vorgestellt. Des Weiteren wird die für die Mitarbeitenden in der Altenhilfe vorgeschlagene Ausprägung erläutert, um darauf aufbauend die Ausprägung der fünf Protagonisten dieses Buches einzuordnen. Dieses zugegebenermaßen stereotyp und z. T. auch mit einem „Augenzwinkern". Wobei es eben auch Studien gibt, die darauf hindeuten, dass es Unterschiede in den Persönlichkeitsmerkmalen zwischen verschiedenen Generationen gibt. Pinquart [7] schreibt: „Zur Frage nach den Veränderungen bei den Kernmerkmalen werteten Roberts/Walton/Viechtbauer (2006) die Befunde von 92 Studien aus. Im jungen Erwachsenenalter wurde im Mittel jeweils eine kleine Zunahme der Extraversion, der Offenheit für neue Erfahrungen, der Gewissenhaftigkeit und der Verträglichkeit gefunden, während der Neurotizismus abnahm. Im vierten Lebensjahrzehnt fand man eine weitere leichte Zunahme der Gewissenhaftigkeit und eine weitere Verringerung des Neurotizismus. Veränderungen der Kernmerkmale der Persönlichkeit im 5. und 6. Lebensjahrzehnt waren sehr gering, sieht man von einer Zunahme der Verträglichkeit ab. Im 7. Lebensjahrzehnt sanken Extraversion und Offenheit für Erfahrungen im Mittel wieder etwas ab. Ältere Menschen sind also z. B. im Mittel etwas weniger wissbegierig als junge und mittelalte Erwachsene." Somit decken sich diese Ergebnisse mit anderen Studien zur Altersdiversität, so dass der Blick auf die Persönlichkeitsmerkmale lohnend sein kann.

7 Pinquart, 2013:37

Für alle Fünf Faktoren sind folgende drei Ausprägungsgrade formuliert worden:

1. Hohe Ausprägung: Es besteht eine Auswirkung auf das Verhalten des Menschen und dessen Lebenssituation im Sinne der beschriebenen Eigenschaft. Wenn ein Mensch in diesem Sinne „offen für Erfahrungen" ist, wird dieser bei Veränderungen in seinem Umfeld konstruktiv mitwirken.

2. Mittlere Ausprägung: Die beschriebene Eigenschaft ist zwar vorhanden, hat jedoch eine geringe Auswirkung auf das Verhalten des Menschen und dessen Lebenssituation. Wenn ein Mensch mittelmäßig „gewissenhaft" gegenüber Aufgaben auftritt, wird er diese wahrscheinlich nur mit einer „Portion" äußeren Drucks (z. B. durch Vorgesetzte) ausführen.

3. Geringe Ausprägung: Diese Eigenschaft ist kaum vorhanden und hat deshalb keine Auswirkung auf das Verhalten des Menschen und dessen Lebenssituation. Bei einer geringen Ausprägung von „Verträglichkeit" besteht die Gefahr, dass dieser Mensch sich eher aktiv wie ein „Elefant im Porzellanladen" benimmt und anderen Menschen in seinem Umfeld mit wenig Empathie entgegentritt.

Extraversion

Neuberger stellt Gegensatzpaare auf, die das Spannungsfeld zwischen Extraversion und Introversion verdeutlichen sollen: Diese sind gesprächig – ruhig / offen – verschwiegen / gesellig – zurückgezogen / abenteuerlustig – vorsichtig / bestimmt – scheu / energisch – gehemmt [8]. Lord [9] zeigt auf, dass es sich um unterschiedliche Facetten, wie „Herzlichkeit", „Geselligkeit", „Durchsetzungsfähigkeit", „Aktivität", „Erlebnishunger" und „Humor" handelt. Wenn diese Gegensatzpaare auf einer gedachten Linie aufgetragen werden, könnte sich jeder Mensch in seiner persönlichen Tendenz zuweisen.

Im allgemeinen gesellschaftlichen Verständnis bedeutet „Extraversion" nach „außen gerichtet sein". Im Gegensatz dazu die „Introversion", die ein „Verhalten nach innen" beschreibt. Jeder kennt sie: Die Menschen, denen es in kurzer Zeit gelingt, in einer Gruppe das Gesprächsthema zu bestimmen, auf andere zuzugehen, sich für die Belange der Umwelt interessierend und dabei seine eigenen Ansichten zu unterbreiten. Dagegen stehen die „Leisetreter" am Rand und beobachten die Szenerie. „Im Denken orientieren sich Extravertierte an Tatsachen, Introvertierte hingegen an ihren Ideen. Im Fühlen zeigen Extravertierte Empathie mit anderen, strahlen Sicherheit und Hilfsbereitschaft aus; Introvertierte hingegen wirken nach außen kühl und reserviert, obwohl sie innerlich – unbemerkt für die anderen – durch aus (mit)fühlen." [10] Extraversion bedeutet also, dass ein Mensch einen in „die Umgebung gerichteten Energiebeitrag leistet und dadurch sein Bedürfnis nach äußerer Stimulation befriedigt".[11]

8 Neuberger 2002:230
9 2007:28
10 Saum-Aldehoff 2018:51
11 vergl. Lord 2007:20

Extrovertierte gelten als herzliche Menschen, denen es gelingt, auf andere Menschen zuzugehen. Sie suchen eher das Sympathische an den anderen, als von Anfang an ein Gefühl von Misstrauen zu entwickeln. Dabei haben diese Menschen ein Wirkungsbewusstsein. Sie wissen, dass sie mit ihrem Verhalten andere Personen beeinflussen können. Dieses gelingt ihnen auch durch ihre Art der Kommunikation und des Umgangs mit dem Gegenüber. Schwierig wird es erst dann, wenn eine stark extrovertierte und eine stark introvertierte Persönlichkeit aufeinandertreffen. Das Spiel zwischen Nähebedürfnis und Distanzstreben kann beiden Akteuren im Zusammenspiel schwer gelingen.

Extraversion bei Mitarbeitern in der Altenhilfe

Es ist von Vorteil, wenn Mitarbeiter in der Altenhilfe in der Regel eher gesellige Menschen sind, die auf andere Personen zugehen. Wie sollten sie auch sonst ihren Beruf ausüben, wenn sie mehr dem Bedürfnis nachgehen würden, anderen Menschen „nicht zu begegnen". Die Aufgaben in der Altenhilfe sind stark von engen bis hin zu „intimen" Beziehungen zwischen den Mitarbeitenden und den Pflegekunden geprägt. Außerdem sollten Mitarbeitende in der Altenhilfe eher einen gewissen Frohsinn an den Tag legen, um auch in schwierigen Situationen für sich selbst nicht die Hoffnung zu verlieren.

Um in den nachfolgenden beschrieben Situationen eine gewisse Stringenz zu verfolgen, ergibt sich für den Persönlichkeitsanteil Extraversion unserer Protagonisten folgendes Bild:

	Bewohner	Angehörige	Mitarbeitende		
Extraversion (Geselligkeit)	Emil Schwarz	Isolde Schwarz	Timo Richter	Lena	Alina
	Geringe Ausprägung	Mittlere Ausprägung	Mittlere Ausprägung	Hohe Ausprägung	Mittlere hohe Ausprägung

Diese Eingruppierung ist, wie bei allen anderen Persönlichkeitsmerkmalen, willkürlich gewählt und entspricht dem Bild, dass die Autoren von „Mitarbeitenden in der Altenhilfe" haben. Das bedeutet im Umkehrschluss nicht, dass es in der Altenhilfe keine Mitarbeitenden mit einer geringen Ausprägung in Bereich der Extraversion gibt. Diese werden es jedoch schwerer haben, den notwendigen Kontakt zu Pflegekunden aufzubauen, besonders dann, wenn sie ebenfalls eher das „Alleinsein" bevorzugen.

Herr Schwarz ist sehr auf sich selbst bezogen und hat kein großes Interesse an den Geschehnissen und Menschen in dem unternehmerischen Umfeld. Das kann sich z. B. dadurch zeigen, dass Herr Schwarz eher für sich alleine sein will, als bei den Mahlzeiten oder den Beschäftigungsangeboten auf andere Menschen zu treffen. Das bedeutet jedoch nicht, dass Herr Schwarz den Kontakt mit Menschen gänzlich meidet. Die Pflegekräfte müssen jedoch kontinuierlich den ersten Schritt unternehmen.

Verträglichkeit

Unter diesem Persönlichkeitsmerkmal wird ein großer Teil „des sozialen Wesens Mensch" beschrieben. Um wirkliche Beziehungen zu anderen Menschen eingehen zu können, sich in diesen Beziehungen zu engagieren und die Bedürfnisse und Gefühle des Gegenübers wahrzunehmen, benötigt der Mensch ein gewissen Maß von dem Merkmal „Verträglichkeit".

Hinzukommt, dass hinter diesem Attribut auch ein „Urgefühl" eines jeden Menschen „versteckt" ist: „Vertrauen". Als Säugling haben wir Vertrauen zur Mutter. Sie wärmt und nährt uns. Die Verletzung dieses Gefühl schafft Ängste, die wir bis ins hohe Alter in uns tragen. Denn Misstrauen bedeutet, hinter jeder Handlung eines anderen ein manipulatives Motiv („Der ist doch nur nett, weil er etwas will") zu vermuten. Es stellt sich dann die Frage danach, mit wie viel Naivität oder Argwohn wir den Menschen begegnen. Vielleicht zieht sich der argwöhnische Mensch in Beziehungen auch zurück. Denn verträgliche Menschen sind menschenfreundlich und begegnen anderen eher mit Wohlwollen.

„Aus Sicht der Big Five sind Extraversion und Verträglichkeit […] zwei komplett voneinander unabhängige Persönlichkeitsdimensionen, die sich nur vordergründig ähneln. Sie drücken zwar beide eine soziale Orientierung, eine Zugewandtheit gegenüber anderen Menschen aus, aber auf ganz unterschiedliche Weise. Verträglichkeit beschreibt nicht das selbstbewusste, joviale und auch oft dominante Auf-andere-Zugehen, das extravertierte Menschen auszeichnet. Vielmehr drückt Verträglichkeit das stille und tiefe Empfinden aus, dazuzugehören, mitzufühlen, ein Teil der Gemeinschaft und keine isolierte Monade zu sein." [12]. „[Denn] während Extraversion uns Aufschluss über die Menge an Energie gibt, die eine Person in die zwischenmenschliche Umgebung investiert, geht es beim Bereich der Verträglichkeit um die Rolle, die eine Person gegenüber anderen einnimmt." [13]

Das Verhalten, dass sich zeigt, wenn ein Mensch über sehr hohe Verträglichkeitsanteile verfügt, kann jedoch auch von anderen ausgenutzt werden. Personen, die stark altruistisch sind, sich also sehr viel Zeit dafür nehmen, anderen Menschen bei ihren Belangen und Problemen zu helfen, ohne einen eigenen Vorteil daraus ableiten zu können, haben vielleicht für sich selbst keine gute Unterstützungsmöglichkeiten. Denn altruistischen Menschen ist das Wohlergehen der anderen wichtig, so dass sie einen aktiven Beitrag dazu leisten wollen.

Genauso kann Bescheidenheit und Gutherzigkeit von anderen Menschen ausgenutzt werden. Bei einem „Zuviel" besteht die Gefahr, dass der eigene Standpunkt nicht durchgesetzt werden kann oder die eigenen Gedanken und Gefühle so offenherzig kommuniziert werden, dass andere Menschen aus dem Wissen darum einen Nutzen ziehen wollen. Denn „Bescheidenheit ist eine Zier, doch weiter komme ich ohne ihr". Was passiert, wenn eine Person anderen Menschen wenig entgegenkommt und sich

12 Saum-Aldehoff 2018:93
13 Lord 2007:21

eher mit ihren Vorzügen in den Vordergrund stellt? Hierdurch kann es schnell zu Konflikten kommen. Wobei Facetten, wie Zurückhaltung, Mitgefühl und Rücksichtnahme wesentliche Verhaltensweisen sind, um einen sozialen Frieden in einer Gruppe aufrechtzuerhalten.

Verträglichkeit bei Mitarbeitern in der Altenhilfe

Mitarbeitende in der Altenhilfe müssen aus Sicht der Autoren auch ein gewisses Maß an Verträglichkeit „mitbringen". Sie müssen sich in die Situation des Pflegekunden hineinversetzen, bei herausfordernden Situationen konfliktlösend agieren und in jeder noch so schwierigen Situation das Mitgefühl mit dem Gegenüber nicht verlieren. Auf der anderen Seite dürfen sie sich nicht von der Situation des Pflegekunden so einnehmen lassen, dass sie auf der emotionalen Ebene handlungsunfähig werden. Der ewige „Kampf der echten professionellen Distanz" ist wohl eine der größten Herausforderungen, denen sich Mitarbeitende im Kontext der Altenhilfe stellen müssen.

Verträglichkeit (Kooperationsbereitschaft und Empathie)	Bewohner	Angehörige	Mitarbeitende		
	Emil Schwarz	Isolde Schwarz	Timo Richter	Lena	Alina
	Hohe Ausprägung	Geringe Ausprägung	Geringe Ausprägung	Geringe Ausprägung	Mittlere Ausprägung

Die Protagonisten haben wiederum ganz unterschiedliche Ausprägungen mit Blick auf das Persönlichkeitsmerkmal „Verträglichkeit". Das bedeutet, dass es zu Konflikten zwischen den Beteiligten kommen kann. Menschen aus der GENERATION Y zeigen in manchen Situationen nur dann ein initiatives Verhalten, wenn ihnen von vornherein deutlich ist, was sie als Gegenleistung vom Gegenüber erwarten können. Somit zeigt Lena z. B. bei anstehenden kleineren Konflikten wenig Rücksichtnahme oder den Wunsch zum Kompromiss. „Warum soll ich denn klein beigeben, wenn ich keine Schuld an der Situation trage?" Herr Schwarz zeigt demgegenüber Verhaltensweisen, die sich aus einer anderen Perspektive heraus dahingehend entwickelt haben: „Es ist gut, wenn Menschen sich miteinander verstehen und austauschen. Das bringt uns voran". Hervorzuheben ist, dass es viele Mitarbeitende in der Altenhilfe gibt, die durch ihr Verhalten ein hohes Maß an „Verträglichkeit" aufweisen. Denn der Auftrag eines Mitarbeitenden in einer Altenhilfeeinrichtung fordert ein Entgegenkommen, eine gewisse Bescheidenheit und ein Ausmaß an Gutherzigkeit gegenüber den Kunden. Ansonsten wäre der soziale Frieden in dem System Altenhilfeeinrichtung dauerhaft gefährdet. Wir können also auf die nächste Generation von Mitarbeitenden, die GENERATION Z, gespannt sein. Sie ist ein ganzes Stück „verträglicher im Umgang mit ihrem sozialen Umfeld", als es die beiden voranstehenden Generationen (X und Y) sind. Auf der anderen Seite sind die Autoren der festen Meinung, dass sich die Facette „Verträglichkeit" durch positive Erfahrungen verändern lässt.

Offenheit für neue Erfahrungen

Der Mensch an sich ist ein Entdecker. In jeder Epoche der Menschheitsgeschichte waren wir darauf aus, "Neue Welten" zu erforschen und deren Geheimnisse zu lüften. Immer im Bestreben, bestehende Grenzen infrage zu stellen und sich auf das, was dahinter liegt, einzulassen. "Menschen von hoher Offenheit für neue Erfahrungen ist tatsächlich ein "breites Bewusstsein" eigen, eine Weite, Tiefe und Üppigkeit im Wahrnehmen, Denken und Empfinden." [14] Dazu sind unter anderem ein hohes Ausmaß an Fantasie und Ideenreichtum notwendig. Menschen, die offen für neue Erfahrungen sind, müssen auf der anderen Seite Regeln und Normen kontinuierlich in Frage stellen. Denn ansonsten würden sie die Unmöglichkeit einer Veränderung mit dem vorhandenen Regelsystem erklären. Rebellion und Opposition sind ein "Markenzeichen" von Menschen mit einer hohen Offenheit gegenüber neuen Erfahrungen. Das drückt sich auch in der Beziehung zur Kunst und Kultur aus. Das zeigt sich besonders dann, wenn der Mensch eine Begeisterung für abstrakte Malerei oder für Musik erlebt, die jenseits des "Mainstreams" agiert.

Offenheit für neue Erfahrungen bei Mitarbeitern in der Altenhilfe

Offenheit für neue Erfahrungen ist besonders in der heutigen Zeit ein Merkmal, das sich von Vorteil erweisen kann. Durch die Schwierigkeit der Personalbesetzung und dem exponentiellen Voranschreiten der Digitalisierung werden die Unternehmen in der Altenhilfe nicht umhinkommen, sich kontinuierlich "neu zu erfinden". Ob es sich um das eigentliche Angebot der Dienstleistung oder um die Vernetzung zwischen Menschen und Maschinen handelt. Mitarbeiter aller Ebenen können sich nicht mehr darauf besinnen, "dass wir das schon seit Jahren so gemacht haben". Das bedeutet auch, dass es wünschenswert wäre, wenn die Mitarbeitenden stets die eigenen Werte ihres Handelns in Frage stellen würden. Denn, was vor einigen Jahren noch als ein anerkanntes Verhalten gegenüber Pflegekunden galt, wird heute nicht mehr akzeptiert. Ob es sich dabei um Fixierungsmaßnahmen oder um einen geschlechtsspezifischen Umgang mit Pflegekunden handelt. Ein Grund, warum junge Mitarbeitende häufig angesichts der Verhaltensweisen von älteren Mitarbeitern irritiert sind.

Offenheit für neue Erfahrungen	Bewohner	Angehörige	Mitarbeitende		
	Emil Schwarz	Isolde Schwarz	Timo Richter	Lena	Alina
	Geringe Ausprägung	Mittlere Ausprägung	Geringe Ausprägung	Hohe Ausprägung	Hohe Ausprägung

14 Saum-Aldehoff 2018:132

Bei der Betrachtung dieses Persönlichkeitsmerkmals und der Anlehnung an die fünf Protagonisten werden die Aspekte Fantasie und Ästhetik wenig berücksichtigt. Vielmehr sollen mögliche Einflüsse durch die Facetten Gefühle, Handlungen, Ideen und Werte betrachtet werden.

Besonders dann, wenn der Umgang mit den eigenen Gefühlen und ein Interesse an den Gefühlen anderer besteht, haben Menschen die Chance, etwas von anderen zu lernen. Wobei „ein intensiveres Bewusstsein von Gefühlen nicht unbedingt auf eine geringere emotionale Stabilität hindeutet".[15] Menschen, die in dieser Facette eine hohe Ausprägung besitzen, sind sich ihrer eigenen Gefühle eher bewusst und reagieren dementsprechend. Das kann auch bedeuten, dass das Gefühl „vielleicht ungerecht behandelt" worden zu sein, aus externer Sicht eine Überreaktion auslöst. Oder hinter einem „sich abwenden" gleich ein Liebesentzug gesehen wird. Diese „Gefahr" besteht bei den beiden Pflegekräften Lisa und Alina.

Wenn sich dagegen die Facette „Offenheit für Handlungen" angeschaut wird, und damit die Neugier und die aktive Suche nach Verschiedenartigkeit gegenüber dem Beibehalten von Vertrauten und Routinen gesehen wird, dann zeigt Herr Schwarz ein in seiner Generation leicht erklärbares Verhalten: Routinen schaffen Sicherheit und führen zum Erfolg! Ähnliches wird Timo Richter in seinem Berufsleben erfahren haben. Hierbei geht es nicht um die eigenen Wertvorstellungen und die Neugier, Neues zu erfahren, sondern vielmehr um die Suche nach Beständigkeit.

„Erfahrungsoffenen Menschen fällt das Lernen deshalb gewöhnlich leicht, weil abstrakte Aufgaben, aufbereitetes Wissen und Theorien von ganz allein ihre Aufmerksamkeit wecken, ohne dass sie sich dazu besonders motivieren müssten." [16] Was jedoch nicht bedeutet, dass das Wissen auch für den jeweiligen Kontext konstruktiv genutzt werden kann. Die heutige digitalisierte Welt macht es den erfahrungsoffenen Menschen leichter, sich mit dem jeweiligen interessanten Thema zu beschäftigen. „Ein Klick" und das Wissen steht zur Verfügung. Und genauso schnell kann eine Wertung über eine Situation, einen Menschen oder ein Unternehmen vorgenommen werden. Wenn etwas gefällt, wird mit Lob nicht hinter dem Berg gehalten. Sollte jedoch etwas missfallen, dann ist die Kritik auch schnell formuliert. Diese Wertung findet sich dann schnell in den Sozialen Medien oder während der Übergabe in einem Pflegebereich. Und auch hier zeigt sich, dass sich eine „Überdosierung" dieses Persönlichkeitsmerkmals wieder negativ auswirken kann.

Gewissenhaftigkeit

Sind Eigenschaften, wie Pflichtbewusstsein, Ordnungsliebe oder Selbstdisziplin veraltet, weil sich die Begriffe wie aus einer anderen Zeit anhören? Wohl nicht, denn jeder Mensch kennt es von sich selbst, dass es im täglichen Leben die Ziele und Aufgaben sowie die

15 Lord 2007:44
16 Saum-Aldehoff 2018:138

Versuchungen gibt, die einen vom eigentlichen Weg wegführen. Wenn das „Fenster putzen" auf einmal eine wichtigere Bedeutung als das Erledigen einer Lernaufgabe hat und diese für den „sauberen Durchblick" zur Seite gelegt wird, dann kann es sein, dass nicht die Lust an einer Aufgabe, sondern die Ablenkung „gewonnen" hat. Menschen mit einem hohen Wert im Bereich der Gewissenhaftigkeit definieren ihre Ziele und verfolgen diese konsequent, ohne jeder kleinen Versuchung zu erliegen. Des Weiteren ist es gewissenhaften Menschen auch klar, dass zu viele Ideen und Pläne auf einmal den Erfolg eines jeden Vorhabens gefährden können.

Das hat vor allem Konsequenzen für den beruflichen Erfolg. „Von den fünf großen Persönlichkeitsdimensionen ging die Gewissenhaftigkeit am auffälligsten und durchgängigsten mit hohem Berufserfolg einher. Ganz gleich, welches Kriterium man herauspickt: Immer liegen die gewissenhaften Beschäftigten vorn. Sie […] zeigen bessere Trainingsleistung, besseres Teamwork, bessere Führungsqualitäten". [17]

Dabei gilt wohl besonders im beruflichen Kontext eine sich „selbsterfüllende Prophezeiung" als wesentlich: Wer an sich glaubt, wird mehr leisten, als derjenige, der kein Selbstvertrauen besitzt. Das damit auch ein Anstieg an Kompetenzen verbunden ist, erscheint selbstverständlich. Und wer sich dann noch moralisch verpflichtet fühlt, wird das Zugesagte auch gegenüber anderen Personen eher umsetzen, als jemand, der es in dieser Facette „eher locker" nimmt.

Als einen weiteren wichtigen Punkt muss das Merkmal der Besonnenheit im Umgang mit Problemen und Zielerreichungen betrachtet werden. Doch auch hier ist zu viel nicht erstrebenswert: „Menschen mit hohen Werten [in der Facette der Besonnenheit] denken eher zu viel und zu lange nach und können dadurch Gelegenheiten verpassen." [18]. Schon in den 90er-Jahren des 20. Jahrhunderts wurde über den Vorteil von schnellen Entscheidungen im beruflichen Kontext diskutiert. Julius Kuhl, ein deutscher Professor für die Differenzielle Psychologie, stellte das Gegensatzpaar der Handlungsorientierung („Schnelles Handeln ohne vorherige Abwägung von Risiken und Nebenwirkungen.") gegenüber der Lageorientierung („Erst Denken, dann Handeln, auch wenn die Möglichkeit vergehen kann.") gegenüber. Denn „die Chance einer niedrigen Merkmalsausprägung [von Besonnenheit] liegt im Ergreifen von Gelegenheiten. [19]

Gewissenhaftigkeit bei Mitarbeitern in der Altenhilfe

Es gibt eine Vielzahl von Ablenkungsmöglichkeiten für die Mitarbeitenden in der Altenhilfe. Auch, wenn die zeitlichen Ressourcen knapp sind, und vielleicht genau aus diesem Grunde, erhalten weniger wichtige, dafür jedoch attraktivere Aufgaben eine neue Bedeutung. Besonders dann, wenn diese Aufgaben aus Routinetätigkeiten bestehen, die weniger kognitive Leistung erwarten lassen. Daniel Kahnemann hat 2012 in seinem Buch „Schnelles Denken – Langsames Denken" eindrucksvoll beschrieben, warum Menschen glauben, stets auf einem intellektuellen hohen Niveau zu agieren und zu interagieren.

17 Saum-Aldehoff 2018:121
18 Lord 2007: 47
19 Lord 2007: 47

Doch in Wirklichkeit versucht der Mensch, sich mit möglichst wenig Energie die Umwelt zu gestalten. Denn je besser wir die Situation, in der wir uns befinden „kennen und beurteilen" können, umso leichter fällt uns das Agieren. Erst dann, wenn es für uns unbekannt oder eine wirkliche Denkleistung erforderlich wird, schalten wir den „Verstand ein". Spätestens ab dem Moment ist es mit dem Multitasking vorbei und unser Gehirn „verbraucht" viel Energie. In diesem Zusammenhang erfordert es schon eine gehörige Portion Selbstdisziplin, am Ende seines Dienstes – neben der aktiven Pflege – auch alle administrativen Tätigkeiten erledigt zu haben. Wobei immer eine realistische Einschätzung der Gesamtsituation vorgenommen werden muss. Denn die zeitlichen Ressourcen und der Arbeitsaufwand sind auch hier stets in Relation zu setzen.

Gewissenhaftigkeit (Perfektionismus)	Bewohner	Angehörige	Mitarbeitende		
	Emil Schwarz	Isolde Schwarz	Timo Richter	Lena	Alina
	Hohe Ausprägung	Hohe Ausprägung	Hohe Ausprägung	Geringe Ausprägung	Mittlere Ausprägung

Herr Schwarz ist in einer Zeit aufgewachsen, in der die Disziplin und der Perfektionismus einen hohen Stellenwert hatten. Und unsere Gesellschaft ist soweit entwickelt, weil die Gewissenhaftigkeit besonders in der Wirtschaft und Verwaltung einen so hohen Stellenwert eingenommen hat. Ähnlich sieht es mit der Pflegedienstleitung aus. Führungskräfte haben in der Regel ein hohes Leistungsstreben, dass es ihnen ermöglicht, anspruchsvolle Ziele zu verfolgen. Wobei sie in einer Pflegeeinrichtung immer auf ihre Mitarbeitenden angewiesen sind. Ob die „Jüngeren" im Bunde nun wirklich kein Pflichtgefühl haben oder dieses nur nicht im beruflichen Kontext zeigen, sei dahingestellt.

Neurotizismus

„Neurotisch" zu sein bedeutet im allgemeinen Sprachgebrauch gegenüber Situationen, Menschen oder Gegenständen „starke Ängste zu haben". In dem Fünf-Faktoren-Modell geht es vielmehr um die emotionale Stabilität oder emotionale Labilität (Neurotizismus) von Menschen. Hierbei darf der Begriff „Neurotizismus" nicht im Sinne einer Diagnose einer psychischen Störung missverstanden werden. Denn jeder Mensch „trägt" mehr oder weniger stabilisierende Komponenten in sich. Dabei ist die Art und Weise, wie Emotionen, vor allem negative Emotionen, erlebt werden, wichtig. Personen, die eher neurotische Züge in sich tragen, sind in kritischen Situationen schneller aus dem Gleichgewicht geraten, als Menschen, die sich eher als stabil einschätzen.[20] „Es sind also die negativen, herunterziehenden Gefühle, auf die Menschen dieser seelischen Strickart „ansprechen" und von denen ihr labiles Gemüt angezogen

20 vgl. Hossiep 2005:54

wird. Ist Extraversion ein Talent zum Glücklichsein, dann ist Neurotizismus ein Talent zum Unglücklichsein." [21]

Eines muss in diesem Zusammenhang hervorgehoben werden. Ängstlichkeit – eine Facette dieses Persönlichkeitsmerkmals – gegenüber Situation, Menschen oder Gegenständen zu haben, ist für das Überleben des Menschen überaus wichtig. Die Menschheit hätte bis heute nicht überlebt, wenn sie die Gefahr durch Raubtiere weggelächelt und die Konsequenzen eines globalen Atomkrieges ignoriert hätte. Es darf jedoch nicht in der Form ausarten, dass der Mensch aufgrund seiner negativen Gefühle handlungsunfähig wird.

Der Begriff der Reizbarkeit geht der Frage danach nach, in wie weit der Mensch in einer Situation eine Selbst- bzw. Fremdschuld identifiziert. Wobei es sich stets um „eine Verteidigungssituation [handelt] – man weist anderen die Schuld zu, um mit seinem eigenen Gefühl der Unzulänglichkeit zurechtzukommen." [22] In einem ähnlichen Zusammenhang ist auch die soziale Befangenheit zu verstehen. Personen, die stärker sozial befangen sind, fühlen sich anderen Menschen gegenüber unterlegen. Sie sind eher anfällig für Spott und negative Publicity. Das kann in den sozialen Medien fatale Folgen haben.

Die Diagnose Depression beschreibt eine Erkrankung. Depression in diesem Modell beschreibt eine Tendenz zur Niedergeschlagenheit, Traurigkeit und rascher Entmutigung. „Fast jeder Mensch erlebt hin und wieder vereinzelte depressive Symptome, wie Traurigkeit, Niedergeschlagenheit oder Antriebslosigkeit, z. B. in Zusammenhang mit belastenden Ereignissen, Erkrankungen oder sozialen Stresssituationen. Von einer behandlungsbedürftigen depressiven Störung spricht man allerdings erst, wenn die Symptome eine bestimmte Zeitdauer, Persistenz und Intensität überschreiten." [23] Damit wird deutlich, dass jeder Mensch Symptome dieser Erkrankung zeigt, ohne wirklich krank zu sein. Viel wichtiger ist es, sich die Menschen anzuschauen, die eine geringere Ausprägung in diesem Bereich aufzeigen. Diese lassen sich weniger durch negative Gefühle bestimmen, was jedoch nicht bedeutet, dass sie glücklich sind. Glücksgefühle werden durch das Ausmaß an Extraversion hervorgehoben und nicht durch das Nichtvorhandensein von Depression.

Neurotizismus

In diesem Buch wird davon ausgegangen, dass sich der Neurotizismuswert bzw. die emotionale Stabilität im Laufe eines Lebens verändert. Während in den jungen Jahren die subjektive Verletzlichkeit stärker wahrgenommen wird, nimmt diese im Laufe des Lebens ab. Was im ersten Moment negativ anmutet, muss sich jedoch nicht als solches beweisen.

21 Saum-Aldehoff 2018: 72
22 Lord 2007:49
23 Wittchen 2011:880

Neurotizismus (emotionale Labilität und Verletzlichkeit)	Bewohner	Angehörige	Mitarbeitende		
	Emil Schwarz	Isolde Schwarz	Timo Richter	Lena	Alina
	Geringe Ausprägung	Geringe Ausprägung	Mittlere Ausprägung	Hohe Ausprägung	Hohe Ausprägung

Wir werden im Laufe unseres Lebens „stabiler", was für die Mitarbeiter in der Altenhilfe bedeutet, dass sich die „älteren" Mitarbeitenden in der Regel besser in „schwierigen Situationen" zurechtfinden als die „jüngeren" Mitarbeitenden. Somit ist es nicht verwunderlich, dass bei den im vorliegenden Buch gewählten Protagonisten die jüngeren Mitarbeiter eine höhere Neurotizismusausprägung als die Älteren haben. Das bedeutet vor allem für Herrn Schwarz, dass er Lena und Alina leichter als Timo „aus der Reserve locken" kann. Das kann sich in einer allgemeinen Reizbarkeit oder durch ein soziales Unbehagen ausdrücken. Zum Glück besitzt Herr Schwarz jedoch eine hohe Ausprägung in dem Persönlichkeitsmerkmal „Verträglichkeit", so dass er mögliche Ängste der jungen Mitarbeiterinnen nicht ausnutzen wird. „Menschen mit niedrigen Merkmalsausprägungen auf der Dimension Verträglichkeit neigen zu hohen Werten für Reizbarkeit (N2). Wenn niedrige Verträglichkeitswerte mit niedrigen Reizbarkeitswerten (n2) kombiniert sind, fehlen zugrunde liegende Gefühle von Groll und Bitterkeit gegenüber anderen; diese Person will gewinnen und ist der Auffassung, dass dazu die Manipulation anderer erforderlich ist." [24]

Das Zusammenspiel der unterschiedlichen Faktoren und die Bedeutung für die Praxis

Bei den drei nachfolgend dargestellten Mitarbeitenden der Einrichtung sind unter Bezugnahme auf die Persönlichkeitsbetrachtung höchstwahrscheinlich folgende Verhaltensweisen vermehrt zu erkennen.

24 Lord 2007:62

	Timo	Lena	Alina
Extraversion	Er geht nur auf Menschen zu, wenn es wirklich sein muss.	Sie geht offen auf Menschen zu, ist hierbei eher der aktive Part.	Sie geht nur auf Menschen zu, wenn es wirklich sein muss.
Verträglichkeit	Er ist im Kontakt zu anderen Menschen eher wortkarg und will die Kontakte „kurz halten".	Ihre Kontaktangebote sind nachdrücklich, z. T. dominant.	Sie kann sich bis zu einem gewissen Grad in andere Menschen hineinversetzen.
Offenheit	Er freut sich darüber, wenn alles „beim Alten" bleibt. „Never Change a running System!" Nur, wer bestimmt das System?	Sie hat kreative Ideen und setzt Veränderungen um, wenn sie hierbei keine eigene Entwicklung vornehmen muss.	Sie hat kreative Ideen und freut sich über Veränderungen und ist z. T. idealistisch.
Gewissenhaftigkeit	Er arbeitet alle Aufgaben konsequent ab und ist sich dessen bewusst, wie wichtig die „Wahrung der Disziplin" für seine Karriere ist.	Sie weiß, welche Leistung von ihr erwartet wird. Sie kann jedoch sehr gut „verdrängen". Also bleibt so manches liegen.	Aufgaben, die von ihr als sinnvoll angesehen werden und die ihr dann auch noch Spaß bringen, werden sofort und konsequent abgearbeitet. Dafür dürfen andere Dinge liegen bleiben.
Neurotizismus	Er hat keine großen Sorgen oder negative Emotionen. Besonders im Umgang mit anderen Menschen hat er keine Befürchtungen.	Sie fühlt sich oft gestresst und ärgert sich über andere Menschen. Sie fühlt sich im Kontakt mit fremden Menschen eher unwohl und zieht es dann vor, nicht im Zentrum der Aufmerksamkeit zu stehen.	Sie ist eher impulsiv. Auf der anderen Seite befürchtet sie, dass ihr soziales Umfeld sie negativ bewertet. Bei eigenen Fehlern zeigt sie oft eine äußerst negative Stimmung.

(angelehnt an Boele De Raad 2000:72 und Lord 2007:71ff)

Dass diese Verhaltenszuordnung hier und da zu kurz kommt, den einzelnen Personen nicht immer allumfassend gerecht wird und einer wissenschaftlichen Überprüfung nicht standhalten würde, dürfte eindeutig sein.

Die Bedeutung für die Praxis

Die Betrachtung einer Persönlichkeit im beruflichen Kontext ist in vielen Unternehmen eine anerkannte Vorgehensweise, die darauf abzielt, geeignete Bewerber bzw. Mitarbeiter für ausgewählte Positionen zu finden. Des Weiteren werden solche Verfahren in der Personal- und Teamentwicklung angewendet. Die Altenhilfe hat in diesem Zusammenhang noch einen Nachholbedarf. Auch, wenn es im ersten Moment als übertrieben erscheint, sich auch in kleinen Einrichtungen mit einem Persönlichkeitsmodell auseinanderzusetzen, so schafft dieses doch die Möglichkeit, die Kommunikation untereinander und die Teamleistung miteinander besser zu gestalten. Der eine Mitarbeitende weiß eben wirklich um die „Vorzüge und Macken" des anderen. Somit wird Vorverurteilungen und Stigmatisierungen entgegengewirkt.

Dieser Umstand wird noch einmal ganz besonders deutlich, wenn der Blick auf die wahrgenommenen Altersunterschiede von Gruppen gerichtet wird.

Die Auffälligkeit eines Altersunterschiedes in Gruppen kann zu einem Anstieg an Konflikten führen.

Es ist hierbei davon auszugehen, dass dem Mitarbeitenden der Altersunterschied innerhalb der Gruppe stets präsent ist und dieser Unterschied auch bei Entscheidungen innerhalb der Gruppe herangezogen wird. In verschiedenen Untersuchungen[25] wurde hinterfragt, ob dieser auffallende Altersunterschied zu emotionalen und/oder kognitiven Konflikten führt. „Insgesamt bestätigen die Befunde die Annahme, dass eine Zunahme der Altersheterogenität mit einem Anstieg ihrer Salienz (Auffälligkeit) einhergeht, die wiederum zu einer Verstärkung emotionaler und kognitiver Konflikte beiträgt.[26] Auch in den Einrichtungen der Altenhilfe sind große Altersunterschiede zwischen den Mitarbeitenden zu erkennen. Diese können von großem Nutzen sein, wenn sie generell als Bereicherung des Arbeitsumfeldes erkannt werden. Dazu ist es jedoch erforderlich, sich aktiv damit auseinanderzusetzen. Eine Möglichkeit stellt der folgende Fragebogen dar.

Kurzskala zur Messung der handlungsorientierten (H) und der allgemeinen (A) Wertschätzung von Altersdiversität bei Gruppenarbeit		Trifft völlig zu	Trifft zu	Weder noch	Trifft nicht zu	Trifft gar nicht zu
H	Unsere Gruppe profitiert sowohl von den Beiträgen der jüngeren als auch von den Beiträgen der älteren Teammitglieder					
H	In unserer Gruppe lernt man durch die unterschiedlichen Perspektiven der jüngeren und älteren Mitglieder Neues dazu					
H	In unserer Gruppe geht man konstruktiv mit Anregungen um, die von Teammitgliedern unterschiedlichen Alters eingebracht werden					
A	Ein Team leistet mehr, wenn es sich aus Personen verschiedener Altersklassen zusammensetzt					
A	Ein Team funktioniert besser, wenn es sich aus Personen verschiedener Altersklassen zusammensetzt					
A	Das Klima in einem Team ist besser, wenn es sich aus Personen verschiedener Altersklassen zusammensetzt					

(Wegge 2015:37)

Das Ergebnis zeigt keine Merkmale einer generellen Persönlichkeit eines Menschen auf. Vielmehr soll es dazu dienen, sich einem in dem vorherigen Kapitel dargestellten Ergebnis zu nähern: Der Generationsfrage.

25 vgl. Wegge 2015:34 ff.
26 ebd. 35

Vom Erstkontakt bis zur Neuaufnahme

Wenn Sie diesen Abschnitt gelesen haben, dann …

werden Sie einen Eindruck davon erhalten, dass nicht immer alle Protagonisten anwesend sein müssen, um ihre Wünsche und Bedürfnisse zu artikulieren und durchzusetzen. Allerdings schafft ein schnelles Abhandeln von Thematiken im Nachhinein oftmals große Probleme.

Für jede Einrichtung der stationären Langzeitpflege stellen der Erstkontakt mit einem potenziellen neuen Bewohner und seinen Zugehörigen und die damit bestenfalls einhergehende Aufnahme eine besondere Herausforderung dar.

Um der hohen wirtschaftlichen Belastung und dem damit verbundenen enormen Kostendruck Stand zu halten, müssen die stationären Einrichtungen der Altenhilfe durchgehend hohe Auslastungen (im Durchschnitt eine 96%- bis 98%-ige Belegungsquote) erzielen, um überhaupt wirtschaftlich arbeiten zu können. Gerade vor diesem Hintergrund sollte dem Erstkontakt und der damit verbundenen Aufnahme eines Bewohners ein hoher Stellenwert beigemessen werden.[1]

Bereits beim Erstkontakt – ob telefonisch oder persönlich – muss das Unternehmen professionell agieren, um bei potenziellen Interessenten einen kompetenten Eindruck zu hinterlassen.

Im Folgenden wird unter dem Erstkontakt die erstmalige Kontaktaufnahme eines Interessenten mit der Einrichtung verstanden: Interessenten sind also alle Personen, die Kontakt mit der stationären Einrichtung aufnehmen. Sie wollen Informationen oder Beratung über diese erhalten, und zwar mit dem Ziel, entweder selbst Bewohner dieser Einrichtung zu werden oder als Zugehöriger einen Angehörigen beim Einzug zu unterstützen. Der Erstkontakt kann folglich telefonisch, schriftlich oder persönlich erfolgen.[2]

Allerdings sollte darauf geachtet werden, dass nur diejenigen Mitarbeiter einer stationären Einrichtung mit dem Erstkontakt betraut werden, die hierfür auch die erforderliche Kompetenz besitzen. Oder aber es werden alle Mitarbeiter dahingehend geschult, dass sie dazu in der Lage sind, die Interessenten zielgerichtet und unmittelbar an den für die Aufnahme/Belegung zuständigen Kollegen weiterzuleiten. Denn: Der Erstkontakt mit den Interessenten dient der professionellen und verbindlichen Auskunft über die Möglichkeiten einer Aufnahme und/oder einer Terminvereinbarung.[3] Für den Ersteindruck gibt es leider keine zweite Chance!

---

1 vgl. www.ppm-online/org.
2 vgl. www.ppm-online/org.
3 vgl. www.ppm-online/org.

Dies soll anhand des nachfolgenden Beispiels mit den im vorliegenden Buch dargestellten zwei Protagonisten deutlich werden:

Ein Auszug des telefonischen Erstkontakts zwischen Timo Richter und Isolde Schwarz

Timo Richter: „Seniorenzentrum Lütte Butz". Timo Richter. Was kann ich für Sie tun?"

Isolde Schwarz: „Guten Tag. Mein Name ist Isolde Schwarz. Ich suche einen Pflegeplatz für meinen Vater, Emil Schwarz. Haben Sie noch einen Platz frei?"

Timo Richter: „Aber sicherlich. Da kommen Sie doch einfach einmal vorbei bei mir. Dann können wir das in Ruhe besprechen. Wann passt es Ihnen denn?"

Isolde Schwarz: „Herr Schwarz, ich könnte heute um 17:00 Uhr bei Ihnen sein. Ist das in Ordnung für Sie?"

Timo Richter: „Das ist ein bisschen spät für mich. Geht es auch um 16:00 Uhr?"

Isolde Schwarz: „Ja, das müsste ich schaffen. Dann bin ich heute um 16:00 Uhr bei Ihnen".

Timo Richter: „Gut, dann bis später".

Anhand des voranstehend abgebildeten Telefonats wird bereits deutlich, dass der Erstkontakt zwischen den unterschiedlichen Generationen bzw. Protagonisten Timo Richter (GENERATION X) und Isolde Schwarz (Generation BABYBOOMER) nicht sehr professionell verlaufen ist, weil beide generations- und persönlichkeitsbedingt gegensätzlich agieren.

In der nachfolgenden Tabelle (siehe Seite 53) werden die unterschiedlichen und eindeutigen Erwartungen der Protagonisten dargestellt.

In machen Feldern der Tabelle, die wiederkehrend zur Illustration der jeweils zu behandelnden Thematik innerhalb eines Kapitels herangezogen wird, findet sich der Eintrag „noch nicht definiert". Dies ist der Fall, weil die Protagonisten bis dahin noch nicht aufeinandergetroffen sind bzw. an dem dargestellten Prozess (hier: das telefonische Erstgespräch) noch nicht beteiligt sind.

Doch, was hätte Timo Richter als Angehöriger der GENERATION X nun vermeiden bzw. tun können, um sich besser auf die Bedürfnisse der potenziellen Interessentin, Isolde Schwarz, die BABYBOOMERIN ist, einzustellen? Dieser Fragestellung wird im Anschluss an die Abbildung der Tabelle nachgegangen.

... erwartet von ...	Welche Erwartungen können – auch unausgesprochen – im ersten Kontakt formuliert werden?				
	Emil	Isolde	Timo	Lena	Alina
Emil		„Finde den richtigen Platz für mich"	Kompetenz	Noch nicht definiert	Noch nicht definiert
Isolde	Vertrauen		Zeit und Empathie	Noch nicht definiert	Noch nicht definiert
Timo	Anpassungs-fähigkeit	Flexibilität		„Trage meine Entscheidung mit"	„Trage meine Entscheidung mit"
Lena	Noch nicht definiert	Noch nicht definiert	Keine Verspe-chen machen, die nicht gehalten wer-den können		Noch nicht definiert
Alina	Noch nicht definiert	Noch nicht definiert	Keine Verspe-chen machen, die nicht gehalten wer-den können	Noch nicht definiert	

Die Dont's und Dos des XER Timo Richter beim telefonischen Erstkontakt

Timo Richters Dont's: Beim Telefonmeldetext fehlt die Angabe der Funktion und ein freundliches „Guten Tag" oder „Herzlich willkommen".

Gründe dafür: Das Kommunikationsverhalten von XERN, wie Timo Richter, ist von Produktivität und Effizienzsteigerung geprägt.[4]
Folglich fällt der Begrüßungstext am Telefon sehr „minimalistisch" und eher abweisend aus.

Timo Richters Dos: Es sollte einen Telefonmeldetext mit einem netten Tagesgruß und der Angabe der Funktion geben, um gleich klarzustellen, dass es sich bei ihm um den richtigen Ansprechpartner handelt und dass er sich über den Anruf freut.

Timo Richters Dont's: Es werden keine Informationen zu dem potenziellen Bewohner eingeholt (Krankheitsbilder etc.) und es wird im Vorfeld eine mögliche Zusage gemacht, die vielleicht gar nicht eingehalten werden kann.

Gründe dafür: XER arbeiten gerne zielgerichtet: Sie nehmen ihre Zeiteinteilung und Kontrolle gerne selbst in die Hand.[5]

4 vgl. Mangelsdorf 2015:57
5 vgl. Mangelsdorf 2015:46

Timo Richters Dos: Es müssen immer zwingend Informationen zu dem Krankheitsbild etc. des potenziellen Bewohners eingeholt und keine vorschnellen Zusagen getroffen werden, die dann vielleicht vor Ort wieder revidiert werden müssen.

Timo Richters Dont's: Das Telefonat wird viel zu schnell beendet: Es entsteht der Eindruck, dass die potenzielle Interessentin „stört".

Gründe dafür: XER sind eher pragmatisch und neigen zu einer flexiblen und selbstbestimmten Arbeitszeiteinteilung und -gestaltung.[6]

Timo Richters Dos: Für das Telefonat sollte sich Zeit genommen werden und zur Dokumentation sollten die erforderlichen Daten bereits zu diesem Zeitpunkt auf einem Formular festgehalten werden.

Timo Richters Dont's: Jegliche Formen von Empathie und Beziehungsaufbau fehlen.

Gründe dafür: Die zwischenmenschliche Komponente rückt bei XERN häufig in den Hintergrund[7]: Sie vertreten die Auffassung, dass sie am Arbeitsplatz sind, um „einen Job zu machen und nicht um Sozialkontakte mit anderen Menschen aufzubauen".[8]

Timo Richters Dos: Über Fragen sollte erst einmal erkundet werden, welche Wünsche/Bedürfnisse die potenzielle Interessentin hat, so dass hierüber eine erste Beziehung zueinander aufgebaut werden kann.

Timo Richters Dont's: Persönliche Bedürfnisse sollten entlang einer starren Uhrzeitenvorgabe nach außen hin nicht mit den Unternehmenszielen kollidieren.

Gründe dafür: Xer stellen ihre Freiheit und Selbstbestimmung gerne in den Vordergrund ihres Handelns; auch dann, wenn es darum geht, sich auf Absprachen mit anderen Menschen einzulassen.[9]

XER werden von dem Drang nach Unabhängigkeit und Selbstständigkeit angetrieben[10] und wollen die „Spielregeln" von vornherein bestimmen.

Timo Richters Dos: Die Terminansprache sollte entlang der Bedürfnisse der potenziellen Interessentin erfolgen.

Timo Richters Dont's: Die kurze und sehr unpersönliche Verabschiedung am Ende des Telefonats zeugt nicht gerade von Fingerspitzengefühl und Kundenorientierung.

Gründe dafür: XER rücken die zwischenmenschliche Komponente gerne zugunsten von Produktivität in den Hintergrund[11]: Sie handeln frei nach der Devise „Zeit ist Geld und Einsatz ist gefragt".

Timo Richters Dos: Der Verabschiedungstext hätte netter und verbindlicher formuliert werden können, z. B. mit den Worten: „Vielen Dank für Ihren Anruf und das Interesse an unserer Einrichtung. Ich freue mich auf das Gespräch mit Ihnen heute um 16:00 Uhr."

---

6 vgl. ebd.:68
7 vgl. ebd.:57
8 ebd.:46
9 vgl. ebd.:67
10 vgl. ebd.:38
11 vgl. ebd.:57

Ein kurzer Blick auf die Persönlichkeit

Aus der Betrachtung seiner Persönlichkeit heraus ist das Verhalten von Timo Richter bestens erklärbar: Er versucht seine Routinen (Offenheit) – mit wenigen Worten (Extraversion und Verträglichkeit) – durchzusetzen, ohne Befürchtungen (Neurotizismus) zu haben, dass er im ersten Kontakt einen schlechten Eindruck hinterlässt. „Er weiß halt, wie es geht".

Im nachfolgenden Abschnitt wird nun im Gegenzug der Fragestellung danach nachgegangen, wie sich Isolde Schwarz als BABYBOOMERIN angemessener auf das Telefonat mit dem XER Timo Richter hätte einstellen und welche „Fehler" sie aufgrund ihrer generations- bzw. persönlichkeitsbedingten Prägung gemacht hat.

Die Dont's und Dos der BABYBOOMERIN *Isolde Schwarz beim telefonischen Erstkontakt*

Isolde Schwarz Dont's: Sie stellt nur die Frage danach, ob es überhaupt einen vakanten Pflegeplatz für ihren Vater gibt, ohne weitere Informationen zur Einrichtung abzufragen.

Gründe dafür: Als BABYBOOMERIN ist sie sehr traditionell geprägt: Sie hat es gelernt, zunächst einmal Respekt vor anderen Menschen zu haben und mögliche Konflikte im Vorfeld zu vermeiden.[12]

Isolde Schwarz Dos: Sie hätte wesentlich mehr Fragen zur Unterbringung ihres Vaters in der Einrichtung stellen müssen: Von den Kosten bis hin zum Betreuungsangebot usw.

Isolde Schwarz Dont's: Sie lässt es ohne Widerspruch zu, dass der von ihr favorisierten Uhrzeit für den zu vereinbarenden Termin einfach nicht nachgekommen wird.

Gründe dafür: Einerseits ist sie als BABYBOOMERIN Hierarchien und klare Strukturen gewohnt und akzeptiert Autorität.[13]

Andererseits kennt sie das „System", das in einer stationären Einrichtung der Altenhilfe vorherrscht, noch nicht.

Folglich wahrt sie zunächst einmal generationsbedingte internalisierte Umgangsformen, die eher von Höflichkeit und Korrektheit geprägt sind.

Isolde Schwarz Dos: Sie hätte mit diplomatischen Geschick darauf dringen sollen, dass sie die Kundin ist.

Sie sollte als Kundin die Bedingungen stellen: Hierzu gehört es auch, dass die von ihr gewünschte Uhrzeit eingehalten wird und dass sie sich von einem potenziellen Dienstleister nicht mit einer Uhrzeit „abspeisen" lässt, die in dessen Arbeitsstruktur passt.

Isolde Schwarz Dont's: Sie lässt es am Ende des Telefonats einfach passiv zu, dass nicht sie diejenige ist, die das Telefonat aktiv beendet und dieses mit einem entsprechend freundlichem Schlusswort versieht.

---

12 vgl. Mangelsdorf 2015:14
13 vgl. ebd.:150

Gründe dafür: Eine Babyboomerin lernt deutlich lieber von realen Ansprechpartnern als von Vorab-Informationen, die sie im Internet oder gar über professionelle Online-Netz-werke[14] selektiert hat.

Isolde Schwarz Dos: Sie hätte auf mehr Vorabinformationen dringen sollen und auf eine strukturierte Einweisung bezüglich der Unterbringung ihres Vaters.

Auch die Persönlichkeitsanteile von Frau Schwarz sind in ihrem Verhalten erkennbar: Sie möchte so wenig Energie wie möglich in den ersten Kontakt mit der Einrichtung „stecken" und fühlt sich dabei lediglich ihrem Vater verpflichtet.

Zusammenfassend geht es nun in diesem Absatz darum, wie es künftig besser gelingen kann, dass Xer und Babyboomer jeweils einmal „die generations- bzw. persönlichkeits-bedingte Brille des anderen" aufsetzen, um z. B. den Prozess des telefonischen Erstge-sprächs in einer Einrichtung der stationären Langzeitpflege professioneller und für alle Beteiligten zufriedenstellender zu gestalten.

Was können der Xer Timo Richter und die Babyboomerin Isolde Schwarz beim telefonischen Erstkontakt voneinander lernen, wenn sie eine andere Perspektive einnehmen?

Timo Richter als Anhänger der „Generation X" fällt es schwer, den Zugehörigen der Ba-byboomer-Generation mit dem nötigen Respekt und Langmut zu begegnen. Er sollte es aber lernen, durch die „Brille" der „Generation der Babyboomer" zu gucken, zu der Isolde Schwarz gehört. Denn: Gerade diese Zielgruppe entscheidet derzeit darüber, in welche Einrichtung der stationären Langzeitpflege ihre Väter oder Mütter einziehen oder nicht, da die ältere Generation der Traditionalisten/Veteranen dazu häufig geistig und/oder körperlich gar nicht mehr in der Lage ist und diese Aufgabe folglich von den Kindern übernommen werden muss bzw. an sie delegiert wird.

Doch wie schafft ein Xer wie Timo Richter dieses?

Zunächst einmal sollte er sich vertiefend mit den Merkmalen auseinandersetzen, die auf Seite 14ff. dargestellt und die kennzeichnend für die „Babyboomer" sind.

In der Umsetzung heißt das dann Folgendes für Timo Richter:

- Er sollte einem potenziellen neuen Kunden der „Babyboomer-Generation" vor allem mit Wertschätzung begegnen. Diese findet ihren Ausdruck zunächst darin, dass er sich Zeit für das Anliegen seines Gegenübers nimmt.

- Ein schnell geführtes und aus seiner Sicht auf Effizienz basierendes Telefonat er-weist sich vor diesem Hintergrund also eher als ungünstig: Vielmehr sollte er sich in sein Gegenüber einfühlen und ihm aktiv zuhören, um zu erschließen, welche Be-darfe es tatsächlich hat. Dies schafft er durch das Stellen von sogenannten „offe-nen Fragen", die auch als „W-Fragen" bezeichnet werden: „Was zeichnet Ihren Vater

14 vgl. Mangelsdorf 2015:44f.

aus?"; „Wie stellen Sie sich die Unterbringung und Versorgung Ihres Vaters in unserer Einrichtung vor?" usw.[15]

- Hierbei muss vor allem die emotionale Komponente im Vordergrund stehen: Timo Richter sollte sich zunächst einmal in Isolde Schwarz einfühlen und ermitteln, was sie genau bewegt und welche Wünsche sie in Bezug auf ihren Vater hat.

- Neben einem strukturierten Aufnahmebogen (siehe Seite 61), auf dem er „Eckdaten" (Krankheitsbild, Pflegegrad etc.) erhebt, sollte er erst einmal die Erwartungshaltung seitens der Zugehörigen und des künftigen Bewohners ermitteln.

- Durch diese erste positive Form der Beziehungsgestaltung könnte Isolde Schwarz das Gefühl bekommen, dass sie das Gegenüber versteht und dass ihre Wünsche real zur Kenntnis genommen und erfüllt werden können.

Die BABYBOOMERIN Isolde Schwarz sollte hingegen die Brille der „XER" aufsetzen, um deren Ergebnisorientierung und Pragmatismus im Rahmen des telefonischen Erstkontakts mit einer stationären Altenpflegeeinrichtung besser verstehen zu können. Denn: Sie betritt aus ihrer Sicht quasi „Neuland", da sie die Abläufe, Gesetzmäßigkeiten und Zuständigkeiten in dieser Institution gar nicht kennt.

Doch wie schafft eine BABYBOOMERIN wie Isolde Schwarz dieses? Zunächst einmal sollte auch sie sich vertiefend mit den Merkmalen auseinandersetzen, die auf den Seiten 16ff. dargestellt und die kennzeichnend für die „XER" sind.

In der Umsetzung heißt das dann Folgendes für Isolde Schwarz:
- Sie sollte in ihrer Rolle als potenzielle Kundin der Einrichtung wesentlich dominanter auftreten und sich nicht vorschnell durch ein Zeitmanagement abschrecken lassen, das nicht ihren persönlichen Vorstellungen entspricht.

- Sie sollte darum wissen, dass es den XERN oftmals an bewährten Idealen, Maßstäben und Rollenvorbildern mangelt.[16] Das heißt aber nicht, dass sie sich dadurch mit der passiven Rolle in einem Gespräch mit einem XER arrangieren muss. Vielmehr sollte sie aktiv darauf hinweisen, dass die Gesprächsführung stärker nach ihren Regeln ausgerichtet sein sollte, die ihren Ausdruck u. a. in einem strukturierten und beziehungsförderndem Austausch finden müssen.

- Sie sollte sich darüber klar sein, dass der Trend zur Individualisierung und das damit verbundene permanente Infragestellen von Autoritäten symptomatisch für die GENERATION X ist.[17] Dieses Verhalten führt bei XERN dazu, dass sie meinen, das sich z. B. ein BABYBOOMER bzw. das jeweilige Gegenüber erst einmal Respekt verdienen muss.[18] Das Wissen um diesen Sachverhalt kann ihr dabei helfen, sich nicht sofort persönlich angegriffen zu fühlen. Vielmehr sollte sie ihre Lebenserfahrung und

---

15 vgl. www.wirtschaftswissen.de/marketing-vertrieb/public-relations/unternehmenskommunikation/fragetechnik-der-unterschied-zwischen-offenen-und-geschlossenen-fragen; Zugriff vom 07.02.2020
16 vgl. Mangelsdorf 2015:16f.
17 vgl. Mangelsdorf 2015:16f.
18 vgl. ebd.:16f.

Kompetenz dazu nutzen, um ihre Fragen (W-Fragen) so zu positionieren, so dass ihre eigenen Interessen im Vordergrund stehen.

■ Sie sollte die Qualifikation, das Fachwissen und das ausgeprägte Unabhängigkeits-streben der XER [19] nicht von vorherein infrage stellen. Stattdessen wäre es von Vor-teil, ihre eigenen Werte und Normen zeitnah so zu positionieren, dass sich das Ge-genüber schnell darauf einstellen und professionell reagieren kann. Denn: Die BABYBOOMER sind nicht nur kritisch und gut ausgebildet, sie verfügen auch über sehr viel Geld und sind bereit es auszugeben, gesetzt den Fall, dass sie sich von ei-nem XER ernst genommen und verstanden fühlen.[20]

Im nächsten Abschnitt wird nun das persönliche Informations- bzw. Beratungsgespräch dargestellt, das der XER Timo Schwarz mit der BABYBOOMERIN Isolde Schwarz zu dem vo-ranstehend abgebildeten und vereinbarten Termin führt.

Dieses Gespräch ist dem sich daran anschließenden Aufnahmeprozess des TRADITIO-NALISTEN/VETERANEN Emil Schwarz in die Einrichtung vorgelagert. Dieser wird im Anschluss daran beschrieben. Nach und nach werden dann alle fünf Generationen/Protagonisten in Interaktion miteinander treten, wobei das persönliche Informations- bzw. Beratungs-gespräch einen Kernprozess darstellt, der für alle Beteiligten und das weitere Miteinan-der im Unternehmen von zentraler Bedeutung ist.

Das Ziel besteht hierbei darin, die einzelnen Prozessschritte (vom telefonischen Erst-gespräch bis hin zum Abschluss der Integrationsphase) zu thematisieren, die in diesem Setting für das Zusammenspiel der unterschiedlichen Generationen und Persönlichkei-ten entscheidend sind.

Das persönliche Informations- bzw. Beratungsgespräch

Potenzielle Interessenten (Zugehörige und Angehörige) für eine stationäre Einrichtung der stationären Altenhilfe sollten in jedem Fall ein realistisches Bild von dieser erhalten. Im Rahmen des persönlichen Informations- bzw. Beratungsgespräch muss den Interes-senten ein klares und eindeutiges Bild der Versorgungs- und Betreuungsmöglichkeiten vermittelt werden. Vor allem die Grenzen der Dienstleistungen müssen von Anfang an dargelegt werden, damit unrealistische Erwartungshaltungen auf Seiten der Zugehöri-gen und künftigen Bewohner von vornherein vermieden werden.[21]

Des Weiteren gilt es, allgemeine Fragen der Interessenten zu klären. Der für dieses Gespräch zuständige Mitarbeiter, in den meisten Fällen ist dies die Einrichtungs- und Pflegedienstleitung, sollte hierzu auf alle Fälle die Anforderungen und Erwartungen der Interessenten miteinbeziehen. Denn: Dieses Gespräch muss professionell und zugleich von gegenseitigem Vertrauen und einer exzellenten Kundenorientierung geprägt sein, da es dazu dient, eine spätere mögliche Aufnahme eines Bewohners in die Einrichtung konkret vorzubereiten.[22]

....
19 vgl. Mangelsdorf 2015:38
20 vgl. www.startup50plus.de/Resources/BabyBoomer-D.pdf.; Zugriff vom 7.2.2020
21 vgl. www.ppm-online/org.; Zugriff vom 07.02.2020
22 vgl. ebd.

Neben den Finanzierungsmöglichkeiten sollten die Interessenten vor allem detailliert und transparent über das Leistungsangebot der Einrichtung informiert werden. Zudem gilt es die für die Aufnahme notwendigen Informationen zu besprechen sowie die entsprechenden Unterlagen auszuhändigen.[23]

Entlang einer Checkliste (vgl. dazu Seite 61) gilt es, die wesentlichen Eckdaten des potenziellen neuen Bewohners zu erfassen. Es wäre sinnvoll, wenn diese schon bei dem ersten Telefonkontakt zwischen einem Zugehörigen oder Bewohner und der Einrichtungsleitung bzw. Pflegedienstleitung genutzt wird. Nur so lässt es sich vermeiden, dass keine falschen Hoffnungen bei Zugehörigen oder Bewohnern geweckt werden. Diese könnten ansonsten enttäuscht sein, wenn sie bei einem Vor-Ort-Besuch erkennen müssen, dass das Portfolio der Einrichtung womöglich gar nicht zu den Bedarfen des Bewohners passt. Auch für die Einrichtung selbst wäre es von Vorteil, diese Eckdaten bereits beim ersten Telefonat abzufragen, um dann zu entscheiden, ob sich ein Vor-Ort-Besuch der Zugehörigen oder Bewohner überhaupt als sinnvoll erweist.

Allerdings sollte diese Checkliste sehr kurz und knapp gehalten sein. Ansonsten besteht die Gefahr, dass bei dem Gegenüber der vermeintliche Eindruck entsteht, dass es bereits jetzt absolut vertrauliche Daten preisgeben muss, wenngleich noch gar kein persönlicher Kontakt zur Institution und den Verantwortlichen besteht. Eine Checkliste für den telefonischen Erstkontakt finden Sie auf Seite 61.

Weiterführende Informationen (Hausarztdaten, Patientenverfügung usw.) sollten jedoch erst im persönlichen Gespräch bzw. im Rahmen des Aufnahmegespräches vor Ort erhoben werden. Diese Daten sind erst relevant, wenn sich der Interessent tatsächlich für den Einzug in die Einrichtung entscheiden sollte.

Die bereits „abgefragten" Daten müssen dann aber nicht noch einmal erhoben werden. Sie müssen als bekannt vorausgesetzt werden und sollten als Basis für das weitere persönliche Gespräch dienen. Ansonsten entsteht bei einem Interessenten sehr schnell der Eindruck, dass die Einrichtung nicht effektiv arbeitet und Informationen nicht zeitnah weitergeleitet werden. Dies gilt es in jedem Fall zu vermeiden.

Nachfolgend wird nun ein Ausschnitt aus dem persönlichen Erstgespräch abgebildet, das zwischen Timo Richter und Isolde Schwarz zu dem vereinbarten Gesprächstermin stattgefunden hat. Nachdem Timo Richter Isolde Schwarz in seinem Büro begrüßt, sich vorgestellt, ihr einen Platz und Kaffee angeboten hat, gestaltet sich das Gespräch in Grundzügen wie folgt:

Ein Auszug von dem persönlichen Erstgespräch zwischen Timo Richter und Isolde Schwarz

Timo Richter: „Sie wollen also Ihren Vater bei uns unterbringen! Warum haben Sie ihn denn nicht gleich mitgebracht, dann hätte er sich alles persönlich anschauen können?"

Isolde Schwarz: „Ich genieße das vollständige Vertrauen meines Vaters und er hat mich mit dem Auftrag betraut, für ihn die bestmögliche Einrichtung zu finden. Zudem fühlt er sich körperlich nicht dazu im Stande, dieser Aufgabe selbst nachzukommen. Sie werden also mit mir Vorlieb nehmen müssen, denn ich werde die diesbezügliche Entscheidung für meinen Vater allein, aber nach vorheriger Rücksprache, mit ihm treffen!"

Timo Richter: „Das ist in Ordnung für mich. Das kommt mir sehr entgegen. Ich habe jetzt genau eine Stunde Zeit für das Gespräch mit Ihnen. Zunächst einmal benötige ich von Ihnen ein paar Angaben zu Ihrem Vater." *(Timo Richter will nun auf einem Interessentenbogen die Eckdaten von Emil Schwarz erheben).*

Isolde Schwarz: „Bevor ich Ihnen überhaupt Daten in Bezug auf meinen Vater gebe, möchte ich Sie erst einmal darauf hinweisen, dass ich mich bereits im Vorfeld auf Ihrer Internetseite und über mehrere Testportale umfassend über Ihre Einrichtung informiert habe. Ich suche für meinen Vater eine Pflegeeinrichtung, die ihm ein Höchstmaß an professioneller Versorgungsqualität bietet. Können Sie mir das garantieren?"

Timo Richter: „Selbstverständlich, Frau Schwarz. Bei uns ist ihr Vater in den besten Händen! Wir sind eine exzellente Einrichtung. Unsere MDK-Bewertung spricht da für sich. Dann erzählen Sie doch einmal, was genau Sie sich für Ihren Vater vorstellen!"

Isolde Schwarz: *(Nachdem Isolde Schwarz circa 10 Minuten von ihrem Vater Emil Schwarz, seinem Krankheitsbild und ihrer nicht mehr haltbaren Versorgungssituation im häuslichen Bereich erzählt hat, gibt sie Folgendes in Bezug auf Ihren Vater zu bedenken):* „Mein Vater ist sehr dominant und traditionell geprägt. Er erwartet absoluten Respekt und eine hohe fachliche Kompetenz von Ihnen und Ihren Mitarbeitern. Wenn er etwas möchte oder es gar ablehnt, dann gilt es seinem Wunsch in dem Fall Folge zu leisten. Entspricht das dem Leitbild Ihrer Einrichtung?"

Timo Richter: „Aber sicher doch. Unser Personal ist sehr kompetent, höflich und zuverlässig. Wir erfüllen die gesetzliche Fachkraftquote von 50% und haben kaum wechselndes Personal."

Isolde Schwarz: „In den Medien wird aber immer wieder darüber berichtet, dass das Personal in Pflegeeinrichtungen sehr viel wechselt. Mein Vater legt aber gesteigerten Wert darauf, dass er von ihm vertrauten Mitarbeitern gepflegt und betreut wird. Können Sie mir das zusichern?"

Timo Richter: „Aber natürlich, Frau Schwarz, wir arbeiten mit dem Bezugspflegesystem. Das heißt für Ihren Vater, dass immer die gleiche Pflegekraft für ihn zuständig ist. Wenn Ihr Vater noch heute einziehen würde, dann wäre in diesem Fall die Pflegefachkraft Lena für ihn zuständig. Sie wird ihm jeden Wunsch erfüllen und immer für ihn da sein."

Isolde Schwarz: (Nachdem Isolde Schwarz noch weitere Fragen zu ihrem Vater Emil Schwarz beantwortet und im Gespräch mit Timo Richter geklärt hat, stellt sie ihm die folgende Frage): „Wie sieht es denn bei Ihnen mit einem Hausrundgang aus? Könnte ich mir das Zimmer einmal angucken, in das mein Vater einziehen kann?"

Timo Richter: „Selbstverständlich, Frau Schwarz. Sehr gerne zeige ich Ihnen unsere Einrichtung und die Zimmer. Dann wollen wir mal gleich aufbrechen. Dann sehen Sie selbst, wie professionell unsere Einrichtung ist. Ich muss Ihnen dann diesbezüglich gar nicht mehr viel erzählen!"

Timo Richter und Isolde Schwarz gehen nun für circa 20 Minuten durch die Einrichtung.

Telefonischer Erstgesprächsbogen für Interessenten

Name des Anrufers: _____

Tel.-Nr. _____ Datum: _____

Kontaktaufnahme ☐ telefonisch   ☐ persönlich ☐ E-Mail

Wer ist interessiert?
☐ Der Bewohner selbst ☐ Zugehöriger ☐ Gesetzlicher Betreuer ☐ Berufsbetreuer

Name des potenziellen Bewohners: _____ geb. am: _____

Adresse: _____

Tel.-Nr. _____

Pflegegrad: _____ ☐ bereits vorhanden ☐ noch zu beantragen

Krankenkasse: _____

Entgeltleistung: ☐ Sozialamt   ☐ Eigenleistung

Woher kommt der Interessent? ☐ von Zuhause _____

_____

☐ Kurzzeitpflege _____

☐ Ambulanter Pflegedienst _____

☐ andere Einrichtung _____

Angehörige: _____ Telefon: _____

Betreuer: _____   Telefon: _____

_____

Interesse an: ☐ Langzeitpflege ☐ Verhinderungspflege   von _____ bis _____

☐ EZ   ☐ DZ

Gewünschter Einzugstermin: _____

Angaben zu den Vorerkrankungen des potenziellen Bewohners:

☐ PEG ☐ Nasensonde ☐ Fixierung ☐ Tracheostoma ☐ bettlägerig ☐ MRSA/ORSA/ESBL

☐ Dauerkatheter ☐ Sauerstoffgerät ☐ Wunden/Dekubitus ☐ Harninkontinenz ☐ Stuhlinkontinenz

☐ Demenz ☐ Sonstiges: _____

Vereinbarung zum weiteren Vorgehen:

☐ persönliches Beratungsgespräch am: _____ um: _____ Uhr

☐ Zusendung der Hausmappe an: _____

☐ Rückruf durch den Interessenten am: _____ um: _____ Uhr

☐ Rückruf durch der Einrichtung am: _____ um: _____ Uhr

Ergänzende Hinweise: _____

Wer hat das Gespräch geführt: _____

Die dargestellten Auszüge aus dem persönlichen Erstgespräch zwischen den unterschiedlichen Generationen bzw. Protagonisten Timo Richter (GENERATION X) und Isolde Schwarz (Generation BABYBOOMER) lassen wiederum keinen Zweifel daran aufkommen, dass auch dieses Gespräch nicht sehr professionell verlaufen ist: Beide Beteiligten haben generations- und persönlichkeitsbedingt komplett andere „Brillen" aufgesetzt und somit vielfach aneinander vorbeigeredet.

In der nachfolgenden Tabelle werden wiederum die unterschiedlichen und eindeutigen Erwartungen der verschiedenen Protagonisten – hier bezogen auf das persönliche Erstgespräch – dargestellt.

... erwartet von ...	Welche Erwartungen können – auch unausgesprochen – im persönlichen Erstgespräch formuliert werden?				
	Emil	Isolde	Timo	Lena	Alina
Emil		„Treffe für mich die absolut richtige Entscheidung!"	Einen qualitativ hochwertigen Pflegeplatz, der seinen individuellen Vorstellungen entspricht	Noch nicht definiert	Noch nicht definiert
Isolde	„Vertrau mir und meiner Menschenkenntnis!"		„Hör mir zu, begegne mir mit Respekt und gehe auf meine Wünsche ein!"	Noch nicht definiert	Noch nicht definiert
Timo	„Stelle keine unrealistischen Erwartungen an mich und die Einrichtung!"	„Begreife die Regeln, die in der Einrichtung existieren!"		Loyalität	Loyalität
Lena	Noch nicht definiert	Noch nicht definiert	„Erzähl nur die Wahrheit!"		Noch nicht definiert
Alina	Noch nicht definiert	Noch nicht definiert	„Erzähl nur die Wahrheit!"	Noch nicht definiert	

An dieser Stelle gilt es nun wiederum kritisch zu reflektieren, was Timo Richter als XER hätte vermeiden bzw. besser machen können, um sich professioneller auf die Bedürfnisse der BABYBOOMERIN Isolde Schwarz einzustellen. Diese Fragestellung wird im nachfolgenden Abschnitt aufgegriffen.

Die Dont's und Dos des Xᴇʀ Timo Richter beim persönlichen Erstgespräch

Timo Richters Dont's: Die Frage danach, warum Isolde Schwarz ihren Vater, Emil Schwarz, nicht gleich mitgebracht hat, wirkt sehr offensiv und vorwurfsvoll.

Gründe dafür: Timo Richter geht im Rahmen seiner Fragestellungen sehr zweckmäßig vor.

Das Persönliche steht im Gespräch gegenüber seinen eigenen Zielen (die möglichst reibungslose und zeiteffiziente Unterbringung von Emil Schwarz) nicht im Vordergrund seines Interesses.[24]

Timo Richters Dos: Timo Richter sollte es lernen, nicht gleich „mit der Tür ins Haus zu fallen", sondern sich erst einmal einfühlsam auf Isolde Schwarz einzustellen.

Die Bedarfe des potenziellen Bewohners, Emil Schwarz, müssen in Ruhe ermittelt werden: Hierfür bedarf es einer gewissen Zeit.

Timo Richters Dont's: Mit seiner limitierten Zeitvorgabe, die er Isolde Schwarz für die Dauer des Gespräches erteilt, setzt er die Bᴀʙʏʙᴏᴏᴍᴇʀɪɴ sofort unter Druck.

Der Datenerhebungsbogen wird von ihm sehr konfrontativ eingesetzt, ohne Isolde Schwarz darüber aufzuklären, warum er diesen benötigt.

Gründe dafür: Die zwischenmenschliche Komponente rückt bei dem Xᴇʀ zugunsten von Produktivität wiederum in den Hintergrund.[25]

Sein ergebnisorientierter Individualismus sowie sein damit verbundener gewisser Pragmatismus zeichnen ihn als Xᴇʀ aus.[26]

Timo Richters Dos: Timo Richter sollte es lernen, eine Gesprächsatmosphäre herzustellen, die es zulässt, dass die kritische Bᴀʙʏʙᴏᴏᴍᴇʀɪɴ nach und nach die Chance erhält, in die für sie noch absolut fremde „Erlebniswelt" einer stationären Einrichtung der Altenhilfe und der damit verbundenen Strukturen „einzutauchen".

Timo Richters Dont's: Timo Richter stellt Zahlen, Daten und Fakten vor, mit denen Isolde Schwarz unter Umständen noch gar nicht vertraut ist.

Er benutzt eine Fachsprache (MDK), die die Bᴀʙʏʙᴏᴏᴍᴇʀɪɴ vielleicht noch gar nicht kennt und schafft damit Distanz zwischen sich und der Zugehörigen.

Ferner erweckt er den Eindruck, dass er der Fachmann ist, der schon alles weiß, was für Isolde Schwarz und ihren Vater wichtig sein könnte.

Gründe dafür: Als typischer Xᴇʀ erwartet Timo Richter von der Bᴀʙʏʙᴏᴏᴍᴇʀɪɴ Isolde Schwarz, dass sie seine Kompetenz und Professionalität ganz einfach von Haus aus respektiert, ohne, dass er diese erst unter Beweis stellen muss.[27]

Als Xᴇʀ versteht es Timo Richter nicht, Isolde Schwarz die nötige Unterstützung, Partizipation und Anleitung anzubieten, die sie sich von ihm erhofft. Vielmehr ist er getrieben vom systematischen Bemessen von Zielen und Leistungen, die seinen eigenen Vorstellungen entsprechen.[28]

24 vgl. Mangelsdorf 2015:37ff.

25 vgl. ebd.:57

26 vgl.: https://blog.implisense.com/von-generation-x-zu-z-was-unterscheidet-und-verbindet-sie; Zugriff vom 18.02.2020

27 vgl. Mangelsdorf 2015:77

28 vgl. ebd.:77

Timo Richters Dos: Die Zugehörige hätte individuell und situationsgerecht von ihm angesprochen werden müssen, um sich in einer speziell für sie inszenierten und noch fremdartigen „Einkaufswelt" wohlfühlen zu können.[29]

Timo Schwarz sollte nicht überheblich auftreten und keine Fachbegriffe benutzen, die einem Laien häufig nicht geläufig sind: Damit läuft er Gefahr, das Gegenüber als inkompetent darzustellen.

Er hätte viel früher offene Fragen, wie z. B. „Was genau wissen Sie schon über eine Pflegeeinrichtung?", stellen müssen.

Timo Richters Dont's: Timo Richter benutzt wiederum Fachbegriffe (Fachkraftquote), die für die Interessentin fremdartig sein können.

Die Kompetenz aller Mitarbeiter in der Einrichtung wird explizit von ihm hervorgehoben: Dieser Hinweis birgt die Gefahr in sich, dass seine Aussage zu einem späteren Zeitpunkt zu Frustrationen und Enttäuschungen bei der Zugehörigen und ihrem Vater führen kann, wenn sich dieses „Versprechen" nicht bewahrheitet.

Timo Richter definiert nicht explizit, was er unter „kaum wechselndem" Personal versteht.

Gründe dafür: XER, wie Timo Richter, sind zwar sehr direkt, offen und konkret: Sie kommunizieren aber häufig nur das aus ihrer Sicht Notwendigste, da sie nichts von langwierigen Besprechungen, Verhandlungen und Ausführungen halten.[30]

Die XER sind Pragmatiker, die Arbeit eher als Mittel zum Zweck sehen, nach ihrer Work-Life-Balance streben und gerne per E-Mail und Smartphone kommunizieren[31]: Im persönlichen Kontakt halten sie gerne eine professionelle Distanz[32], die ihren Ausdruck darin findet, dass sie bei der Aufstellung von Behauptungen sehr selbstbestimmt auftreten und ihre Leistungen (z. B. überdurchschnittliche Bindung von Mitarbeitern an die Einrichtung) gerne in den Vordergrund stellen.

Der XER spricht nicht die Sprache seiner Zielgruppe: In diesem Fall, die der BABYBOOMERIN.

Er lässt die brennendsten Fragen der Zugehörigen nicht zu: Dadurch steuert er den „Verkaufsprozess" nicht zielgerichtet, sondern stellt sich selbst und sein Territorium in den Mittelpunkt des Gesprächs.

Timo Richters Dos: Es wäre besser, wenn Timo Richter gezielt Schlüsselqualifikationen (z. B. Flexibilität, Empathie) benennen würde, die de facto auch bei den Mitarbeitern vorhanden sind.

Timo Richter sollte eine Prozentquote in Bezug auf den Personalwechsel benennen können (z. B.: „In den letzten fünf Jahren hatten wir eine Fluktuation von nur 3% im Vergleich zu Mitbewerbern, bei denen die Fluktuationsrate im Durchschnitt bei 10% liegt!").

Er sollte ferner darauf hinweisen, wie hoch der Anteil der Mitarbeiter ist, die schon 5 bzw. 10 Jahre oder gar länger in der Einrichtung arbeiten.

---

29 vgl. www.startup50plus.de/Ressources/BabyBoomer-D.pdf; Zugriff vom 18.02.2020

30 vgl. https://workforce-it.com/de/kommunizieren-sie-mit-ihren-mitarbeitern-auf-die-richtige-art-und-weise-mit-ih-ren-mitarbeitern; Zugriff vom 18.02.2020

31 vgl. https://www.horizont.net/planung-analyse/nachrichten/online-special-zielgruppe-eine-generation--ein-ge-raet-168067; Zugriff vom 18.02.2020

32 vgl. Mangelsdorf 2015:85

Timo Richters Dont's: Timo Richter macht wiederum Versprechungen, die er gar nicht halten kann: Er benennt bereits jetzt die Bezugspflegekraft Lena, die für Emil Schwarz zuständig sein soll.

Er benutzt wiederum einen Fachbegriff: „Bezugspflegekraft". Die Bedeutung des Bezugspflegesystems erklärt er Isolde Schwarz jedoch nicht.

Er weiß gar nicht, ob Emil Schwarz und die Pflegekraft ob ihrer Persönlichkeitsmerkmale miteinander harmonieren werden.

Gründe dafür: Als XER möchte Timo Richter seine Ziele (Sicherung der Belegung) geradlinig verfolgen können, wobei diese nicht immer mit den Vorstellungen der Zugehörigen (individuelle Betreuung des Bewohners) und Mitarbeiter (keine irrealen und hierarchisch motivierten Vorgaben) übereinstimmen müssen.[33]

Als XER stellt er nur seine eigene Kosten-Nutzen-Bilanz in den Vordergrund: Er leistet durch sein Vorgehen einen Beitrag zum Geschäftserfolg der Einrichtung, indem er die Belegung sichert.

Flache Hierarchien werden von ihm als XER schlichtweg ignoriert[34]: Diese aber bevorzugen YPSILONER und ZLER ebenso wie eine ausgeprägte Mitwirkung und integrative Strukturen in Bezug auf die Leitungskraft.[35]

Timo Richters Dos: Timo Richter sollte nur Zusagen treffen, die er auch halten kann, weil es gar nicht klar ist, wann und ob überhaupt ein Einzug von Emil Schwarz erfolgt und ob die Pflegekraft Lena dann noch als Bezugspflegekraft für ihn zur Verfügung steht.

Timo Richter sollte die Zugehörige darüber aufklären, wie viele Mitarbeiter im Pflegealltag tatsächlich für ihren Vater zuständig sein werden und was Bezugspflege vor diesem Hintergrund bedeutet.

Timo Richter muss auf seine Mitarbeiter (GENERATION Y: Lena; und GENERATION Z: Alina) Rücksicht nehmen, denn sie sind es, die den potenziellen Bewohner tagtäglich an der Basis versorgen müssen.

Timo Richter sollte authentisch, realistisch und transparent sein und den Zugehörigen keine Versprechungen machen, die nicht der pflegerischen Realität entsprechen.

Seine Mitarbeiter aus der GENERATION Y und Z erwarten von ihm Mut, Ehrlichkeit sowie Transparenz und einen Dialog auf Augenhöhe.[36]

Timo Richters Dont's: Timo Richter geht selbstverständlich davon aus, dass sich die Zugehörige, Isolde Schwarz, auf der Basis eines Rundgangs selbst ein Bild von der Einrichtung machen kann.

Auch an dieser Stelle bringt er unterschwellig wieder seine Zeiteffizienz ins Spiel: Er meint, dass er dann nicht mehr sehr viel erklären muss.

Timo Richter kann nicht zwangsläufig davon ausgehen, dass sich alle Zimmer, Flure, Gemeinschaftsräume usw. in der Einrichtung in dem von ihm gewünschten Zustand befinden, ohne sich vorher. Gewissheit darüber verschafft zu haben: Somit läuft er Gefahr, dass Isolde Schwarz auch Details (z. B. geringe Personalpräsenz oder ein in die Jahre gekommenes Design von Möbeln und Tapeten usw.) entdecken könnte, die den anspruchsvollen Vorstellungen der BABYBOOMERIN nicht entsprechen.

---

33 vgl. Mangelsdorf 2015:85
34 vgl. ebd.:150
35 vgl. ebd.:81
36 vgl. Mangelsdorf 2015:85

Gründe dafür: Für Timo Richter steht vor allem jegliche Form von Produktivität im Vordergrund seines Handelns: Effiziente Prozesse, eine direkte Kommunikation, schnelle Entscheidungen und leicht zugängliche sowie schnell zu überzeugende Kommunikationspartner[37] treiben ihn an. Folglich erscheinen ihm 20 Minuten für einen „Rundgang durch die Einrichtung" als absolut ausreichend, damit sich die Zugehörige ein umfassendes Bild von der Pflegeeinrichtung verschaffen kann.

Timo Richters Dos: Timo Richter muss es im Umgang mit potenziellen Interessenten der Babyboomer-Generation lernen, realistische Meilensteine und Etappenziele zu definieren. Die „Kaufentscheidung" (hier: Unterbringung des Senioren Emil Schwarz durch seine Tochter Isolde Schwarz) hängt von vielen Faktoren ab: Sauberkeit, Ordnung, Ehrlichkeit, Vertrauen und Zuverlässigkeit sowie die Vermittlung des Gefühls, sich für die Interessentin Zeit nach deren Vorstellung zu nehmen, stellen hierbei zentrale Werte dar.[38]

Isolde Schwarz, – als Vertreterin der Babyboomer-Generation – zählt zur Zielkundschaft von Timo Richter: Sie fällt ihre Kaufentscheidung aufgrund von positiven Stimuli (Designgestaltung der Einrichtung, Freundlichkeit der Mitarbeiter) und Anreizen (Präsentation von Nutzenargumenten zur Unterbringung des potenziellen Bewohners und Verbreitung einer von Empathie getragenen Gesprächsatmosphäre).[39]. Das Wissen darum sollte sich Timo Richter nach und nach aneignen und dann verinnerlichen.

Sie haben eben gerade etwas über den Fehler des „schnellen Abhandelns" gelernt. Es hat sich gezeigt, dass es besonders am Anfang einer Beziehung nicht sinnvoll ist, sich nicht ausreichend Zeit für das Entdecken der gegenseitigen Erwartungen, Wünsche und Bedürfnisse zu nehmen. Gerade deshalb ist die Wahrscheinlichkeit sehr hoch, dass alle am Prozess beteiligten Protagonisten folglich mit falschen Vorstellungen im Hinblick auf das weitere Miteinander agieren. Dies wird nachfolgend zunächst entlang des Einzugs von Emil Schwarz illustriert.

---

37 vgl. Mangelsdorf 2015:67
38 vgl.: www.startup50plus.de/Ressources/BabyBoomer-D.pdf
39 vgl. ebd.

Der Einzug des Bewohners – Die Integration in ein System

Wenn Sie diesen Abschnitt gelesen haben, dann …

werden Sie erkennen, dass auch beim Einzug bzw. der Aufnahme eines Bewohners in eine Einrichtung nicht immer alle Protagonisten beteiligt sein müssen. Dies birgt allerdings die Gefahr, dass der für die Aufnahme Verantwortliche vielleicht nicht an alle Prozessschritte denkt, die für diesen Kernprozess zentral sind.

Isolde Schwarz ist nach ihrem Gespräch und dem anschließendem Rundgang durch die Einrichtung mit dem Pflegedienstleiter, Timo Schwarz, darin übereingekommen, dass ihr Vater, Emil Schwarz, in die Einrichtung einziehen soll. Innerhalb von einer Woche hat sie alles mit ihrem Vater sehr detailliert besprochen und geregelt. Ferner hat sie Timo Richter davon in Kenntnis gesetzt, dass ihr Vater mit dem Einzug in die Einrichtung einverstanden ist.

Im Rahmen eines weiteren Vor-Ort-Termins mit Isolde Schwarz, die auch zugleich die gesetzliche Betreuerin ihres Vater Emil Schwarz ist, hat Timo Richter alle wesentlichen Eckdaten erhoben, die für den Einzug bzw. die Aufnahme von Emil Schwarz in die Einrichtung relevant sind. Beim Vertragsabschluss hat er sich u. a. entlang der folgenden Checkliste orientiert:

	Ja	Nein	Bemerkung
Ausgefüllte Anmeldung für die Pflegeeinrichtung.	☐	☐	
Ausgefüllter und unterschriebener ärztlicher Fragebogen.	☐	☐	
Aushändigung des Heimvertrags und Erfassung der diesbezüglichen Daten.	☐	☐	
Festlegung des konkreten Einzugstermins.	☐	☐	
Bescheinigung des Hausarztes bzgl. des Vorliegens von evtl. ansteckenden Krankheiten.	☐	☐	
Bewilligungsbescheid der Pflegekasse bzgl. der stationären Pflege und Bescheid über die Einstufung in einen Pflegegrad.	☐	☐	
Betreuungsvollmacht des gesetzlichen Betreuers.	☐	☐	
Einzelzimmerzuschlag.	☐	☐	
Regelung über die Mitnahme von persönlichen Möbeln.	☐	☐	
Personalausweis oder Reisepass.	☐	☐	
Geburtsurkunde oder Familienstammbuch.	☐	☐	
Rentenbescheid.	☐	☐	

	Ja	Nein	Bemerkung
Krankenversichertenkarte und Zuzahlungsbefreiungskarte.	☐	☐	
Patientenverfügung und/oder Vorsorgevollmacht.	☐	☐	
Auflistung der bisher behandelnden (Fach-)Ärzte.	☐	☐	
Medikamentenplan (vom Arzt unterzeichnet).	☐	☐	
Allergiepass, Impfpass, Röntgenpass und Nothilfepass.	☐	☐	
Zahnarztbonusheft.	☐	☐	
Medikamente.	☐	☐	
Bescheinigung über die TBC-Freiheit.	☐	☐	
Erklärung zum Datenschutz.	☐	☐	

(vgl. www.ppm.de; Zugriff vom 11.03.2020)

Isolde Schwarz hat sich mit Timo Richter einvernehmlich darauf verständigt, dass sie ihren Vater, Emil Schwarz, am Tag des Einzuges lediglich zur Einrichtung fährt. Von einer weiteren Begleitung ihres Vaters innerhalb der Einrichtung hat sie abgesehen. Sie vertritt vielmehr die Auffassung, dass alle weiteren Prozessschritte (Aufnahme und Eingewöhnung ihres Vaters in die Einrichtung) dem aus ihrer Sicht dienstleistenden Unternehmen obliegen, das hier durch den Pflegedienstleiter Timo Richter vertreten wird. Ferner lässt es ihre Zeit aufgrund ihrer ausgeprägten beruflichen Orientierung und des damit verbundenen Verantwortungsbewusstsein nicht länger zu, ihren Vater noch über eine weitere Zeit hinweg in der Einrichtung zu begleiten. Zudem ist sie der Meinung, dass es ihrem Vater leichter fallen wird, sich an die neue Umgebung zu gewöhnen, wenn sie sich nicht die ganze Zeit über in seiner Nähe aufhält. Des Weiteren geht sie davon aus, dass er es als Traditionalist/Veteran gewöhnt ist, sich von Autoritäten qua ihrer Rollenzuweisung (hier dem Pflegedienstleiter Timo Richter) leiten zu lassen und diese zu respektieren.[1]

Wie nun die Aufnahme am Tag des Einzugs von Emil Schwarz in die Einrichtung erfolgt, wird anhand des nachfolgenden Beispiels zwischen den beteiligten Protagonisten (Timo Richter und Emil Schwarz) verdeutlicht:

Ein Ausschnitt vom Einzug bzw. der Aufnahme von Emil Schwarz durch Timo Richter

Timo Richter: „Herzlich willkommen im Seniorenzentrum Lütte Butz, Herr Schwarz. Ich freue mich sehr, dass Sie heute bei uns einziehen. Ich bin der Pflegedienstleiter der Einrichtung. Mein Name ist Timo Richter, das hat Ihnen Ihre Tochter ja bereits erzählt. Ich bringe Sie gleich einmal auf den Wohnbereich, auf dem Sie nun wohnen werden und zeige Ihnen Ihr Einzelzimmer!"

1 vgl. Mangelsdorf 2015:14

Emil Schwarz: „Guten Tag, Herr Richter. Ich freue mich auch, dass meine Tochter, Isolde, das alles so schnell organisiert hat, dass ich heute bei Ihnen einziehen kann. Meine Tochter hat heute leider keine Zeit mehr, um mich persönlich in die Einrichtung zu begleiten. Deshalb bin ich ein bisschen traurig. Aber, sie muss ja immer arbeiten. Meine Tochter sagt, dass ich Ihren Anweisungen einfach Folge leisten soll, weil Sie sich jetzt anstelle meiner Tochter um mich kümmern und mich versorgen werden!"

Timo Richter: „Herr Schwarz, das ist nur bedingt richtig. Ich bin hier der Pflegedienstleiter im Seniorenzentrum Lütte Butz. Ich bin für die Gesamtkoordination der Pflege zuständig. Die aktive Pflege und Versorgung auf dem Wohnbereich, auf dem Sie wohnen werden, übernehmen ausschließlich unsere Pflegekräfte in der Einrichtung. Deshalb bringe ich Sie jetzt auch gleich auf Ihren Wohnbereich, um Sie mit der Pflegefachkraft Lena bekannt zu machen, die künftig Ihre Bezugspflegekraft auf Ihrem Wohnbereich sein wird!"

Emil Schwarz: „Herr Richter, das hat mir meine Tochter dann wohl nicht richtig erklärt oder ich habe es falsch verstanden. Na ja, Sie müssen es als Leitungskraft ja wissen, wer hier für mich verantwortlich ist!"

Timo Richter: „Aber sicher doch, Herr Schwarz. Ich bringe Sie jetzt zu Ihrer Bezugspflegekraft Lena und die wird Ihnen alles Weitere erklären. Sie steht Ihnen dann zur Verfügung und wird auf all Ihre Belange und Wünsche eingehen. Sie werden sich bestimmt gut mir ihr verstehen. Da bin ich mir absolut sicher. Lena wird immer bemüht sein, all Ihre Bedürfnisse zu erfüllen."

Emil Schwarz: „Ja gut, wenn Sie meinen!"

(Timo Richter bringt Emil Schwarz nun auf seinen Wohnbereich und stellt ihn dort kurz die Bezugspflegekraft Lena vor. Nachdem er sich von Herrn Schwarz verabschiedet hat, überlässt er alle weiteren Schritte im Bereich des Einzugsmanagements der Bezugspflegekraft Lena und geht wieder in sein Büro zurück).

Der voranstehend dargestellte Gesprächsausschnitt bezüglich der Aufnahme in die Einrichtung zeigt sehr anschaulich, dass das Einzugsmanagement zwischen den unterschiedlichen Generationen bzw. Protagonisten Timo Richter (Generation X) und Emil Schwarz (Generation Traditionalist/Veteran) keinesfalls angemessen durchgeführt wurde. Beide Beteiligten bzw. Protagonisten haben generations- und persönlichkeitsbedingt Erwartungen aneinander, die weitestgehend unerfüllt bleiben.

Anhand der nachfolgend abgebildeten Tabelle werden wiederum die verschiedenartigen Erwartungen der Protagonisten dargestellt. In manchen Feldern der Tabelle, die wiederkehrend zur Illustration der jeweils zu behandelnden Thematik innerhalb eines Kapitels herangezogen wurden, findet sich der Eintrag „noch nicht definiert". Diese Vorgehensweise wurde - wie bereits voranstehend mehrfach erläutert – gewählt, weil nicht alle Protagonisten im Rahmen von ausgewählt dargestellten Prozessen (hier: die Aufnahme bzw. der Einzug in die Einrichtung) beteiligt sind.

	Welche Erwartungen können – auch unausgesprochen – in diesem Kontakt formuliert werden?				
… erwartet von …	Emil	Isolde	Timo	Lena	Alina
Emil		„Ich hoffe, du hast das richtige neue Zuhause für mich ausgewählt"	Einen professionell durchgeführten Aufnahmeprozess von einer sich als kompetent erweisenden Leitungskraft	Noch nicht definiert	Noch nicht definiert
Isolde	Integrationsfähigkeit		Zeit und Empathie	Noch nicht definiert	Noch nicht definiert
Timo	„Akzeptiere meine Autorität"	Unterstützung bei der Integration		„Handle ausschließlich nach meinen Vorgaben"	„Handle ausschließlich nach meinen Vorgaben"
Lena	„Passe dich schnell an die hier vorherrschenden Strukturen an"	„Akzeptiere unsere Regeln"	„Hoffentlich hast du dem neuen Bewohner nicht wieder unrealistische Zusagen gemacht"		Noch nicht definiert
Alina	„Es ist hier nicht immer alles o. k., aber sehen Sie es nicht so verbissen"	„Sehen Sie das nicht, dass wir alles für Ihren Vater tun?"	„Super, ein neuer Bewohner. Wenn nur nicht die ganze Doku wäre"	Noch nicht definiert	

Was aber hätte der Xer Timo Richter in Bezug auf die Aufnahme bzw. den Einzug des Traditionalisten bzw. Veteranen Emil Schwarz und mit Blick auf die generationsbedingten Unterschiede zwischen den beiden Beteiligten wesentlich professioneller handhaben können? Diese Fragestellung wird im nachfolgenden Abschnitt aufgegriffen.

Die Dont's und Dos des Xer Timo Richter beim Einzug bzw. der Aufnahme des Traditionalisten bzw. Veteranen Emil Schwarz in die Einrichtung

Timo Richters Dont's: Er begegnet dem neuen Bewohner im Rahmen der Aufnahme bzw. des Einzugs sehr pragmatisch und formell: Auch vermittelt er ihm, dass er persönlich nicht viel Zeit hat, um sich selbst länger um ihn zu kümmern.

Gründe dafür: Als Xer kommuniziert er kurz und knapp: Die Wahrung der Form ist für ihn nicht relevant.[2]

2 vgl. Mangelsdorf 2015:58

Timo Richters Dos: Timo Richter hätte stärker den Blickwinkel des Bewohners einnehmen müssen: Dieser ist der Kunde. Er erwartet aufgrund seiner generationsbedingten Prägung und der damit im Zusammenhang stehenden Prägung, dass der Kunde König ist.

Timo Richters Dont's: Er verzichtet auf jegliche Höflichkeitsfloskeln: Vielmehr benutzt er klare Worte und bevorzugt eine deutliche Kommunikation.[3]

Gründe dafür: Als Xᴇʀ ist Timo Richter schnell frustriert, wenn er im Umgang mit anderen Menschen erst einmal mühsam zwischen relevanten Kernaussagen und Floskeln differenzieren soll.[4]

Timo Richters Dos: Timo Richter muss es lernen, sich kundenorientierter zu verhalten: Die Bedarfe des Bewohners sollten beim Einzug im Vordergrund stehen. Dies umfasst z. B. das Thematisieren des Verlusts der vertrauten Wohnumgebung beim Einzug in eine stationäre Einrichtung als Statuspassage.[5]

Seine eigene Kommunikation, die auf einer „Need to know"-Basis[6] basiert, muss dabei absolut in den Hintergrund treten.

Timo Richters Dont's: Er tritt unangemessen belehrend gegenüber dem neuen Bewohner auf, indem er ihm gleich widerspricht, ihn zurechtweist und ihm seinen Status und die damit unmittelbar verbundene Position verdeutlicht.

Gründe dafür: Als Xᴇʀ hat es Timo Richter gelernt, niemals konfliktscheu zu sein.[7]

Er kann es nicht ertragen, Dinge zu beschönigen und auf Widersprüche nicht zu reagieren.[8]

Xᴇʀ finden es völlig in Ordnung, dass sie ihr Missfallen sofort und offen zum Ausdruck bringen, wenn sie meinen, berechtigterweise Einwände zu haben.[9]

Timo Richters Dos: Timo Richter sollte sein asymmetrisches Machtverhältnis[10], das per se zwischen ihm als Dienstleister und seinem Kunden/Bewohner besteht, nicht unreflektiert ausnutzen, da er damit den Druck auf ein Klientel (Vᴇᴛᴇʀᴀɴᴇɴ bzw. Tʀᴀᴅɪᴛɪᴏɴᴀʟɪsᴛᴇɴ) erhört, dass ob seiner Sozialisation schon zu einer obrigkeitshörigen Haltung neigt.

Hierdurch provoziert er bei dem neuen Bewohner bereits von Anbeginn des Versorgungsverhältnisses an ein sozial erwünschtes Antwortverhalten[11], das bereits kurzfristig betrachtet weder zur Kundensouveränität noch langfristig betrachtet zu einer Kundenbeziehung beiträgt, die „auf Augenhöhe" stattfinden sollte.

Timo Richters Dont's: Timo Richter benutzt wiederum Fachbegriffe (z. B. Wohnbereich, Bezugspflegekraft), die von vornherein zur Distanz zwischen ihm und dem neuen Bewohner beitragen.

Gründe dafür: Für Xer ist es nicht selbstverständlich, Informationen soweit herunterzubrechen, dass sie das jeweilige Gegenüber auch nahtlos verstehen kann: Sie setzen ein ge-

---

3 vgl. Mangelsdorf 2015:59
4 vgl. Mangelsdorf 2015:59
5 vgl. Kelle 2003:114
6 vgl. Mangelsdorf 2015:58
7 vgl. Mangelsdorf 2015:59
8 vgl. ebd.:59
9 vgl. ebd.:59
10 vgl. Kelle 2003:116vgl. Kelle 2013:119
11 vgl. Kelle 2013:119

wisses Know-how in Bezug auf ihren jeweiligen Fachjargon (hier: den pflegerischen) ganz einfach voraus.

Timo Richters Dos: Timo Richter sollte sich darüber klar werden, mit wem er gerade spricht: Durch persönliches Nachfragen (sogenannte „W-Fragen"), was sein Gegenüber schon weiß bzw. versteht, würde es ihm wesentlich besser gelingen, von Anfang an eine positive Beziehung zu Emil Schwarz aufzubauen, die von Inklusion und Partizipation geprägt ist.[12]

Das Verhalten von Timo ist entsprechend seiner Persönlichkeit ausgerichtet. Er spricht mit Herrn Schwarz nur, weil er es „muss". Daraus ist auch der sehr wortkarge Umgang mit dem neuen Bewohner zu erklären. Denn es ist ihm „egal", was Herr Schwarz am Ende des Tages von ihm hält.

Im nachfolgenden Abschnitt wird nun wiederum im Gegenzug der Fragestellung danach nachgegangen, wie sich Emil Schwarz als Veteran bzw. Traditionalist angemessener auf seinen Einzug bzw. die Aufnahme in die Einrichtung durch den Xer Timo Richter hätte einstellen und welche „Fehler" er aufgrund seiner generations- bzw. persönlichkeitsbedingten Prägung gemacht hat.

Die Dont's und Dos des Veteranen/Traditionalisten Emil Schwarz beim Einzug bzw. der Aufnahme in die Einrichtung

Emil Schwarz Dont's: Emil Schwarz begegnet Timo Richter von vornherein mit einer devoten und subalternen Haltung.

Gründe dafür: Emil Schwarz als Vertreter der Generation der Veteranen bzw. Traditionalisten ist zutiefst durch sein normenkonformes Verhalten geprägt.
Er hat es frühzeitig gelernt, auf Vorgaben ohne Widerspruch zu reagieren, so dass er dem dominanten Auftreten des Xer Timo Richter mit Respekt und Unterwürfigkeit begegnet.

Emil Schwarz Dos: Er sollte es trotz seines fortgeschrittenen Lebensalters noch ansatzweise lernen, sich stärker in der Rolle des zahlenden Kunden zu sehen, um sich dann auch derart zu positionieren.

Emil Schwarz Dont's: Er bekundet zwar, dass er traurig darüber ist, dass ihn seine Tochter bei seinem Einzug in die Einrichtung nicht persönlich begleiten kann: Dennoch vermittelt er den Eindruck, dass diese Problematik eher zweitrangig für ihn ist und dass er die Entscheidung seiner Tochter respektieren muss.

Gründe dafür: Er ist es als Angehöriger der Traditionalisten-/Veteranen-Generation gewohnt, altruistisch zu reagieren: Individualistische Bedürfnisse werden ob seiner Sozialisation nur randständig bzw. eher beiläufig artikuliert.

Emil Schwarz Dos: Emil Schwarz sollte die hierarchischen Verhältnisse in der Einrichtung für sich selbst neu bewerten und erkennen, dass er kein „Bittsteller" ist, sondern dass er als Kunde auch einen gewissen Einfluss auf die Qualität und den Inhalt des Angebots der Pflegeeinrichtung hat.[13]

---

12 vgl. Mangelsdorf 2015:77
13 vgl. Kelle 2003:126

Emil Schwarz Dont's: Seine ihm innewohnende „Obrigkeitshörigkeit" führt dazu, dass die latent bestehende Machtasymmetrie zwischen ihm in der Rolle des Pflegebedürftigen und Timo Richter in der Rolle des Vertreters der Pflegeinstitution sehr früh und unangemessen konstituiert wird.[14]

Gründe dafür: Emil Schwarz zeichnet sich generationsbedingt durch ein hohes Maß an Konfliktscheuheit aus.[15]

Aus Angst vor Sanktionen vermeidet er von vornherein jegliche Art von Kritik.[16]

Er ordnet sich lieber sofort und nachgerade unter.

Er sagt „Ja" zu einer vorgefertigten Lösung, die ihm von Seiten einer Leitungskraft präsentiert wird, um dann seine Ruhe zu haben.

Emil Schwarz Dos:: Emil Schwarz muss mit Blick auf die Einrichtung eine andere Perspektive einnehmen: Auch als Veteran/Traditionalist ist er ein kundiger Verbraucher bzw. Nutzer einer Dienstleistung.[17] Er bleibt immer Experte seiner selbst: Er muss allerdings darauf achten, - und dies auch bei möglichen Einschränkungen -, dass keine Entscheidung gegen seinen Willen geschieht.[18]

Ein kurzer Blick auf die Persönlichkeit

Herr Schwarz versucht, so „verträglich" wie möglich auf Timo zu wirken. Seine hohe Ausprägung im Merkmal der Gewissenhaftigkeit, ist für ihn der Antreiber zur Kooperation. Dieses Verhalten ist kein Anzeichen für eine emotionale Labilität bzw. Verletzlichkeit (Neurotizismus), sondern vielmehr ein „Einfügen in das Notwendige".

Zusammenfassend wird nun in diesem Absatz dargestellt, was der Xer Timo Richter in Bezug auf sein Verhalten gegenüber dem Veteranen bzw. Traditionalisten Emil Schwarz hätte beachten müssen. Erst, wenn es ihm künftig besser gelingt, sich in die generations- bzw. persönlichkeitsbedingte Sichtweise von Veteranen bzw. Traditionalisten einzufühlen, dann kann er den Prozess der Aufnahme bzw. des Einzugs in die Einrichtung langfristig betrachtet moderater für beide Seiten durchführen.

Was können der Xer Timo Richter und der Veteran bzw. Traditionalist Emil Schwarz im Hinblick auf die Aufnahme bzw. den Einzug in die Einrichtung voneinander lernen, wenn sie eine andere Perspektive einnehmen?

Als Xer ist Timo Richter selbst in der Rolle als Dienstleistungsanbieter dahingehend bestrebt, althergebrachte Traditionen aufzubrechen und seinen Drang nach Abgrenzung und Individualität auszuleben.[19] Es gelingt ihm somit nicht, zurückzustehen und angemessen Rücksicht auf die Bedürfnisse des Kunden zu nehmen. Aber gerade die Genera-

---

14 vgl. Kelle 2003:126
15 vgl.www.blog.myknow.com/generationen im web; Zugriff vom 16.03.2020
16 vgl. Kelle 2003:126
17 vgl. www.fjstoffers.php/aussagen-zu-Kundenorientierung 2017; Zugriff vom 16.03.2020
18 vgl. ebd.
19 vgl. Mangelsdorf 2015:138

tion der TRADITIONALISTEN/VETERANEN, der Emil Schwarz angehört, hat traditionelle Werte verinnerlicht und erwartet, dass sich diese auch im Handeln seines jeweiligen Gegenübers widerspiegeln.

Wie jedoch kann ein XER wie Timo Richter dieses Ziel erreichen?

Er sollte sich in jedem Fall mit den Charakteristika vertraut machen, die auf Seite 13 abgebildet sind und die die Generation der VETERANEN bzw. TRADITIONALISTEN weitgehend auszeichnen.

Das heißt dann in Bezug auf die Umsetzung Folgendes für Timo Richter:

- Ein Neueinzug in eine stationäre Einrichtung der Altenhilfe ist ein komplexes Verfahren mit einer Vielzahl von Schnittstellen zwischen den einzelnen Bereichen. Folglich muss die Festlegung dieses Verfahrens sowie die damit verbundenen Zuständigkeiten koordiniert erfolgen.[20]

- Gerade für die Generation der VETERANEN/TRADITIONALISTEN, der ja Emil Schwarz angehört, steht ein zuverlässiger und von Transparenz geprägter Einzugsprozess im Vordergrund dieses Vorgehens. Dieser muss es dem neuen Bewohner ermöglichen, dass er von Anfang an eine hohe Kundenzufriedenheit entwickelt.

- Insbesondere ein Bewohner dieser Generation muss erkennen können, dass alle Arbeitsabläufe in seinem „neuen Zuhause" derart gestaltet sind, dass sie sich ihm auch erschließen: Es muss ihm quasi der „Schlüssel" zu einer ihm bis dahin völlig unvertrauten neuen Welt (hier: die der stationären Pflegeeinrichtung und der damit einhergehenden Strukturmerkmale) derart überreicht werden, dass er sich von Anbeginn an als kundiger und autonomer Kunde erlebt.

- Diesen „Drahtseilakt" sollte Timo Richter künftig angemessener meistern: Auch, wenn Fingerspitzengefühl und Diplomatie nicht gerade zu seinen generationstypischen Stärken zählen[21], kann er es lernen, seinen Blick bereits im Rahmen des Einzugsprozesses, der einen Kernprozess in der Pflege darstellt, wesentlich stärker auf den Kunden und den engen Kontakt zu ihm zu richten.[22]

- Timo Richter muss herausfinden, womit man die Generation der VETERANEN bzw. TRADITIONALISTEN begeistern kann und was für sie wertvoll, gültig und angemessen is.[23] Dies gilt sicher auch mit Blick auf Angehörige anderer Generationen, aber ganz besonders für die Zielgruppe der VETERANEN/TRADITIONALISTEN: Diese hat es zwar frühzeitig gelernt, sich grundsätzlich unterzuordnen und höhere Autoritäten erst einmal nicht automatisch infrage zu stellen. Aber insbesondere vor diesem Hintergrund bedarf es einer ganz besonderen Haltung gegenüber dieser speziellen Kundengruppe: Die Würde und individuelle Persönlichkeit dieser Bewohnergeneration sollte bereits beim Einzug in eine stationäre Einrichtung der Altenhilfe im Mittelpunkt des Vorgehens von Timo Richter stehen.

---

20 vgl. www.ppm.de; Zugriff von 21.03.2020
21 vgl. Mangelsdorf 2015:143
22 vgl. (vgl. www.fjstoffers.php/aussagen-zu-Kundenorientierung 2017; Zugriff vom 21.03.2020
23 vgl. ebd.

- Folglich muss es Timo Richter gelingen, sich an den Wünschen und Ansprüchen der Generation der Veteranen/Traditionalisten zu orientieren, ohne sie zu bevormunden.[24] Dieses könnte funktionieren, wenn er es schafft, seine komplexen Einrichtungsstrukturen zu vereinfachen. Und sei es nur durch eine Korrektur seines „Wordings". Oder ganz einfach durch die Einbeziehung des Kunden auf einer rein mitmenschlichen und warmherzigen Ebene, die nicht nur ausschließlich von Geschäftsmäßigkeit und Distanz geprägt ist.

- Die Verantwortung für die Begrüßung und Begleitung eines neuen Bewohners sollte grundsätzlich und von vorherein an die Bezugspflegekraft delegiert werden: Dem neuen Bewohner wird dadurch Orientierung gegeben und es wird ihm ein Gefühl des Willkommenseins vermittelt.[25] Vor diesem Hintergrund sollte Timo Richter der jeweiligen Bezugspflegekraft, die in erster Linie für den neuen Bewohner, der der Generation der Veteranen/Traditionalisten angehört, das komplette Einzugsmanagement überlassen.

- Die Bezugspflegefachkraft klärt dann mit dem neuen Bewohner die medizinisch-pflegerischen Belange usw. ab. Sie füllt ferner zur Information der verschiedenen Funktionsbereiche die entsprechenden Änderungsmitteilungen aus und verteilt sie an die beteiligten Bereiche.[26]

Entlang des vorherigen Absatzes ist es sehr deutlich geworden, dass der Prozess des Einzugs eines neuen Bewohners in eine Einrichtung der stationären Altenhilfe in jedem Fall in einer Hand bleiben sollte. Hier ist die Bezugspflegekraft gefragt: Sie sollte den Bewohner vom Eintreffen in der Einrichtung bis hin zur Begleitung auf sein Zimmer und im Rahmen der nachfolgend damit verbundenen Prozessschritte begleiten. Andernfalls entsteht bei einem neuen Bewohner sehr schnell der Eindruck, dass er einfach von einer Person zur anderen „weitergereicht" wird, da offensichtlich keiner so recht Zeit für ihn hat bzw. ihn angemessen willkommen heißt. Seine Würde und individuelle Persönlichkeit müssen hierbei jedoch im Mittelpunkt des Einzugsprozesses und des gesamten Integrationsprozesses stehen sowie primär an seinen Wünschen und Ansprüchen orientiert sein.[27]

Der nachfolgend abgebildete Infokasten weist in diesem Zusammenhang unter anderem auf die Möglichkeit eines Integrationsgespräches anhand des Fünf-Faktoren-Modells hin.

INFO

Ein Integrationsgespräch anhand des Fünf-Faktoren-Modells?

In den meisten Integrationsgesprächen, sechs Wochen nach Einzug eines Bewohners, wird viel Wert auf das „Wohlbefinden" des Bewohners gelegt. Dies geschieht teilweise in einer zweifelhaften Qualität. Denn die Frage: „Fühlen Sie sich bei uns wohl?" ist zwar interessant, hat jedoch keinen tieferen Sinn, wenn sich die Einrichtung vorab nicht genau überlegt hat, was eigentlich Wohlbefinden auf der indivi-

24 vgl. ebd.
25 vgl. www.ppm.de; Zugriff vom 21.03.020
26 vgl. www.ppm.de; Zugriff vom 15.04.2020
27 vgl. www.fjstoffer.de/index.php/aussagen-zu-kundenorientierung2017;Zugriff vom 15.04.2020

duellen Ebene bedeutet. Und wenn „wohlfühlen" mit sich „zuhause fühlen" gleichgesetzt wird, hat die eine Floskel die andere „erschlagen".

Besonders in der Startphase der Beziehung zwischen den Pflegekräften und den Bewohnern wird viel Augenmerk auf die „Pflegebedürftigkeit" gelegt. Diese wird durch körperliche, psychische und krankheitsbedingte Faktoren bestimmt. Auf der anderen Seite hat jeder Mensch eine eigenständige, stark nuancierte Persönlichkeit, die bei der Selbst- und Fremdversorgung eine wesentliche Rolle spielt. Menschen, die eher eine hohe Ausprägung im Bereich der „Verträglichkeit" haben, werden auch eher eine Versorgung akzeptieren. Bewohner, die eine niedrige Ausprägung im Bereich der Extraversion haben, werden schwieriger in das Sozialgefüge „Wohnbereich" integrierbar sein. Einrichtungen sollten sich deshalb von Anfang an mit der Nutzung des Fünf-Faktoren-Modells auf der Versorgungsebene auseinandersetzen. Denn, wenn die Mitarbeitenden ein einheitliches Bild von einer möglichen Persönlichkeit eines Bewohners haben, dann wird die Integration auch zielgerichteter erfolgen. Das bedeutet jedoch nicht, dass der Bewohner sich in das „gewünschte Persönlichkeitsschema pressen lassen muss". Vielmehr sollte jeder Mensch als eine „atmende Wundertüte" angesehen werden.

Die Versorgung des Bewohners –
Die Geduld und die Möglichkeiten

Wenn Sie diesen Abschnitt gelesen haben, dann …

werden Sie merken, dass die morgendliche Grundpflege eines Bewohners in der Praxis nicht immer so verläuft, wie sie unter anderem im Maßnahmenplan hinterlegt ist. Das heißt für alle am Prozess beteiligten Protagonisten, dass sie sich tagtäglich mit liebevoller Zuwendung auf die sich verändernden Wünsche eines Bewohners einstellen müssen, und dies obwohl - bzw. gerade weil - diese Vorgehensweise oftmals weit über die Abbildung eines sachlichen Dienstleistungsverhältnisses hinausgeht.

Auch, wenn in den letzten Jahren viel Energie in den Bereich der Betreuungsleistungen investiert wurde, ist die grund- und behandlungspflegerische Versorgung ein Kernelement der Altenhilfe. Die grundpflegerische Versorgung ist vor allem durch ein hohes Maß an Vertrauen und Nähe geprägt. Alle, denen es gelingt, sich im Laufe des Tages selbst unter eine Dusche oder an ein Waschbecken zu stellen, mögen sich nur für einen kurzen Augenblick vorstellen, wie es wäre, wenn dieses nur mithilfe eines anderen Menschen möglich wäre. Wie kann die jeweilige Situation gestaltet werden, wenn Herr Schwarz und Lena „aufeinandertreffen"? Es sei an dieser Stelle jedoch darauf hingewiesen, dass diese Situation nicht die erste ist, im Rahmen derer Lena und Herr Schwarz aufeinandertreffen. Beide haben sich bereits am Einzugstag von Herrn Schwarz und in der ersten Woche nach seinem Neueinzug unter anderem durch die Erhebung der Anamnese/Strukturierten Informationssammlung und die Durchführung von grundpflegerischen Tätigkeiten näher kennengelernt. Aus Gründen einer möglichen Redundanz wurde jedoch voranstehend darauf verzichtet, das Erstgespräch zwischen Lena und Herrn Schwarz vertiefend abzubilden.

Vielmehr geht es jetzt um die tagtägliche Versorgung von Herrn Schwarz durch die Bezugspflegekraft Lena. Wie sich diese nun gestaltet, wird anhand eines exemplarischen Beispiels zwischen den beteiligten Protagonisten (der Bezugspflegekraft Lena und dem Bewohner Emil Schwarz) dargestellt:

Ein Auszug aus einem morgendlichen Gespräch zwischen Herrn Schwarz und Lena:

Lena: „Guten Morgen Herr Schwarz. Haben Sie gut geschlafen? Ich werde Sie jetzt waschen und danach für das Frühstück anziehen."

Emil Schwarz: „Ja, großartig. Ich freue mich schon jetzt darauf. Jeden Morgen der gleiche Ablauf!"

(Aufgrund seiner Erkrankung ist Herr Schwarz eher langsam in seinen Bewegungen. Des Weiteren hat er keine Lust dazu, dass das „Waschregiment" jeden Morgen um 7:00

Uhr erscheint und „Hand an ihn legt". Und das alles nur, weil er letzte Woche danach gefragt wurde, wann er denn morgens aufstehen und grundpflegerisch versorgt werden möchte).

Lena: „Ach, Herr Schwarz, nun sehen Sie mal zu, dass wir hier aus dem Knick kommen. Ich habe nicht ewig Zeit für Sie. Sie sind hier nicht der Einzige. Ich muss hier noch viele andere Bewohner versorgen. Oder: Soll ich später wiederkommen? Vielleicht sind Sie dann schneller und auch besser gelaunt?"

(Lena dreht sich auf dem Absatz um und will das Zimmer verlassen).

Emil Schwarz: „Nee, lassen Sie es mal gut sein. Später bin ich genauso langsam. Bringen wir es jetzt hinter uns."

(Nachdem die Körperpflege abgeschlossen ist, beginnt Lena, Herrn Schwarz beim Ankleiden zu helfen. Als Letztes zieht Herr Schwarz ein Oberhemd an und versucht, die Knöpfe selbst zuzumachen).

Lena: „Herr Schwarz, nun kommen Sie, das geht schneller, wenn ich das mache."

(Lena schiebt die Hand von Herrn Schwarz zur Seite und beginnt mit dem Schließen der Knöpfe an seinem Oberhemd).

Emil Schwarz: „Jetzt ist aber Schluss! Die ganze Zeit bevormunden Sie mich! Das ist noch schlimmer als bei meiner Tochter. Es ist mir egal, wie ich rumlaufe. Hauptsache Ihr lasst mich alle in Ruhe!"

(Lena erschrickt sich angesichts des plötzlichen Wutausbruchs von Herrn Schwarz).

Lena: „Oh je. Ich wollte Sie nicht bevormunden. Es tut mir leid, dass Sie jetzt sauer auf mich sind. Bitte nicht böse sein. Sprechen Sie bloß nicht mit Ihrer Tochter über diesen Vorfall. Die macht dann wieder ein riesiges Spektakel daraus und beschwert sich sofort beim Pflegedienstleiter, dem Herrn Richter. Dann bekomme ich wieder Ärger mit dem und mit Ihrer Tochter. Das wollen wir beide doch nicht, oder?"

Emil Schwarz: „Nein, nein, alles gut. Ich möchte jetzt zum Frühstück".

(Lena begleitet Herrn Schwarz im Anschluss an dieses Gespräch in den Speiseraum, wo er sein Frühstück einnehmen soll).

Das voranstehend abgebildete Beispiel zeigt sehr deutlich, dass schon durch minimal unerwartete Verhaltensweisen im Rahmen der aufgezeigten Beispielsituation Konflikte zwischen den beteiligten Protagonisten entstehen können.

In der nachfolgenden Tabelle werden die unterschiedlichen und eindeutigen Erwartungen der Protagonisten dargestellt. Hierbei wird besonders auf die Erwartungsgegensätze von Herrn Schwarz und Lena eingegangen, die ihren Ausdruck in erster Linie in einem „Ich will meine Ruhe haben!" und „Du musst schön mitmachen"- Dilemma finden.

... erwartet von ...	Welche Erwartungen können – auch unausgesprochen – in der Versorgung formuliert werden?				
	Emil	Isolde	Timo	Lena	Alina
Emil		Ich will nicht, dass du etwas mitbekommst	Was hat eine PDL mit meinem Elend zu tun?	Lass mich in Ruhe!	Ich bin froh, wenn du wieder weg bist
Isolde	Papa, hilf schön mit!		Passen Sie auf, dass es meinem Vater gut geht	Helfen Sie meinem Vater, so gut es geht	Helfen Sie meinem Vater, so gut es geht
Timo	Erwarten Sie nur das, was in der Planung steht	Lassen Sie uns unseren Job machen		Du arbeitest genauso, wie es in der Planung steht	Du arbeitest genauso, wie es in der Planung steht
Lena	Machen Sie schön mit!	Erwarten Sie nicht zu viel	Ich kann nur das machen, was der Bewohner zulässt!		Wir beide bilden eine Einheit
Alina	Herr Schwarz, kommen Sie! Helfen Sie mit!	Sehen Sie nur Wir machen alles für Ihren Papa	Unterstütze uns, wenn wir nicht weiterkommen	Erledige deine Aufgaben	

Die Dont's und Dos der YPSILONERIN *Lena bei der Versorgung von Emil Schwarz*

Lenas Dont's: Lena geht auf den Bewohner zu, unterbreitet ihm, was jetzt passieren soll, ohne sich mit ihm zu verständigen, ob er dieses Vorgehen überhaupt wünscht.

Gründe dafür: Als YPSILONERIN vertritt Lena die Auffassung, dass „Regeln von gestern" und nicht handlungsleitend für sie sind: Sie nimmt stattdessen für sich persönlich das Recht auf Individualismus in Anspruch und macht dafür äußere Zwänge („wenig Zeit für die Versorgung von Bewohnern" usw.) verantwortlich.

Allgemein gesellschaftlich akzeptierte Regeln, wie z. B. das Wissen darum, die individuellen Bedürfnisse von Herrn Schwarz tagtäglich durch ein entsprechendes Nachfrageverhalten neu zu ermitteln, erscheinen ihr nicht als bindend: Stattdessen werden diese gemäß ihrer eigenen Einstellung interpretiert und ausgelegt.[1]

Lenas Dos: Lena sollte es fortan lernen, ihren generationsbedingten Drang nach eigener Selbstverwirklichung zurückzustellen.[2]

1 vgl. www.zukunftswerkstatt.de./fileadmin/user-upload/publikation/auftragsstudien/studie-generationy; Zugriff vom 15.04.2020
2 vgl. www.zukunftswerkstatt.de./fileadmin/user-upload/publikation/auftragsstudien/studie-generationy; Zugriff vom 15.04.2020

Lena übt eine herausfordernde und anspruchsvolle Tätigkeit aus: Sie strebt nach Sinnfindung[3] und begegnet anderen Personen gegenüber nicht aufgrund ihrer Position mit Respekt, sondern aufgrund ihres Verhaltens.[4]

Lena sollte künftig umdenken, denn die Generation der TRADITIONALISTEN/VETERANEN ist es nicht gewohnt, eine „Kommunikation auf Augenhöhe" zu leben bzw. flache Hierarchien zu tolerieren. Vielmehr hat diese ein „klassisches Hierarchiedenken" (hier: „Ich bin der Kunde" und „Sie sind meine Dienstleisterin") in Bezug auf die Beziehung zwischen Pflegebedürftigen und Pflegeausführenden als selbstverständlich verinnerlicht.

Lenas Dont's: Lena setzt das ihr vorgegebene und von ihr zweifellos akzeptierte Arbeitstempo im Rahmen der abgebildeten Versorgungssituation als Selbstverständlichkeit voraus: Sie fordert Herrn Schwarz folglich dazu auf, sich ebenfalls entlang dieses von ihr vorgegebenen Tempos zu orientieren.

Gründe dafür: Als YPSILONERIN zeichnet sich Lena durch ein hohes Anspruchsdenken aus: Selbstverwirklichung und deren Umsetzung sind ihre Antriebsfedern in ihrem beruflichen Alltag.[5]

„Blinden Gehorsam" darf man von der Generation der YPSILONER, der Lena angehört, nicht erwarten: Der als zentral zu berücksichtigende Aspekt der Kundenorientierung steht somit nicht im Vordergrund ihres Handelns. Vielmehr setzt sie sich mit Überzeugung für etwas ein, das ihren eigenen Motiven (Versorgung nach Plan, Fertigwerden mit ihrer Arbeit usw.) entspricht.

Lenas Dos: Lena sollte ihre Ansprüche, Wünsche, Bedürfnisse, Motive und Ziele mit Blick auf die Grundversorgung von Emil Schwarz zunächst einmal grundsätzlich hinterfragen, denn: Die Qualität der Dienstleistung bestimmt in erster Linie der Kunde.

Lena muss ihren Blickwinkel erweitern: Sie kann sich ihren Idealismus, dass alles irgendwie schon „nach Plan" verlaufen wird, nur stückweit bewahren.

Viel wichtiger ist es für sie, sich stärker an der Realität zu orientieren: Diese findet ihren Ausdruck unter anderem darin, dass der Kunde tagtäglich das Zusammenspiel bestimmt. Seine individuelle Mitwirkung und persönliche Disposition sind bestimmend für die sich stets verändernden Ablaufstrukturen.

Lenas Dont's: Lena lässt es nicht zu, dass Emil Schwarz ressourcenorientiert bei der Versorgung mithilft. Herausforderungen, die auf lange Sicht betrachtet zur Aktivierung von Herrn Schwarz beitragen könnten (z. B. die Knöpfe vom Hemd selbst zuzumachen), werden von ihr unterbunden und als wenig zielführend erachtet.

Stattdessen nimmt sie Herrn Schwarz jede Tätigkeit ab, die er aber noch ansatzweise selbst ausführen könnte.

Gründe dafür: Als YPSILONERIN fordert Lena absolute Flexibilität von ihrem jeweiligen Gegenüber: Sie ist es gewohnt, frei darüber zu entscheiden, wann, wo und wie sie ihrem Arbeitsprozess nachzugehen hat.[6]

---

3 vgl. Mangelsdorf 2015:73
4 vgl. ebd.:73
5 vgl. www.zukunftswerkstatt.de/fileadmin/user-upload/publikation/auftragsstudien/studie-generationy; Zugriff vom 16.04.2020
6 vgl. Mangelsdorf 2015:150

Dennoch steht Lena unter Zeitdruck, da ihr für die Versorgung der einzelnen Bewohner nur bestimmte Zeitkontingente zur Verfügung stehen.

Folglich fällt es ihr schwer, diesen tagtäglichen „Drahtseilakt" zwischen einer Organisationsstruktur, die ihr einerseits wenig Flexibilität zur Verfügung stellt und andererseits ihrem Wunsch nach einer entspannten Arbeitsatmosphäre mit individueller Note [7] angemessen zu überwinden.

Als YPSILONERIN sieht Lena ihren Job in erster Linie als sinnstiftende Erweiterung ihres Lebens an: Dieser soll einen maßgeblichen Beitrag zur Steigerung ihr Lebensqualität in Form von persönlichem Wohlbefinden leisten.[8]

Unter den vorgegebenen Arbeits- und Rahmenbedingungen fühlt sich Lena jedoch in ihren individuellen Entfaltungsmöglichkeiten beschnitten: Negative Trends (z. B. „gefühlt" zu wenig Zeit, um Herrn Schwarz de facto ressourcenorientiert und aktivierend zu versorgen) werden von ihr zwar erkannt, aber es gelingt ihr nicht, angemessen gegenzusteuern,[9] indem sie z. B. über eine sinnvolle Neuausrichtung ihres Arbeitsablaufs reflektiert.

Lenas Dos: Lena sollte darüber nachdenken, wie sie die „scheinbare Unvereinbarkeit" zwischen den ihr als restriktiv erscheinenden Vorgaben („die von der Arbeitgeberseite aus bestehende Forderung nach der Durchführung einer aktivierenden und ressourcenorientierten Versorgung der Bewohner trotz engmaschig vorgegebener Zeitparameter") und ihrem Wunsch danach, ihren Job als sinnstiftende Erweiterung („ihr Arbeitsmodell soll sich ihrem individuellen Lebensentwurf anpassen und nicht umgekehrt,"[10]) überwindet. Es muss ihr langfristig gelingen, die Herausforderungen dieses „Drahtseilakts" konstruktiv miteinander zu vereinbaren.

Lena muss an ihrer eingeschränkten Sozialkompetenz[11] arbeiten: Sie ist nicht unbedingt konfliktscheu. Sie vermeidet aber die direkte Konfrontation, da Durchsetzungsfähigkeit aufgrund ihrer „Helikopter-Sozialisation" nicht unbedingt zu ihren Stärken zählt.[12] Wenn ihr etwas nicht gefällt oder als zu schwierig erscheint, dann wählt sie eher den Weg des geringsten Widerstandes: Sie gibt auf oder reagiert eher aufmüpfig und uneinsichtig.[13] Dieses Verhalten kann aber von einem Bewohner als respektlos angesehen werden. Folglich sollte sie es lernen, Rücksicht auf die Qualität und den Inhalt eines Versorgungsangebots zu nehmen. Diese werden doch letztendlich vom Bewohner selbst bestimmt.

Lenas Dont's: Bei dem aufgetretenen Konflikt zwischen Emil Schwarz und Lena verbündet sie sich sehr unprofessionell mit dem Bewohner, um möglichen Schwierigkeiten aus dem Weg zu gehen.

Gründe dafür: Als YPSILONERIN neigt Lena zu unverhohlener Transparenz: Sie hat kein Problem damit, persönliche Informationen zu teilen.[14]

Es ist ihr keinesfalls unangenehm, dass sie Emil Schwarz ganz offen und informell davon in Kenntnis setzt, dass sie mit Restriktionen von Seiten ihres Pflegedienstleiters, Timo Richter, rechnen muss, wenn sie ihn nicht so versorgt, wie es der Pflegedienstleiter von ihr verlangt.

7 vgl. ebd.: 150
8 vgl. ebd.:151
9 vgl. ebd.:160
10 vgl. ebd.:149
11 vgl. ebd.:59
12 vgl. ebd.:61
13 vgl. ebd.:61
14 vgl. Mangelsdorf 2015:60

Stattdessen „verbündet" sie sich mit Emil Schwarz und macht ihn zum „Komplizen" bzw. Mitwisser: Sie hofft darauf, dass dieser sie „behütet" bzw. „beschützt", wenn es publik werden sollte, dass die Versorgung von Emil Schwarz anders als abgesprochen verläuft.

Dieses Vorgehen wählt sie auch gegenüber der Tochter von Herrn Schwarz, indem sie den Bewohner als „Verbündeten" ansieht. Ihre diesbezügliche soziale Interaktion zeugt nicht gerade von Professionalität, da sie sich auf diesem Weg in ein Abhängigkeitsverhältnis begibt, das schnell zu Missverständnissen zwischen allen Beteiligten führen kann.

Zum einen zu einem „antrainierten" und sozial erwünschten Antwortverhalten auf Seiten des Bewohners.

Und zum anderen zu einer „Erpressbarkeit" von Seiten des Bewohners gegenüber Lena: Sollte sie seine Bedürfnisse wieder einmal außer Acht lassen, so kann er ihr nun jederzeit damit „drohen", dass er den Pflegedienstleiter und seine Tochter von Fall zu Fall doch einmal darüber informiert, dass Lena unprofessionell und despektierlich ihm gegenüber vorgeht.

Lenas Dos: Lena muss an ihrem Standing arbeiten: Dieses findet seinen Ausdruck unter anderem darin, dass sie erkennt, dass es sich bei Emil Schwarz um einen zahlenden Kunden handelt. Er ist keinesfalls ihr „Kumpel", der mit ihr in „einem Boot sitzt".

Wenngleich die Ypsilonerin Lena eine hierarchisch motivierte Kommunikation von Emil Schwarz als „von oben herab" empfinden oder diese gar als Bevormundung und mangelnde Verbundenheit[15] interpretieren mag, muss sie diesbezüglich das Umdenken lernen.

Lena kann mit einem Kunden nicht „auf Augenhöhe" kommunizieren: Das Wissen darum muss sie dringend verinnerlichen und sich hierbei festen Regeln annähern, denn der Kunde bestimmt die Dienstleistung und nicht Lena.

Zudem muss sie sich von ihrer kindlich naiven Haltung verabschieden, die die Autoren aus ihrer langjährigen Erfahrung mit Pflegekräften leider immer wieder in der Praxis des Pflegealltags beobachten: Es wird ein „Komplott" zwischen der Pflegekraft und dem Bewohner ausgehandelt, der die Pflegekraft am Ende des Prozesses in die Bredouille bringt.

So muss sich Lena einerseits stärker und realitätsnäher an die äußeren Bedingungen ihres Unternehmens und an die ihres Arbeitgebers anpassen, und dies selbst dann, wenn sie nicht immer ihren eigenen Vorstellungen, Wünschen und Bedürfnissen entsprechen.[16]

Anderseits muss Lena den Kunden und seine Leistungserwartungen respektieren und mit ihm keine halbseidenen Geschäfte machen („Stillschweigen gegen vermeintliches Wohlergehen").

Nur so kann Lena es lernen, wirklich Verantwortung zu übernehmen: Denn diese darf nicht dort enden, wo sie an die Grenzen der Machbarkeit stößt.

Lena muss erkennen, dass sie nicht daran wächst, wenn sie weiterhin den einfachsten Weg des Widerstands geht: Vermeidung von Sanktionen durch den Pflegedienstleiter und/ oder die Angehörige durch die Verbündung mit Emil Schwarz.

Lena muss dringend an ihrem Rollenverständnis arbeiten.

Lena muss erkennen, dass sie durch ihr Verhalten bereits zu Emil Schwarz eine persönliche Bindung aufgebaut hat, die weder zu ihrer betrieblichen Loyalität noch zu ihrer eigenen Unabhängigkeit beiträgt, und zwar jenseits von „geschönten" Wahrheiten.

15 vgl. Mangelsdorf 2015:60

16 vgl. www.zukunftswerkstatt.de./fileadmin/user-upload/publikation/auftragsstudien/studie-generationy; Zugriff vom 16.04.2020

Ein kurzer Blick auf die Persönlichkeit

Lena hat aufgrund ihres hohen Grades an Extraversion keine Schwierigkeiten, auf andere Menschen zuzugehen. Sie ist von ihrer Persönlichkeitsstruktur her eher darauf bedacht, dass sich das jeweilige Gegenüber auf sie einstellt. Sollte dieses nicht geschehen, so reagiert sie ungehalten, denn ihre Verträglichkeit ist gering und folglich greift sie das Gegenüber dann verbal an. Dennoch möchte sie durch ihr Verhalten keinen Konflikt mit anderen Personen provozieren, da dieses Vorgehen zur Schädigung ihrer Reputation (Neurotizismus – hoch) beitragen würde. Dadurch befindet sie sich in einem Dilemma zwischen einer offensiven Vorgehensweise, die von ihr aufgegeben wird, sobald ihr negative Gefühle entgegengesetzt werden. Herrn Schwarz ist dies vordergründig egal: Er zeigt gegenüber der Situation keine emotionale Labilität.

Herr Schwarz hingegen möchte Lenas Unterstützung nicht und wünscht sich möglichst wenige Veränderungen (Offenheit – gering). Dennoch besteht er auf ein perfektes Äußeres, besonders dann, wenn er darum weiß, dass seine Tochter in der Nähe ist (Gewissenhaftigkeit - hoch).

Im nachfolgenden Absatz wird nun die Frage danach gestellt, wie es der YPSILONERIN Lena – insbesondere vor dem Hintergrund ihrer generations- bzw. persönlichkeitsbedingten Prägung – künftig besser gelingen kann, sich kundenorientierter auf die Bedürfnisse des TRADITIONALISTEN/VETERANEN Emil Schwarz im Rahmen der Versorgung einzustellen. Aus Gründen der Redundanz wird an dieser Stelle darauf verzichtet, nochmals die Perspektive des Bewohners (Emil Schwarz) einzunehmen. Dieser wurde bereits detailliert auf der Seite 72ff. im Hinblick auf den Aufnahmeprozess dargestellt. Denn: Letztlich ist Emil Schwarz mit Blick auf alle Prozesse der Kunde, der Dienstleistungspakete bei einem Dienstleistungsanbieter eingekauft hat. Er hat folglich ein Anrecht darauf, dass seinen Bedürfnissen nach Möglichkeit entsprochen wird. Somit muss er sich nicht „verändern", sondern er kann so bleiben, wie er ist. Vielmehr muss er „dort abgeholt werden, wo er steht."

Was muss die YPSILONERIN *Lena von dem* VETERANEN *bzw.* TRADITIONALISTEN *Emil Schwarz in Bezug auf seine Versorgungssituation lernen?* *Welche neue Perspektive sollte sie hierbei einnehmen?*

Die YPSILONERIN Lena ist es aufgrund ihrer Sozialisation gewohnt, für alles, was sie tut, d. h. für jede Kleinigkeit im Rahmen ihrer Arbeitsleistung, Lob und Zuspruch zu erhalten. Sie ist vor allem dann verständlicherweise verwirrt, wenn dieses positive Feedback ihres jeweiligen Gegenübers (hier: das des Bewohners Emil Schwarz) ausbleibt.[17] Lena hat es nicht gelernt, die Perspektive ihres Kunden einzunehmen: Sie erwartet von dem TRADITIONALISTEN/VETERANEN Emil Schwarz, dass er ihr mit Zuspruch, Dankbarkeit und Anerkennung begegnet, wenn sie für ihn Aufgaben erledigt. Diese Haltung hat sie von Haus aus verinnerlicht bzw. ist sie – von klein auf an – gewöhnt.[18] Sie muss er-

---

17 vgl. Mangelsdorf 2015:133
18 vgl.ebd.: 133

kennen, dass sie bei der Generation der VETERANEN/TRADITIONALISTEN nicht zwangsläufig damit rechnen kann, dass diese ihr Verhalten automatisch toleriert oder es zumindest zwangsläufig gutheißt.

Wie kann die YPSILONERIN Lena ihre Haltung zumindest dahingehend soweit verändern, dass sie sich diesem Ziel in Ansätzen nähert?

Sie sollte sich in jedem Fall mit den Charakteristika vertraut machen, die auf der Seite 13 abgebildet sind und die die Generation der VETERANEN bzw. TRADITIONALISTEN weitgehend auszeichnen.

Das heißt dann in Bezug auf die Umsetzung Folgendes für Lena:

- Als Angehörige der GENERATION Y geht Lena automatisch davon aus, dass jede Form von Kommunikation „auf Augenhöhe" verlaufen sollte.[19] Hierzu gehört es dann oftmals auch, dass man sich duzt und nicht viel Wert auf Förmlichkeit legt. Durch diesen legeren Umgang fühlt sich eine YPSILONERIN, wie Lena, in ihrer Arbeitsumgebung wohl.[20] Zwar duzt Lena Herrn Schwarz nicht im Rahmen der beschriebenen Versorgungssituation. Aber gerade diese Form von Übergriffigkeit, die schnell zur „Selbstverständlichkeit" mutiert (unabhängig davon, ob dieses Vorgehen in der Dokumentation hinterlegt ist oder nicht), beobachten die Autoren seit mehreren Jahren in vielen Pflegeeinrichtungen und dies insbesondere bei der GENERATION Y.

- Zwar siezt Lena Herrn Schwarz: Dennoch agiert sie recht distanzlos, indem sie mit ihm sowohl gegenüber ihrem Pflegedienstleiter als auch gegenüber seiner Tochter einen „Kontrakt" schließt. Diese „Unprofessionalität" zeugt davon, dass sie ihre Freiräume nicht nur selbstherrlich und maßgeblich überschreitet, sondern dass sie auch ihre Entscheidungsgewalt „falsch" definiert.

- Lena muss sich förmlichere und respektvollere Sitten angewöhnen bzw. diese stückweit erst einmal kennenlernen[21] und im Anschluss daran verinnerlichen. Erst, wenn ihr dies gelingt, dann kann der „Faktor Kundenorientierung" mit Blick auf die Generation der VETERANEN/TRADITIONALISTEN zur wesentlichen Verbesserung der auf den Kundenwunsch ausgerichteten Dienstleistungsqualität beitragen.

- Als YPSILONERIN fällt es Lena schwer, „klassische Hierarchien" zu respektieren. Diese sind aber gerade mit Blick auf die Versorgung der Generation der VETERANEN/TRADITIONALISTEN als zentral zu erachten: Lena muss es folglich lernen, sich stückweit unterzuordnen. Sie muss akzeptieren, dass die Bedürfnisse von Emil Schwarz nicht als Widerstand gegen ihre Arbeitsweise zu interpretieren sind, sondern als Potenzial, das auf den Erhalt der Selbstbestimmung auf Seiten des Bewohners abzielt.

- Lena sollte ihre vorhandenen individuellen Begabungen und Neigungen konstruktiv nutzen. Es muss ihr deutlich werden, dass es ihr Privileg als Pflegefachkraft ist, an bestimmten Entwicklungsmaßnahmen mitzuwirken.[22]

---

19 vgl. www.blog; Zugriff vom 21.04.2020
20 vgl. ebd.
21 vgl. www.blog; Zugriff vom 21.04.2020
22 vgl. Mangelsdorf 2015:94

- Dies betrifft zum einen die von ihr als sehr restriktiv empfundenen und zeitlich vorgegebenen Abläufe im Bereich der Versorgung von Emil Schwarz, die sie durch ihr „trotziges" Verhalten schlichtweg infrage stellt, torpediert und zu umgehen versucht. Hier sollte sie es sich lieber zur Aufgabe machen, praktikable Problemlösungen (unter Umständen auch in Zusammenarbeit mit dem gesamten Team und dem Pflegedienstleiter) zu finden, die in erster Linie dem Wohl des Kunden dienen.

- Zum anderen muss Lena begreifen, dass sie den Bewohner Emil Schwarz nicht für ihre Zwecke instrumentalisieren darf. Dadurch, dass sie sich nicht an Vorgaben hält und den Veteranen/Traditionalisten zum „Mitwisser" dessen macht, gerät sie in ein sehr unprofessionelles Abhängigkeitsverhältnis von dem Kunden. Im Zweifelsfall führt dies dazu, dass sie sich selbst der von ihr ursprünglich favorisierten Mitbestimmung beraubt und erpressbar wird. Denn: Nun ist es der Bewohner Emil Schwarz, der ihr Bedürfnis danach, die Welt nach ihren Gesetzen zu verändern, jederzeit einschränken kann, indem er die „Wahrheit" über Lenas Versorgungsstrategie gegenüber seiner Tochter oder gar gegenüber dem Pflegedienstleiter preisgibt.

Entlang des voranstehenden Absatzes wurde eine zentrale Problematik am Beispiel des Versorgungsprozesses des Veteranen/Traditionalisten Emil Schwarz und der Ypsilonerin Lena aufgegriffen: Die Diskrepanz zwischen einer schriftlich festgelegten Maßnahmenplanung im Sinne der vom MDK geforderten Grundlagen, dem Recht auf Selbstbestimmung auf Seiten des Bewohners und dem Bedürfnis der Ypsilonerin Lena nach maximaler Selbstentfaltung in Bezug auf ihr individuell zu interpretierendes Versorgungsverständnis. Gerade mit Blick auf das Selbstbestimmungsstärkungsgesetz – am Beispiel des Bundeslandes Schleswig-Holstein[23] – steht das Recht auf Selbstbestimmung, z. B. im Rahmen des Versorgungsprozess, bei jedem Bewohner stets im Mittelpunkt des Vorgehens. Das Wissen darum und die damit verbundene Umsetzung im Pflegealltag sollte bei jedem Mitarbeiter einer Einrichtung der stationären Altenhilfe vorhanden sein und in der Praxis gelebt werden. Vor diesem Hintergrund gilt es vor allem den Blick auf die Generation Y zu richten, die dazu neigt, normierende gesellschaftliche Vorgaben von Haus in Frage zu stellen. Ein diesbezügliches „Training-on-the-Job" sollte deshalb von jeder stationären Pflegeeinrichtung ins Auge gefasst, regelmäßig durchgeführt und überprüft werden.

Die im nachfolgend dargestellten Infokasten abgebildeten Gedanken von Kitwood und seiner malignen Sozialpsychologie sollen noch einmal einen weiteren Hinweis darauf geben, dass Bewohner einer Einrichtung nicht wie entmündigte Bürger behandelt werden sollen.

23 vgl. SbStG vom 17. Juli 2009

Kitwood und seine „maligne" Sozialpsychologie

In dem Buch „Demenz" von Tom Kitwood (2016:91) ist eine Auflistung verschiedener entwertender Verhaltensweisen gegenüber Menschen mit Demenz beschrieben. Darunter werden unter anderem die Punkte, wie

die Etikettierung (der Bewohner ist krank und deshalb kann er nichts mehr),

die Stigmatisierung (der Bewohner ist für die Gesellschaft nicht mehr akzeptabel),

die Entwertung (die Gefühle des Bewohners sind falsch),

die Verbannung (der Bewohner muss sich dort aufhalten, wohin ihn die Pflegekräfte schicken),

die Ignoranz gegenüber dem Menschen (Wünsche und Bedürfnisse werden ignoriert) oder

der Zwang (der Bewohner darf nichts mehr selbst tun) benannt.

Herr Schwarz als „Modellbewohner" weist zwar keine Demenz auf. Dennoch lassen sich auch im Umgang mit Menschen ohne kognitive Einschränkungen ähnliche Verhaltensweisen durch Pflegekräfte erkennen. Vor diesem Hintergrund empfehlen die Autoren Folgendes: In den Einrichtungen der Altenhilfe sollte stärker auf eine kontinuierliche Auseinandersetzung der Mitarbeiter mit dem Thema „Haltung gegenüber den Bewohnern" geachtet werden.

Die Betreuung – Das Angebot zum Mensch sein

Wenn Sie diesen Abschnitt gelesen haben, dann …

wird es für Sie deutlich werden, dass biografisch ausgerichtete und orientierte Einzel- und Gruppenbetreuungs- bzw. Beschäftigungsangebote[1] für Bewohner in stationären Einrichtungen der Altenhilfe zwar angeboten werden müssen und in der Praxis auch umgesetzt werden. Dennoch korrespondieren sie oftmals nicht mit den Präferenzen eines jeden Bewohners. Hier dominiert auf Seiten des Bewohners vielfach der Wunsch danach, einfach „nur in Ruhe gelassen zu werden" oder aber endlich einmal Angebote zur Verfügung gestellt zu bekommen, die auf die tatsächlich noch vorhandenen kognitiven Ressourcen und individuellen Vorlieben abzielen.

Einen Anspruch auf zusätzliche Betreuung und Aktivierung in einer Einrichtung der stationären Altenhilfe haben grundsätzlich alle Bewohner, bei denen einer der Pflegegrade Eins bis Fünf sowie das Vorliegen einer eingeschränkten Alltagskompetenz bestätigt wurde. Somit haben also auch Pflegebedürftige mit dem Pflegegrad Eins und einer nachweislich vorhandenen eingeschränkten Alltagskompetenz einen Anspruch auf den Zuschlag nach § 43b SGB XI. Dies ist auch dann der Fall, wenn bei Bewohnern lediglich eine geringe Beeinträchtigung der Selbstständigkeit und eine minimale Beeinträchtigung der kognitiven Fähigkeiten vorliegt.[2]

Die Aufgabe von Alltagsbegleitern, Betreuungsassistenten bzw. Präsenzkräften besteht darin, die Freizeit der Bewohner angenehm zu gestalten. Egal, ob es hierbei um Einzelangebote (z. B. Vorlesen) oder Gruppenangebote (z. B. Singkreis) geht: Die Alltagsbegleiter in der stationären Altenpflege haben ein vielfältiges Aufgabenspektrum. Sie müssen mit Blick auf ihre Angebote sehr kreativ sein, mit den ihnen anvertrauten Bewohnern gut zurechtkommen [3] und vor allem darauf achten, dass ihre jeweiligen Angebote so ausgerichtet sind, dass sie den individuellen Bedürfnissen des einzelnen Bewohners entsprechen.

Oftmals werden Betreuungsangebote für Bewohner aber auch Auszubildenden in Pflegeeinrichtungen überlassen. Hierbei besteht die Gefahr darin, dass diese noch nicht über den entsprechenden Erfahrungshorizont im Hinblick auf die jeweils gewünschte und situativ zu variierende Angebotsstruktur verfügen. Letztendlich bieten sich hierbei die Dokumentation, das Berichteblatt und mögliche Hinweise in der strukturierten Informationssammlung sowie eventuell noch zusätzlich erhobene biografische Informationen als Leitfaden an. Nichtsdestotrotz sind diese Daten nicht immer verlässlich, da die

Befindlichkeit eines Bewohners immer von seiner jeweiligen Tagesform abhängig ist. Dies zu erkennen und zu respektieren, setzt nicht nur Empathie auf Seiten desjenigen voraus, der dem Bewohner ein Einzel- oder Gruppenangebot unterbreitet.

Vielmehr muss er auch über ein hohes Maß an Frustrationstoleranz verfügen, wenn er erkennt, dass sein jeweiliges Angebot absolut nicht auf „Gegenliebe" bei einem Bewohner stößt. Um dies zu verkraften und es nicht als persönlichen Affront zu bewerten, muss es sich um eine stabile Persönlichkeit handeln, die es gelernt hat, konstruktiv mit Zurückweisungen umzugehen.

Entlang eines Auszugs aus dem nachfolgend dargestellten exemplarischen Beispiel eines Einzelbetreuungsangebots zwischen den beteiligten Protagonisten (Auszubildende Alina und Emil Schwarz) soll dieser Sachverhalt nun verdeutlicht werden:

Ein Auszug von einem Einzelbetreuungsangebot, das die Zlerin **Alina mit dem** Veteranen/Traditionalisten **Emil Schwarz durchführt:**

Alina: „Hallo Herr Schwarz. Ich bin es, die Auszubildende Alina. Ich war ja schon einmal in der letzten Woche bei Ihnen. Ich setze mich dann einmal zu Ihnen. Heute soll ich Ihnen etwas vorlesen. Ich habe in der Dokumentation gelesen, dass Sie gerne etwas vorgelesen bekommen. Das will ich dann heute auch einmal für eine halbe Stunde mit Ihnen machen!"

Emil Schwarz: „Na ja, das kommt ganz darauf an, was Sie mir vorlesen wollen und wie Sie es mir vorlesen. Vor zwei Tagen hat mir Ihre Kollegin etwas vorgelesen. Da bin ich dabei eingeschlafen, weil ihre Stimme so einschläfernd war."

Alina: „Ach, Herr Schwarz, das ist bei mir nicht so. Ich habe heute einmal mein Tablet mitgebracht und ein paar Auszüge aus den „Grünen Blättern" heruntergeladen. Da erfahren Sie dann so Einiges über die Königshäuser und die Prominenten. Dann sind Sie gut informiert. Dafür interessieren sich auch viele andere Bewohner in unserer Einrichtung."

Emil Schwarz: „Ich bin mir da nicht so sicher, ob mich das interessiert. Aber, wenn Sie meinen. Dann fangen Sie mal an damit, damit wir es hinter uns haben."

Alina: „Aber, Herr Schwarz, Sie sollten sich doch freuen, dass sich jemand um Sie kümmert. Ich habe mir viel Mühe gegeben, etwas Passendes für Sie herauszusuchen. Ich bin mir sicher, dass wir beide ein bisschen Spaß damit haben. Seien Sie doch einmal offen für Neues." (Alina liest Herrn Schwarz nun circa fünf Minuten lang einen Bericht über das spanische Königshaus vor).

Emil Schwarz: „Ach Alina, wissen Sie was. Das interessiert mich überhaupt nicht, was Sie mir dort vorlesen. Das ist alles Klatsch und Tratsch, der mich nichts angeht. Ich glaube, dass es besser ist, wenn Sie mich einfach in Ruhe lassen und zu jemand anderem gehen, der sich dafür interessiert."

Alina: „Wenn Sie meinen, Herr Schwarz. Ich habe mir so viel Mühe gemacht, etwas Interessantes für Sie zu finden. Aber gut, dann lass ich Sie in Frieden und gehe dann mal zu anderen Bewohnern, die vielleicht offener für mein Angebot sind!"

(Alina verlässt daraufhin leicht genervt das Zimmer von Herrn Schwarz. Sie stellt sich selbst aber nicht die Frage danach, was sie vielleicht „falsch" gemacht haben könnte.

Anhand des vorangegangenen Beispiels lässt sich erkennen, dass beide Protagonisten (der Bewohner Emil Schwarz und die Auszubildende Alina) aus völlig unterschiedlichen Blickwinkeln auf die Unterbreitung eines Einzelbetreuungsangebots schauen: Alina möchte Herrn Schwarz gerne eine Freude bereiten und erwartet von ihm, dass er dies ebenso sieht. Herr Schwarz hingegen fühlt sich von Alina und ihrem Angebot „belästigt". Diese diametral entgegengesetzte Ausgangsbasis führt in diesem Fall nachgerade zu kommunikativen Missverständnissen und einer Unzufriedenheit auf beiden Seiten.

In der nachfolgenden Tabelle werden die unterschiedlichen und eindeutigen Erwartungen der Protagonisten dargestellt. Hierbei wird besonders auf die Erwartungsgegensätze von Herrn Schwarz und Alina geachtet, die sich in einem „Gehe weg – Helfe mit"-Dilemma befinden.

... erwartet von ...	Welche Erwartungen können – auch unausgesprochen – in der Betreuung formuliert werden?				
	Emil	Isolde	Timo	Lena	Alina
Emil		Keine Erwartungen	Strukturieren Sie den Tag nach meinen Wünschen	Mache deinen Job, so dass ich ordentlich aussehe	Ich bin froh, wenn du wieder weg bist
Isolde	Schön, dass man sich um dich kümmert		Mein Vater soll sich rundum wohlfühlen	Es darf über den Tag hinweg keinen „Leerlauf" geben	Bieten Sie meinem Vater interessante Angebote an
Timo	Nehmen Sie unsere Angebote an	Wir sehen die Bedürfnisse Ihres Vaters		Strukturiere den Tag nach den Bedürfnissen des Bewohners	Sei empathisch und motivierend
Lena	Gut, dass Sie beschäftigt sind	Wir können nur Angebote unterbreiten – keine Wunder	Stelle uns die Ressourcen zur Verfügung, die wir benötigen		Beschäftige den Bewohner so, dass wir keine Beschwerden erhalten
Alina	Freuen Sie sich über unsere Hilfe	Seien Sie froh, dass wir uns um Ihren Vater kümmern	Beschäftigung ist eigentlich nicht meine Aufgabe	Gebe mir die Zeit, dass ich mich um den Bewohner kümmern kann	

Dont's und Dos der ZLERIN *Alina*

Alinas Dont's: Alina geht auf der Grundlage der Dokumentation absolut selbstverständlich davon aus, dass Emil Schwarz es gerne mag, wenn er etwas vorgelesen bekommt.

Sie hat sich im Vorfeld keine Gewissheit darüber verschafft, ob diese Information überhaupt noch aktuell bzw. handlungsleitend ist.

Alina versäumt es ferner auch, Herrn Schwarz aktiv danach zu fragen, ob er tatsächlich etwas von ihr vorgelesen bekommen möchte oder nicht.

Sie erkundigt sich auch nicht danach, welche Inhalte Herrn Schwarz denn überhaupt interessieren könnten (Ermittlung und Evaluation seiner Vorlieben und Abneigungen).

Alina präsentiert ihr Einzelbetreuungsangebot zudem sehr unprofessionell und ungeschickt, indem sie aktiv darauf verweist, dass sie zu Herrn Schwarz „geschickt" wurde („ich soll Ihnen etwas vorlesen!") und nicht aus eigenem Antrieb heraus gehandelt hat.

Gründe dafür: Die ZLERIN Alina handelt gemäß ihrer altersbedingten Sozialisationserfahrungen ausgesprochen pragmatisch[4]: Sie hat einen Arbeitsauftrag (Vorlesen bei Emil Schwarz) erhalten, den sie gemäß der an sie gestellten Erwartungen ganz einfach zu erfüllen hat.

Alina erachtet das von ihr ausgewählte Angebot als sinnstiftende Tätigkeit: Sie geht sehr selbstverständlich davon aus, dass es auch das Bedürfnis von anderen Menschen ist, sich schnell neues Wissen anzueignen und dieses dann umsetzen zu können.[5]

Lena ist leistungsbereit und hat dabei nicht nur klar definierte Wünsche in Bezug auf einen schnellen Wissenserwerb: Sie ist auch mit einem gesunden Selbstvertrauen ausgestattet und geht folglich davon aus, dass ihre Erwartungen in jedem Fall von ihrem Gegenüber erfüllt werden.[6]

ZLER wollen nicht nur den Leistungserwartungen ihrer Eltern entsprechen und selbst etwas erreichen, sondern sie brauchen auch Anleitung und Unterstützung[7]: Dieses Verhalten übertragen sie nachgerade im beruflichen Alltag auf ihr jeweiliges Gegenüber. Bleibt eine diesbezügliche Reaktion des jeweiligen Gegenübers aus, haben sie häufig das Gefühl, nicht ernst genommen zu werden.[8]

Alinas Dos: Alina sollte künftig kritischer mit den Hinweisen (Vorlieben und Abneigungen) umgehen, die im Rahmen der Dokumentation hinterlegt sind: Diese können ein „Leitfaden" sein. Sie müssen es aber nicht, da viele Informationen nicht immer zeitnah aktualisiert werden. Hierbei ist es empfehlenswert, dass sie im Vorfeld der Durchführung einer Einzelbetreuung zunächst einmal Rücksprache mit der Bezugspflegekraft (Lena) von Herrn Schwarz bzw. mit den Betreuungskräften hält.

Ferner muss Alina künftig auf generationsbedingte Themen beim Vorlesen zurückgreifen: Diese sollten immer im engen Zusammenhang mit der Biografie, dem Bildungshorizont und den individuellen Interessen an Themen stehen, die auf Herrn Schwarz persönlich zugeschnitten sind.

Alina sollte für sich eine Struktur entwickeln, die ihr eine Orientierung zwischen Theorie und Praxis liefert: Jegliche Informationen aus dem Internet müssen von ihr kritisch hinter-

---

4 vgl.www.triple.ch/wp-contakt/uploads/2016/06/Generation-Z-Metastudie.pdf; Zugriff vom 23.04.2020
5 vgl. ebd.
6 vgl. ebd.
7 vgl. Mangelsdorf 2015:144
8 vgl. ebd.144

fragt werden bzw. so aufbereitet werden, dass sie davon ausgehen kann, dass sich ihr jeweiliges Gegenüber tatsächlich auch dafür begeistert bzw. eine Diskussion mit ihr darüber führen kann.

Alina darf künftig nicht mehr so naiv und offenherzig auftreten: Wenn sie ein Angebot offeriert, dann muss der Bewohner das Gefühl haben, dass dieses von der Mitarbeiterin speziell für ihn geplant wurde.

Alinas Dont's: Alina setzt bei Herrn Schwarz eine generelle Offenheit für „Neues" voraus, die ihr selbst innewohnt: Sie möchte mit ihm „Spaß" haben, wobei sie nicht davon ausgehen kann, dass dies selbstredend auch das Anliegen von Herrn Schwarz ist. Denn: Seine Präferenzen sind nicht deckungsgleich mit ihren.

Gründe dafür: Die ZLERIN Alina kann ihre eigenen Stärken und Schwächen noch nicht realistisch einordnen: Es mangelt ihr noch an einem beruflichen Kompetenzerwerb, der seinen Ausdruck in einem realistischen Maß zwischen Eigeninitiative („Neues ausprobieren und mit dem jeweiligen Gegenüber Spaß haben") und der Übernahme von Verantwortung findet[9]: „Was passiert, wenn mein Angebot nicht gleich auf Gegenliebe bei meinem Gegenüber trifft?" und: „Wie habe ich dann angemessen darauf zu reagieren?"

Als ZLERIN möchte Alina gerne ein positives Feedback erhalten: Sie ist aber nicht so sehr darauf angewiesen wie andere Generationen.[10]

Als ZLERIN ist Alina durchaus effizienzgetrieben: Sie ist mit dem Wissen groß geworden, dass sie über individuelle Ressourcen verfügt, die wertvoll, aber auch begrenzt sind. Gerade deshalb ist sie darum bemüht, selbst Einfluss auf mögliche Gestaltungsangebote zu nehmen, um darüber ihren persönlichen Beitrag zu liefern.[11]

Die ausgeprägte Leistungs- und Erfolgsorientierung bei der ZLERIN Alina ist einerseits dafür mitverantwortlich, dass sie eigenständig und unabhängig zu handeln versucht.[12] Andererseits fühlt sie sich aber auch sehr schnell auf sich selbst zurückgeworfen und regiert mit Verunsicherung, wenn ihre Angebote auf Gegenwehr stoßen.[13] Hierin spiegelt sich auch stückweit ihr Wunsch nach Halt und Orientierung wider.[14]

Alinas Dos: Alina benötigt eine klare Zielorientierung und konkrete Handlungsweisen, die ihr von ihren Kollegen vorgelebt werden müssen,[15] da sie es als ZLERIN von Haus aus gewöhnt ist, Unterstützung zu erfahren.

Alina sollte ihr hochgestecktes Ziel, Motivation bei Herrn Schwarz durch ihr Betreuungsangebot zu erzeugen, nicht generell infrage stellen: Sie benötigt aber jemanden, der sie dahingehend berät, wie sie dieses Ziel besser erreicht und der ihr den Weg ebnet, um einen Zugang zu Herrn Schwarz zu finden.

Alina muss an ihrer Problemlösungskompetenz arbeiten[16]: Sie wünscht sich, dass ihre Leistung anerkannt und dass Herr Schwarz für ihre Vorschläge offen ist[17]: Ihre Idealvorstellungen, die ihren Ausdruck unter anderem in der uneingeschränkten Aufgeschlossenheit

9 vgl. Mangelsdorf 2015:120f.
10 vgl. ebd.:104
11 vgl. ebd.:96
12 vgl. www.triple.ch/wp-contakt/uploads/2016/06/Generation-Z-Metastudie.pdf; Zugriff vom 05.05.2020
13 vgl. ebd.
14 vgl. ebd.
15 vgl. Mangelsdorf 2015:96
16 vgl. Mangelsdorf 2015:84
17 vgl. ebd.:82

gegenüber ihren Ideen finden sollen, müssen auf den Prüfstand gestellt werden. Sie muss es lernen, ihre Anspruchshaltung zu verändern und Mittel und Wege zu finden, die es ihr ermöglichen, sich Hintergrundwissen über Bewohner anzueignen. Nur so wird es ihr gelingen, dem jeweiligen Gegenüber mit Respekt und Demut zu begegnen.

Alinas Dont's: Alina hat sich zwar sehr viel Mühe gemacht, etwas Interessantes für Herrn Schwarz zu finden: Sie reagiert allerdings sehr abweisend und beleidigt darauf, als sie erkennen muss, dass ihr Gegenüber offensichtlich eine ganz andere Auffassung vertritt.

Zudem „bestraft" Alina Herrn Schwarz indirekt für seine vermeintliche „Undankbarkeit", indem sie ihn darauf hinweist, dass andere Bewohner vielleicht dankbarer auf ihr Angebot reagieren.

Alina dokumentiert das von Herrn Schwarz abgelehnte Angebot auf wenig professionelle Art und Weise: Indem sie das Wort „verweigert" in der Dokumentation benutzt, zeigt sie, dass ihre Frustrationstoleranz sehr gering ist.

Alina bemerkt zwar, dass ihr Angebot nicht den von ihr gewünschten Anklang bei Herrn Schwarz gefunden hat: Sie betreibt aber keine Selbstreflexion. Vielmehr bewertet sie seine abwertende Haltung ihr gegenüber als persönlichen Affront gegen ihre Person. Folglich gelingt es ihr nicht, die Person (Herr Schwarz) und die Sache (ihr Angebot) voneinander zu trennen.

Gründe dafür: Als Zlerin ist Alina darum bemüht, althergebrachte Traditionen aufzubrechen (z. B. Vorlesen aus Büchern, Zeitschriften) und ihren Drang nach Individualität (z. B. vermehrter Einsatz von neuen Medien) auszuleben.[18] Dabei steht ihr Wunsch nach Leistungsmaximierung stets im Vordergrund ihres Handelns. Folglich kann sie es nur schwer ertragen, für ihre Leistung nicht entsprechend belohnt zu werden.[19]

Zler, wie Alina, leiden unter Versagensängsten: Sie werden schnell wütend und zornig und reagieren gestresst, wenn ihr Einsatz nicht gebührend belohnt wird. Das hängt mit dem Umstand zusammen, dass Zler es häufig von Haus aus nicht gelernt haben, Probleme eigenständig zu lösen. Zlern fehlt es oftmals an realen Freiräumen auf dem Weg zu einer tatsächlichen Selbstbestimmung, da sie es frühzeitig verinnerlicht haben, dass sie die hohen Erwartungen ihrer Eltern in keinem Fall enttäuschen dürfen.[20] Dieser automatische Übertragungseffekt ist folglich dafür verantwortlich, dass sie auch im beruflichen Kontext mit einer vergleichbaren Erwartungshaltung auf ihr jeweiliges Gegenüber (hier: Herrn Schwarz) zugehen.

Alinas Dos: Alina sollte darüber nachdenken, wie es ihr gelingt, die traditionelle Verhaltensweisen nicht länger als inadäquat anzusehen[21]: Dies könnte ihr glücken, indem sie sich in die Welt von Veteranen bzw. Traditionalisten, wie Emil Schwarz, hineinversetzt. Hierüber könnte es ihr gelingen, seine biografisch bedingten Vorlieben und Abneigungen zu verstehen. Die persönliche Interaktion sollte hierbei gegenüber der digitalen Kommunikation überwiegen.

Alina muss ihre ausgeprägte Leistungs- und Erfolgsorientierung kritisch hinterfragen und es lernen, mit Zurückweisungen zu leben. Wenn sie es schafft, ihre persönlichen Werte und die ihres jeweiligen Gegenübers miteinander zu vereinbaren, dann kann sie sich intensiver

18 vgl. Mangelsdorf 2015:138
19 vgl. ebd.:130
20 vgl. ebd.:82
21 vgl. www.triple.ch/wp-contakt/uploads/2016/06/Generation-Z-Metastudie.pdf; Zugriff vom 23.04.2020

um die Erreichung von gemeinsam vereinbarten Zielen bemühen.[22] Verwöhnt, wie sie ist, ist eine als selbstverständlich von ihr vorausgesetzte positive Bestätigung die Währung für ihren weiteren Leistungsansporn der Zukunft.[23] Bleibt dieses gewohnte Feedback für sie aus, so darf sie nicht mit unangemessenen Sanktionen darauf reagieren bzw. sich kindlich-trotzig verhalten. Vielmehr sollte sie diesen Erfahrungswert im Umgang mit Emil Schwarz nutzen, um künftig erwachseneres Verhalten zu zeigen. Wenn sie dieses Ziel erreicht, dann kann sie unterschiedliche Generationen langfristig betrachtet viel besser motivieren.

Alina ist es als Z-LERIN gewohnt, sich selbst aus- und weiterzubilden.[24] Sie ist ungeduldig und will Informationen und Problemlösungen sofort nutzen[25]: Sie sollte sich jedoch erst einmal Gewissheit darüber verschaffen, welche Begriffe im Rahmen der Dokumentation handlungsleitend und welche als wertend anzusehen sind, bevor sie einfach ihre eigene Meinung niederschreibt. Hier könnte sie sich Anleitung bei erfahreneren Kollegen holen, bevor durch Dokumentationsfehler Spannungen und Missverständnisse entstehen, die im Vorfeld hätten vermieden werden können.

Alina ist es von Haus aus gewöhnt, permanent umsorgt, behütet und beschützt zu werden[26]: Folglich reagiert sie sehr empfindlich darauf, wenn sie, wie hier von Emil Schwarz, kritisiert wird. Sie sollte erkennen, dass jeder Konflikt dazu beiträgt, zu wachsen und ihren vermeintlichen Anspruch auf zwangsläufige Akzeptanz zu revidieren. Hierin liegt ihre große Chance, um sich sowohl persönlich als auch vor allem im beruflichen Kontext weiterzuentwickeln.

Ein kurzer Blick auf die Persönlichkeit

Auch in diesem Fall zeigt Herr Schwarz seine geringe Ausprägung im Bereich des Neurotizismus. Ihn scheint es nicht zu stören, wenn er Alina mit seiner Abneigung zum Angebot konfrontiert. Dass Alina ein Einzelangebot vorschlägt, ist auf der anderen Seite ein Signal dafür, dass die Mitarbeitenden des Wohnbereiches erkannt haben, dass Herr Schwarz kein großes Interesse an Gruppensettings (geringe Ausprägung im Bereich der Extraversion) hat. Dass es mit Herrn Schwarz zu keinem größeren Streit kommt, liegt lediglich daran, dass er in Bezug auf das Merkmal der „Verträglichkeit" über eine höhere Ausprägung verfügt. Im Gegensatz dazu Alina: Ihre Persönlichkeit ist stärker auf eine „Offenheit gegenüber Neuem" ausgerichtet. Somit passt es, dass sie sich für Herrn Schwarz „experimentell" eine neue Methode überlegt. Denn so von dem Bewohner abgewiesen zu werden, lässt sie gereizt und verletzt (niedriger Neurotizismus) reagieren.

Im nachfolgenden Absatz stellt sich nun wieder die Frage danach, wie es der Z-LERIN Alina in Anbetracht ihrer generations- bzw. persönlichkeitsbedingten Prägung künftig angemessener glücken kann, sich entlang der individuellen Bedürfnisse des TRADITIONALISTEN/VETERANEN Emil Schwarz zu orientieren, wenn es darum geht, ihm mögliche Betreuungsangebote anzubieten.

22 vgl. Mangelsdorf 2015:70
23 vgl. ebd.:50
24 vgl. www.triple.ch/wp-contakt/uploads/2016/06/Generation-Z-Metastudie.pdf; Zugriff vom 07.05.2020
25 vgl. ebd.
26 vgl. Mangelsdorf 2015:20

Auch an dieser Stelle wird wiederum aus Gründen der Redundanz davon abgesehen, abermals die Perspektive des Bewohners (Emil Schwarz) zu spiegeln, da dieses Vorgehen schon auf Seite 67ff. unter Bezugnahme auf den Aufnahmeprozess erfolgt ist und Emil Schwarz sein Verhalten in der Rolle als Kunde, wie bereits thematisiert, nicht maßgeblich verändern muss.

Was sollte die ZLERIN *Alina unter Bezugnahme auf die Unterbreitung von künftigen Betreuungsangeboten für den* VETERANEN *bzw.* TRADITIONALISTEN *Emil Schwarz beachten? Worauf sollte sie ihren Blick unbedingt richten?*

Die ZLERIN Alina hat noch nie in ihrem Leben vorher gearbeitet: Sie hat gerade ihre allererste Arbeitsstelle angetreten.[27] Bisher stand sie unter der Obhut ihrer Helikopter-Eltern und hat durch ihren Schulalltag einen relativ geregelten und durchstrukturierten Tagesablauf verinnerlicht, der von klaren Regeln, Aufgaben, Vorschriften und etablierten Bewertungssystemen geprägt war.[28] Das Bewertungssystem ihres neuen Gegenübers (das des TRADITIONALISTEN bzw. VETERANEN, Emil Schwarz) ist ihr folglich noch fremd. Alina ist es als ZLERIN nicht gewohnt, dass sie sich erst einmal eine gewisse Position bzw. Stellung in ihrer neuen Rolle und in der Einrichtung erarbeiten muss.[29] Dies setzt vor allem voraus, dass sie erkennen muss, dass die Bedürfnisse des Kunden immer im Vordergrund ihres Betreuungsangebots stehen sollten und nicht ihre eigenen. Alina hat eine gewisse Erwartungshaltung gegenüber Emil Schwarz, die ihr bereits von Haus aus anerzogen wurde: Sie möchte es weit bringen, um vor allem den Zukunftsvorstellungen ihrer ehrgeizigen Eltern gerecht zu werden.[30] Sie geht somit selbstverständlich davon aus, dass sie auch bei der Generation der VETERANEN/TRADITIONALISTEN stets eine positive Rückmeldung und Bestätigung erfährt. Alina benötigt jedoch klare Vorgaben von der Leitungsebene, um ein angemessenes Verhalten gegenüber der Generation der VETERANEN/TRADITIONALISTEN zu entwickeln. Hierin liegt u .a. der Leistungsansporn für ihre berufliche Zukunft.[31]

Doch was muss die ZLERIN Alina künftig noch unternehmen, damit sie diese Zielsetzung annähernd erreicht?

Alina muss sich vor allem vertiefend mit den Charakteristika auseinandersetzen, die auf Seite 13 dargestellt sind und die handlungsleitend für die Generation der VETERANEN bzw. TRADITIONALISTEN sind.

Dies wiederum heißt dann mit Blick auf die Umsetzung Folgendes für Alina:

■ Alina muss unbedingt genaue Anweisungen erhalten und sich davon Kenntnis verschaffen, welche Instruktionen die Einrichtung generationsbedingt für den Umgang mit Kunden voraussetzt.[32] Dies betrifft vor allem Regeln, die auf die Unterbreitung von Betreuungsangeboten abzielen. Hierzu bedarf es von Seiten der

---

27 vgl. Mangelsdorf 2015:49
28 vgl. ebd.: 49
29 vgl. ebd.:49
30 vgl. ebd.:50
31 vgl.ebd:50
32 vgl.ebd.:50

ZLERIN Alina eines gewissen Maßes an konstruktiver Eigeninitiative: Sie muss aktiv Anleitung und Unterstützung einfordern, damit sie in Zukunft leistungsfähig und motiviert arbeiten kann.[33] Alina ist es gewohnt, „bespaßt" zu werden: Sie benötigt deshalb klare Richtlinien und eindeutig kommunizierte Erwartungen sowie eine Anleitung durch kompetente Profis.[34] Ansonsten läuft sie ob ihrer Naivität und Unerfahrenheit dauerhaft Gefahr, dass es immer wieder zu Missverständnissen und Spannungen zwischen ihr und der Generation der TRADITIONALISTEN/VETERANEN kommt.

- Die ZLERIN Alina sucht innerlich nach Halt und Orientierung. Nach außen hin tritt sie allerdings sehr eigenständig und unabhängig auf.[35] Gerade hierin besteht die Diskrepanz: Alina ist zwar durchaus lernwillig. Sie weiß aber nicht darum, wie sie einen respektvollen und freundlichen Umgang mit der Generation der VETERANEN/TRADITIONALISTEN zum Ausdruck bringen soll und kennt deren Verständnis von Höflichkeit und allgemeinen Umgangsformen nicht.[36] Hier gilt es anzusetzen: Alina benötigt einen Mentor bzw. einen Praxisanleiter in der Einrichtung, der sie „an die Hand nimmt" und der ihr Struktur, Sicherheit und eine sorgfältige Vorbereitung mit Blick auf die weitere Durchführung von Betreuungsangeboten ermöglicht.[37]
- Alina sollte ihrem persönlichen und beruflichen Entwicklungsprozess aufgrund ihrer jugendlichen Lebensphase und ihrer geringen Berufserfahrung mit Partizipationsbereitschaft begegnen. Sie muss es aber auch lernen, kritische Nachfragen zu stellen, damit sie ihre durchaus vorhandenen Fähigkeiten und Fertigkeiten angemessen ausbauen und zur Geltung bringen kann.
- Der ZLERIN Alina fällt es ob ihrer generationsbedingten Prägung nicht grundsätzlich schwer, Hierarchien zu akzeptieren, solange sie dabei das Gefühl hat, trotzdem ernst genommen zu werden: Für sie ist es überaus wichtig, dass sie in klaren Strukturen operieren und von kompetenten Vorgesetzten lernen kann.[38] Alina erhält hierüber die Möglichkeit, sich in verschiedenen Bereichen auszuprobieren, wie z. B. durch das schrittweise Kennenlernen von vielfältigen und zielgruppenspezifischen Betreuungsangeboten für Bewohner. Den Nutzen dieser Angebote kann sie erst im Anschluss an die Umsetzung in die Praxis für sich selbst erschließen und abschließend bewerten.
- Komplett ohne Struktur fehlt es der GENERATION Z, zu der Alina gehört, vielfach an jeglicher Orientierung[39]: Alina wird es nur dann gelingen, ihre Stärken zur Geltung zu bringen, wenn sie gut ausgebildet wird und langfristige Perspektiven in der Einrichtung zur Verfügung gestellt bekommt.[40] Hierin besteht auch der „Drahtseilakt", den es zu überwinden gilt: Sie sollte sich aktiv Unterstützung bei erfahreneren Kollegen suchen und nicht darauf warten, dass Andere auf sie zukommen und sie „an die Hand nehmen". Die Hilfs- und Unterstützungsangebote von Kollegen dürfen al-

33 vgl. ebd.:51
34 vgl. ebd.:51
35 vgl. .www.triple.ch/wp-contakt/uploads/2016/06/Generation-Z-Metastudie.pdf; Zugriff vom 25.05.2020
36 vgl. Mangelsdorf 2015:50
37 vgl. ebd.:51
38 vgl. Mangelsdorf 2015:144
39 ebd.:144
40 vgl. ebd.:161

lerdings auch nicht so weitreichend sein, dass Alina es nicht lernt, selbstständig zu agieren und dabei ihre wahren Potenziale zu entdecken.

- Alina muss an ihrer kritischen Selbstreflexion arbeiten: Sie ist noch sehr jung und unerfahren. Folglich weiß sie nicht immer, was in Bezug auf ihr Vorgehen und ihre Handlungsweisen „falsch" oder „richtig" sein könnte. Die größte Herausforderung besteht für sie darin, dies zu erlernen und an ihrem Erfahrungswissen zu wachsen.

- Ihre Aufmerksamkeitsspanne ist im Vergleich zu anderen Generationen viel kürzer: Sie möchte Informationen und Problemlösungen sofort „serviert" haben. Dennoch ist sie neugierig, lernwillig und hat eine starke eigene Meinung.[41] Das Wissen darum kann ihr dabei helfen, ihre Schlüsselqualifikationen positiv zu nutzen, indem sie sich die nötige Zeit dafür nimmt, neue Prozesse erst einmal zu hinterfragen, bevor sie handelt. Nur so kann sie langfristig daraus für sich selbst einen Nutzen ableiten und Erfolge erzielen.

Im Rahmen des voranstehend abgebildeten Absatzes wurde eine wichtige Thematik in Einrichtungen der stationären Altenhilfe erörtert: Das Betreuungsangebot, das die ZLERIN Alina dem VETERANEN/TRADITIONALISTEN Emil Schwarz unterbreitet und das bei dem zu Betreuenden auf wenig „Gegenliebe" stößt. Gerade unter Bezugnahme auf die Unterbreitung von Betreuungsangeboten für Bewohner kann nicht wie selbstverständlich davon ausgegangen werden, dass die GENERATION Z alters- und sozialisationsspezifische Muster verinnerlicht hat, die sich de facto an den Bedürfnissen der Generation der TRADITIONALISTEN/VETERANEN orientieren. Die GENERATION Z ist es gewohnt, dass elektronische Mittel an die Stelle von persönlicher Kommunikation treten.[42] Hierin besteht einerseits die Gefahr, dass Spannungen zwischen diesen beiden Generationen „vorprogrammiert" sind. Andererseits ergibt sich hierdurch aber auch die große Chance für eine neue Form der Dialogbereitschaft: Gelingt es der GENERATION Z und lässt es die stationäre Pflegeeinrichtung darüber hinaus zu, dass neue Medien und Technologiesysteme nach und nach bei den Vorgängergenerationen gezielt zum Einsatz kommen, dann kann sich daraus ein attraktives innovatives Angebot für Bewohner entwickeln. Denn eines kann die GENERATION Z in jedem Fall: Sie ist vertraut mit dem technologischen Wandel und besitzt die Fähigkeit, sich schnell neues Wissen aus „dem Netz" anzueignen und dieses zeitnah umzusetzen.[43]

In Anbetracht dessen, kann es gerade der GENERATION Z am ehesten gelingen, ältere Menschen mit ihrer PC-Affinität zu begeistern und diesen völlig andere Welten zu eröffnen, die ihnen bis dahin verschlossen geblieben sind. Ein praktisches Beispiel für diesen „Trend", der bereits seit fünf Jahren existiert und der nach und nach immer mehr Einzug in die Einrichtungen der stationären Altenhilfe erhält, ist z. B. der vermehrte Einsatz der sogenannten „Tovertafel" (niederländisch für „Zaubertisch"). Es handelt sich hierbei um einen an der Decke verankerten Lichtprojektor, der Spiele auf einen Tisch

---

41 vgl. www.triple.ch/wp-contakt/uploads/2016/06/Generation-Z-Metastudie.pdf; Zugriff vom 03.06.2020
42 vgl. .www.triple.ch/wp-contakt/uploads/2016/06/Generation-Z-Metastudie.pdf; Zugriff vom 03.06.2020
43 vgl. .www.triple.ch/wp-contakt/uploads/2016/06/Generation-Z-Metastudie.pdf; Zugriff vom 03.06.2020

projiziert, die speziell für Menschen mit Demenz entwickelt wurden. Diese neuartige technologische „Errungenschaft" wäre vor ein paar Jahren sicherlich noch kritisch beäugt worden. Doch trotz der zweifellos hohen Investitionsmarge für eine Tovertafel (circa 8000,-- Euro für die Grundausstattung) findet sie ihren Einsatz bereits bundesweit in stationären Einrichtungen, oftmals noch „gesponsort" durch Spenden von Ortsvereinen und Sparkassen usw.

Entscheidend ist allerdings der Effekt, dass nunmehr neuartige Medien zum Einsatz kommen, die nachweislich bei demenziell erkrankten Menschen zu Erfolgen im Bereich der Betreuung führen. Insbesondere vor diesem Hintergrund kann die GENERATION Z wegweisend dafür sein, dass der Spagat zwischen dem Einsatz von herkömmlichen Technogien und dem vorsichtigen Herantasten an neue Medien zum Erfolgsrezept gedeiht. Denn: „Ausgestattet mit einem gesunden Selbstvertrauen hinsichtlich der eigenen technologischen Fähigkeiten und im Bewusstsein der Bedeutung des schnellen Wissenserwerbs erwartet die GENERATION Z, dass ihre Erwartungen erfüllt werden".[44] D.h. mit anderen Worten, dass jede Einrichtung der stationären Altenhilfe die Kreativität der GENERATION Z in diesem Segment konstruktiv, aber auch gezielt nutzen kann, um innovative Beschäftigungsangebote für Bewohner zu kreieren, die durchaus biografisch verankert, aber „modern verpackt" sein können.

44 www.triple.ch/wp-contakt/uploads/2016/06/Generation-Z-Metastudie.pdf; Zugriff vom 03.06.2020

Wenn es einmal schiefgeht –
Das Beschwerdemanagement

Wenn Sie diesen Abschnitt gelesen haben, dann …

sollte es Ihnen klar sein, dass jede Beschwerde, die in einer Einrichtung der stationären Altenhilfe geäußert wird, in jedem Fall „ein Geschenk" ist.[1] Dies ist deshalb
der Fall, weil Ihnen jeder unzufriedene Kunde einen wichtigen Hinweis darauf liefern kann, welche Defizite aus seiner subjektiven Sicht in Ihrem Unternehmen vor-
herrschen. Nur das Wissen um diesen Sachverhalt kann dazu beitragen, dass Sie Ihre
Leistungen im Rahmen eines kontinuierlichen Verbesserungsprozesses stets kritisch
hinterfragen und optimieren, so dass sich Ihre Dienstleistungsqualität fortlaufend
erhöht. Ignorieren oder relativieren Sie jedoch die Einwände eines Kunden in Bezug
auf Ihr erbrachtes Leistungsangebot, dann laufen Sie Gefahr, dass der Kunde über
kurz oder lang über alternative Angebote nachdenkt. Im schlimmsten Fall wechselt
er sogar aktiv den Anbieter. D.h. dann für Sie in der Konsequenz, dass er – soweit es
ihm und seinen Zugehörigen noch möglich ist – in eine andere stationäre Pflegeeinrichtung einzieht. Dies gilt es gerade im Wissen darum, dass begeisterte Kunden einen Schlüssel zum Erfolg darstellen, zu vermeiden. Denn: Sie empfehlen einen Anbieter von Pflegedienstleistungen durchschnittlich zwei- bis dreimal bei Freunden
und Bekannten weiter.[2]

Jede Einrichtung der stationären Altenhilfe muss zwar bundesweit in Anlehnung an
die Qualitätsmanagementvorgaben der Heim-/Wohn- und Pflegeaufsichten sowie mit
Blick auf den Medizinischen Dienst der Krankenkassen (MDK) ein schriftliches Konzept
zum Beschwerdemanagement (bestehend aus einem Beschwerdebogen und einem
detaillierten Prozess zur Nachverfolgung und Lösung der Beschwerde) vorweisen. In
der Praxis zeigt sich jedoch, dass Beschwerden vor dem Hintergrund des langjährigen
Erfahrungswissens seitens der Autoren häufig gar nicht erst schriftlich dokumentiert,
sondern vielfach relativiert, heruntergespielt oder gar abgewehrt werden. Oftmals lässt
sich gemäß der Praxiserfahrung des Autorenteams nach wie vor der Trend beobachten, dass es Angehörige der Generation der Veteranen/Traditionalisten aufgrund ihrer
sozialisationsspezifischen Prägung nicht unbedingt gelernt haben, ihre Unzufriedenheit direkt zu artikulieren. Vielfach befürchten Sie auch Repressalien (z. B. eine subjektiv wahrgenommene noch schlechtere Versorgung), wenn sie ihren Unmut aktiv zum
Ausdruck bringen. In Anbetracht dessen berichten sie eher ihren Zugehörigen von den
Missständen, die sie wahrnehmen. Vielfach allerdings mit der Bitte verbunden, diese
doch für sich zu behalten, da die Angelegenheit bei einer offiziellen Bekanntmachung
mit Negativismen für sie verbunden sein könnte. Dieser „Trend" wird sich aus Sicht der
Autoren sicherlich in den nächsten zehn Jahren verändern, wenn z. B. die Generation

1 vgl. Barlow et al. 2003:4
2 vgl. Meister et al. 2002:11

der BABYBOOMER nach und nach und mehr und mehr Einzug in die Einrichtungen der stationären Altenhilfe hält: Denn diese Generation hat es schon eher gelernt, ihre Unzufriedenheit gegenüber einem unzureichenden Leistungsangebot eindeutiger zu benennen. Eines sollten Sie jedoch mit Blick auf das Thema Kundenorientierung und Beschwerdemanagement in jedem Fall beherzigen: „Zufriedenheit ist im Allgemeinen stumm und tritt erst dann hervor, wenn sie fehlt. Die Kunden nehmen primär Misserfolg und Unzufriedenheit wahr, nicht Erfolg oder Zufriedenheit". [3] Deshalb müssen Sie Ihre Kunden als Anbieter von stationär zu erbringenden Pflegedienstleistungen begeistern und dabei immer wieder in Erfahrung bringen, was Ihre Kunden genau von Ihnen erwarten, was ihnen besonders wichtig ist und inwieweit Ihre Leistungen die Erwartungen Ihrer Kunden erfüllen. [4]

Nachfolgend wird nun wiederum ein Auszug abgebildet, der sich auf ein exemplarisches Beispiel einer Beschwerdeäußerung bezieht. An diesem Prozess sind die folgenden zwei Protagonisten beteiligt: Die BABYBOOMERIN Isolde Schwarz und die YPSILONERIN Lena. Isolde Schwarz artikuliert ihre Beschwerde quasi zwischen „Tür und Angel", als sie ihren Vater, Emil Schwarz, besuchen will. Auf dem Weg zu ihm, trifft sie per Zufall auf dem Wohnbereich auf Lena. Sie nutzt die sich ihr ergebende Möglichkeit, um ihrem Unmut über die Versorgung ihres Vaters Ausdruck zu verleihen.

Ein Auszug der Beschwerde, die die BABYBOOMERIN Isolde Schwarz gegenüber der YPSILONERIN Lena äußert:

Isolde Schwarz: „Ich grüße Sie, Lena. Schön, dass ich Sie gerade treffe. Ich wollte nachher, nachdem ich meinen Vater besucht habe, sowieso noch einmal bei Ihnen im Stationszimmer vorbeischauen."

Lena: „Guten Tag, Frau Schwarz. Was kann ich denn für Sie tun?"

Isolde Schwarz: „Ich möchte Sie einmal davon in Kenntnis setzen, dass ich sehr unzufrieden mit der Versorgung und Betreuung meines Vaters bin. Er selbst scheut sich ein wenig, dies direkt zu thematisieren, weil er befürchtet, dass ihm dann ein Nachteil daraus gedeiht. Nun übernehme ich das einmal für ihn. Sie und Ihr Pflegedienstleiter, Herr Richter, haben mir beim Einzug meines Vaters in Ihre Einrichtung Dinge versprochen, die sich in der Praxis nun ganz anders für mich und meinen Vater darstellen!"

Lena: „Was haben der Pflegedienstleiter und ich Ihnen und Ihrem Vater denn genau versprochen?"

Isolde Schwarz: „Unter anderem haben auch Sie zu mir gesagt, dass es kaum bis gar keinen Wechsel beim Pflegepersonal geben wird, das meinen Vater versorgt. Dies ist leider nicht der Fall. In den letzten zwei Wochen ist mein Vater gar nicht von Ihnen versorgt worden. Stattdessen wurde die Pflege immer wieder von neuen Mitarbeitern und zum Teil auch durch Zeitarbeitspersonal durchgeführt. Für meinen Vater ist es problematisch, wenn er sich stets auf neue Menschen einstel-

3 Meister et a. 2002:11
4 vgl. ebd.:11

len muss. Zudem stimmen die im Vorwege abgestimmten Zeiten der Versorgung nicht. In der letzten Woche wurde er erst um 8:00 Uhr versorgt, obwohl er gerne um 7:00 Uhr geweckt und im Anschluss daran gewaschen werden möchte. Wir zahlen hier viel Geld und müssen feststellen, dass Ihr Leistungsversprechen nicht unseren Erwartungen entspricht!"

Lena: „Ach, Frau Schwarz. Das ist doch alles halb so schlimm. Das müssen Sie nicht zu sehr überbewerten. Das kann schon einmal vorkommen. In der letzten Zeit hatten wir viele kranke Mitarbeiter und mussten infolgedessen auf Leasingpersonal zurückgreifen. Das kann schon einmal passieren. Sie müssen Ihrem Vater aber auch einmal klarmachen, dass er hier nicht im Hotel wohnt und dass wir auch noch andere Bewohner zu versorgen haben. Da kann es bei kurzfristigen Personalausfällen ab und dann zu Verzögerungen in Bezug auf die Versorgung der Bewohner kommen. Da bitte ich um ein bisschen Nachsicht. Das wird sich auch bald schon wieder ändern!"

Isolde Schwarz: „Lena, was gedenken Sie denn nun konkret zu unternehmen, damit sich dieses Vorgehen nicht zum Dauerzustand für meinen Vater entwickelt?"

Lena: „Ich werde mir noch einmal den Dienst- und Tourenplan vom letzten Monat anschauen. Dann kann ich genau ersehen, wer Ihren Vater wann auf dem Wohnbereich versorgt hat. Ich gebe Ihnen dann noch einmal ein zeitnahes Feedback dazu. Ist das o. k. für Sie?"

Isolde Schwarz: „Ja, Lena, dann warte ich auf Ihre diesbezügliche Rückmeldung. Sollten jedoch die von mir und meinem Vater wahrgenommenen Qualitätsmängel in nächster Zeit nicht von Ihnen abgestellt werden, dann muss ich mir überlegen, wie ich mit diesem Sachverhalt umgehe und ob ich meinen Vater unter Umständen in einer anderen stationären Pflegeeinrichtung unterbringe!"

Lena: „Frau Schwarz, das steht Ihnen sicherlich jederzeit frei. Das überlasse ich Ihnen und Ihrem Vater. Denn: Reisende soll man nicht aufhalten. Ich melde mich dann bald bei Ihnen. Ich muss jetzt auch noch Einiges erledigen und verabschiede mich jetzt schon einmal von Ihnen. Ich wünsche Ihnen dann noch einen schönen Tag!"

(Nachdem Lena das Gespräch mit Isolde Schwarz sehr abrupt beendet und sich von ihr verabschiedet hat, lässt sie sie einfach im Gang auf dem Wohnbereich stehen. Auch wartet sie nicht mehr länger auf ihren Verabschiedungsgruß. Isolde Schwarz fühlt sich von Lena ein wenig „abgefertigt". Auch verspürt sie eine gewisse Unzufriedenheit in Bezug auf die ihr in Aussicht gestellte, aber noch nicht realisierte Lösung. Sie begibt sich nun zu ihrem Vater, um ihm von dem Gespräch mit Lena zu berichten).

Das vorangestellte Beispiel zeigt sehr deutlich, dass die beiden Protagonisten (die Babyboomerin Isolde Schwarz und die Ypsilonerin Lena) ganz verschiedene „Brillen" aufsetzen, wenn es darum geht, die von Isolde Schwarz vorgetragene Beschwerde konstruktiv zu bearbeiten bzw. zu lösen.

Lena fühlt sich von Isolde Schwarz angegriffen und reagiert sehr abweisend auf das von ihr vorgetragene Anliegen. Isolde Schwarz hingegen empfindet die von Lena offerierte Lösung als unzureichend, da diese nicht ihrem individuellem Anspruchsniveau entspricht.

Die Diskrepanz in Bezug auf die Erwartungen der beiden am Prozess beteiligten Protagonisten führt wiederum dazu, dass kein Zufriedenheitskonstrukt herbeigeführt wird. Vielmehr bleibt Vieles auf beiden Seiten ungesagt, was für die Verbesserung der Wirksamkeit des vorgetragenen Sachverhalts lösungsorientierter und erfolgversprechender hätte sein können.

Frau Schwarz zeigt generell eine geringe Kooperationsbereitschaft (geringe Verträglichkeit) und will deshalb auch, dass ihr Vater nicht nur ein „Bewohner" ist, sondern der Kunde unter den Kunden. Sie hat bei diesem Konflikt keine große Angst (geringer Neurotizismus), eine negative Bewertung durch Lena zu erhalten. Da sie die Zusagen von Timo Richter nicht nur als Versprechen, sondern als Dienstleistungszusage (hohe Gewissenhaftigkeit) ansieht, will sie auch, dass diese Zusagen konsequent und dauerhaft umgesetzt werden.

In der nachfolgenden Tabelle werden die unterschiedlichen und eindeutigen Erwartungen der Protagonisten dargestellt. Hierbei wird besonders auf die Erwartungsgegensätze von Isolde Schwarz und Lena geachtet, die sich schließlich in dem Beispiel widerspiegeln.

... erwartet von ...	Welche Erwartungen können – auch unausgesprochen – bei Konflikten formuliert werden?				
	Emil	Isolde	Timo	Lena	Alina
Emil		„Sei bitte nicht zu fordernd"	„Halte dich an deine Absprachen"	„Ich wünsche mir Gehör"	„Mache bitte das, was ich mir wünsche"
Isolde	„Setze dich durch"		„Halte dich an deine Absprachen"	„Halte dich an die Absprachen der Vorgesetzten"	„Halte dich an die Absprachen der Vorgesetzten"
Timo	„Legen Sie mein Gesagtes nicht auf die Goldwaage"	„Wenn Sie mit der Pflege unzufrieden sind, gehen Sie zu Lena"		„Setze meine Versprechen um"	„Du gibst schön nach"
Lena	„Bedenke auch unsere Seite"	„Akzeptiere unsere Abläufe"	„Löse deine Konflikte selbst"		„Sei kooperativ zu mir"
Alina	„Meckern Sie nicht so viel"	„Papa abgeben und jetzt motzen – lassen Sie das"	„Stehe auf unserer Seite"	„Gib mir Rückendeckung"	

Dont's und Dos der YPSILONERIN *Lena*

Lenas Dont's: Lena nimmt sich keine Zeit für Isolde Schwarz: Sie fertigt sie quasi zwischen „Tür und Angel" ab und vermittelt ihr das Gefühl, dass sie im Grunde keine Zeit für die BABYBOOMERIN und ihr Anliegen hat. Dadurch vermittelt sie Isolde Schwarz das Gefühl, dass diese „stört" und nicht wirklich willkommen ist.

Lena solidarisiert sich indirekt mit dem XER Timo Richter, indem sie nicht differenziert, wer Isolde Schwarz und ihrem Vater was genau versprochen hat: Sie geht ganz einfach selbstredend davon aus, dass beide Aussagen schon identisch sein werden.

Gründe dafür: Die YPSILONERIN Lena ist es aufgrund ihrer Sozialisation gewohnt, Hierarchien und Formalien im Umgang mit Angehörigen schlichtweg zu ignorieren: Sie werden von ihr als unnötig und hinderlich empfunden. Aufgrund ihrer eingeschränkten Sozialkompetenz und ihrem Mangel an persönlicher Interaktion im Umgang mit anderen,[5] ist sie nicht dazu befähigt, angemessen auf die Bedarfe der BABYBOOMERIN, Isolde Schwarz, einzugehen.

Lena hat es nicht gelernt, Konflikte konstruktiv auszutragen und vermeidet am liebsten die direkte Konfrontation mit ihrem jeweiligen Gegenüber[6]: Folglich geht sie erst einmal sehr pragmatisch davon aus, dass der XER, Timo Richter, aller Wahrscheinlichkeit nach schon eine ähnliche Aussage wie sie getroffen haben wird.

Auseinandersetzungen und das nötige damit verbundene Durchsetzungsvermögen gehören nicht gerade zu Lenas Stärken.[7] Somit signalisiert sie ihrem jeweiligen Gegenüber gerne, dass sie am liebsten nicht mit Anliegen konfrontiert werden möchte, die ihr nicht behagen. Denn: Wenn YPSILONERN etwas nicht gefällt oder von ihnen als zu schwierig bewertet wird, dann geben sie schnell auf und versuchen der Konfliktsituation zu entweichen.[8]

Lenas Dos: Lena muss sich dessen bewusst werden, dass sie in einem Dienstleistungsunternehmen der Gesundheitsbranche arbeitet, das eine ständige Anpassung an die Bedarfe des Kunden fordert.[9] Denn: „Das Aushandeln und das Treffen eindeutiger und verbindlicher Absprachen fördert reibungslose Arbeitsabläufe und mindert Reibungsverluste".[10]

Lena muss erkennen, dass sie sich Zeit für Kunden nehmen muss und diesen nicht den Eindruck vermitteln darf, dass sie sich durch sie quasi belästigt fühlt: Das Wissen um eine konsequente Ausrichtung auf eine professionelle Kundenorientierung fehlt ihr. Folglich sollte sie sich diesbezüglich noch einmal einrichtungsintern oder auch extern schulen lassen.

Lena muss kritischer reagieren, wenn es darum geht, dass ihr Kunden ihre subjektive „Wahrheit" als Realität verkaufen wollen. Sie sollte Aussagen jeglicher Art erst einmal für sich stehen lassen, ohne sich dabei mit der einen oder anderen Seite zu solidarisieren. Dabei darf sie allerdings auch nicht die Kooperation mit anderen Berufsgruppen infrage stellen, in diesem Fall mit ihrem Vorgesetzten, dem Pflegedienstleiter Timo Richter.

Lena sollte sich darüber im Klaren werden, was es heißt, einen Kunden zufrieden zu stellen, indem sie sich an seinen Wünschen orientiert.[11] Denn: Für diese Form der Orientierung ist die Beziehung zum Kunden essenziell.[12]

---

5 vgl. Mangelsdorf 2015:59
6 vgl. ebd.:61
7 vgl. ebd.:61
8 vgl. ebd.:61
9 vgl. Poser et al. 2001:39
10 ebd.:39
11 vgl. Meister et al. 2002:7
12 vgl.ebd.:7

Lenas Dont's: Lena nimmt die BABYBOOMERIN, Isolde Schwarz, und ihre vorgetragene Beschwerde nicht ernst: Sie wiegelt den Sachverhalt einfach ab, indem sie die von Isolde Schwarz vorgetragenen Defizite in Bezug auf die erbrachten Leistungen der Einrichtung relativiert.

Die YPSILONERIN Lena versucht, die Beschwerde der BABYBOOMERIn zwischen „Tür und Angel" zu klären und gibt dabei im öffentlichen Raum der Einrichtung Interna (personelle Engpässe und damit einhergehende Versorgungslücken usw.) preis, die nicht für andere Kunden bestimmt sind. Dieses Vorgehen birgt sehr schnell das Risiko in sich, dass sich Isolde Schwarz mit dem Wissen um diese Informationen an den MDK oder die Heimaufsichtsbehörde bzw. Wohn- und Pflegeaufsicht wenden könnte. Dies hätte dann unter Umständen eine unangekündigte Prüfung der Einrichtung zur Folge, die nicht unbedingt zu einer positiven Imagepflege des Pflegeheims beitragen würde.

Lena erkennt es nicht, dass die von Isolde Schwarz wahrgenommenen Dienstleistungen nicht mit deren Erwartungen korrespondieren. Auch nimmt sie die Beschwerde nicht schriftlich auf, so dass der Beschwerdemanagementprozess im Sinne eines PDCA-Zykluses nicht mehr eindeutig nachvollzogen werden kann.

Lena äußert sich zudem sehr despektierlich bezüglich des Leistungsversprechens des Anbieters, indem sie Emil Schwarz als „einen von vielen Kunden" etikettiert. Zudem kolportiert sie auch noch ungefragt ihre persönliche Meinung, dass es sich bei der stationären Pflegeeinrichtung nicht um ein „Hotel" handelt (diesen Vergleich erleben die Autoren in der Praxis seit Jahren und bei genauerer Betrachtung lässt sich feststellen, dass eine Unterbringung in einem Pflegeheim sogar kostenintensiver ist als die in einem Hotel).

Gründe dafür: Die YPSILONERIN Lena hat normierende gesellschaftliche Regeln nicht verinnerlicht: Es ist ihr aufgrund ihrer generationsspezifischen Prägung nicht klar, welchen äußeren Zwängen sie in ihrer Position unterliegt: Der Kunde zahlt einen Preis und gibt damit gutes Geld für ein zu erfüllendes Leistungsversprechen aus. Bekommt der Kunde weniger, als er erwartet, dann kommt es bei ihm zu einer Untererfüllung der avisierten Leistung und damit einhergehend tritt Unzufriedenheit auf.[13] Diese Haltung hat Lena nicht verinnerlicht. Im Gegenteil: Sie nimmt das Recht für sich in Anspruch, ihre individuelle Sichtweise und Haltung als „Wahrheit" zu erachten.

Lena ist aufgrund ihrer Sozialisation in der Überzeugung groß geworden, etwas Besonderes zu sein: Die GENERATION Y nutzt jede Gelegenheit, ihre Persönlichkeit zu unterstreichen und dies vor allem mit Blick auf die Gestaltung ihres Arbeitsplatzes.[14]

Lena kennt ihre Grenzen nicht: Sie fühlt sich einer globalen Generation zugehörig, die Andersartigkeit schätzt und Vielfalt lebt.[15] Folglich ist es für sie unverständlich, ein Verhalten zu zeigen, das eine ständige Anpassung an den Bedarf von Kunden voraussetzt.

Die YPSILONERIN Lena möchte zwar einen sinnvollen und erfüllenden Job machen: Hierbei ist sie es allerdings gewohnt, sich hierfür ihre eigenen systemischen Rahmenbedingungen und Freiheitsgrade selbst zu erschaffen.

Lena ist von ihrem Selbstverständnis her dadurch geprägt, dass sie es gelernt hat, Transparenz und Authentizität jederzeit zu leben.[16] In Anbetracht dessen fällt es ihr allerdings

---

13 vgl. Meister et al. 2002:10
14 vgl. Mangelsdorf 2015:69
15 vgl. ebd.:79
16 vgl. Mangelsdorf 2015:23

sehr schwer, die langfristigen Ausmaße, Folgen und Konsequenzen ihrer Offenheit zu er-kennen, wenn sie ungefiltert Interna der Einrichtung an Kunden weitergibt.

Lenas Dos: Lena muss ihre Grundhaltung als professionell Pflegende verändern: Die Ver-innerlichung der Kundenorientierung und die Neudefinition der Kundenrolle bedürfen bei ihr einer inneren Revision.[17]

Lena sollte in jedem Fall eine Schulung erhalten, damit sie es lernt, professionell mit Be-schwerden umzugehen: Nur so kann sie die Bereitschaft dazu entwickeln, den Unmut von Kunden wertneutral entgegenzunehmen und an die verantwortlichen Stellen weiterzulei-ten. Am Ende dieses Prozesses wird sie dann auch befähigt sein, den Kunden über den Be-schwerdebearbeitungsprozess und über die damit im Zusammenhang stehenden Lösun-gen zu informieren.[18]

Lena muss es lernen, dass sie in dem Moment, in dem sich ein Kunde über wahrgenom-mene Defizite in Bezug auf die Betreuung bzw. Versorgung beschwert, Repräsentantin der Pflegeeinrichtung ist: Sie muss sich dementsprechend verhalten,[19] um die Reputation der Einrichtung nicht zu schädigen.

Lena muss es jedem Kunden zugestehen, dass er seine Frustration und seinen Ärger of-fen zum Ausdruck bringen kann: Dabei muss sie sich dessen bewusst werden, dass sich der vermeintliche „Angriff" in der Regel nicht auf sie persönlich bezieht, sondern dass es sich da-bei lediglich um eine Beschwerdeartikulation handelt, die sich auf einen eindeutigen Sach-verhalt bezieht, mit dem der Kunde offenbar nicht zufrieden ist.[20]

Lena darf keine persönlichen Wertungen vornehmen, wie z. B. den von ihr angeführten Vergleich der Pflegeeinrichtung mit einem „Hotel". Denn: Der Kunde ist kein Bittsteller. Er bezahlt für eine Dienstleistung, bei der sein individuelles Wohlbefinden und seine subjekti-ven Interessen im Vordergrund seiner Wahrnehmung stehen. Es ist für den jeweiligen Kun-den nicht relevant, wie das Gegenüber seine Beschwerde bewertet, sondern es müssen ihm Lösungsmöglichkeiten angeboten werden, die in jedem Fall zur Wiederherstellung der Kun-denzufriedenheit beitragen

Lenas Dont's: Lena bietet Isolde Schwarz keine eindeutige Lösung („Evaluation der Dienst- und Tourenplanung des letzten Monats") an. Im Gegenteil: Das von der BABYBOOMERIN dar-gestellte Problem und der damit verbundene Wunsch nach einer zeitnahen und realen Re-gulierung werden erst einmal in die Zukunft verschoben.

Lena vereinbart mit Isolde Schwarz keinen definitiven Termin, bis wann sie denkt, der BA-BYBOOMERIN ein verbindliches Feedback zu geben. Sie fragt Isolde Schwarz zwar am Rande danach, ob ihr Vorschlag bei ihr Anklang findet. Sie wartet aber gar nicht ab, ob sich die BABYBOOMERIN nicht eine sofortige Lösung für ihr Anliegen wünscht und ob es vielleicht noch andere Möglichkeiten zur Wiederherstellung der Kundenzufriedenheit geben könnte.

Lena interessiert sich nicht einmal ansatzweise dafür, wie und ob sie die Zufriedenheit der Beschwerdeführerin mit Blick auf deren erwünschte Problemlösung wieder steigern bzw. wiederherstellen kann. Stattdessen reagiert sie sehr despektierlich auf die Androhung der BABYBOOMERIN, wonach diese darüber nachdenken will, ob sie ihren Vater in einer anderen Pflegeeinrichtung unterbringt, wenn die Missstände vor Ort nicht beseitigt werden.

---

17 vgl. Poser et al. 2001:67
18 vgl.ebd.:127
19 vgl. ebd.:129
20 vgl. ebd.:129

Lena trägt mit ihrem ablehnenden und abwertendem Verhalten nicht gerade zu einer Verbesserung der Kundenbeziehung bei: Vielmehr vermittelt sie Isolde Schwarz das Gefühl, dass Emil Schwarz nur „einer von vielen Bewohnern" ist. Diese Grundhaltung erleben die Autoren seit mehreren Jahren auf Seiten von Mitarbeitern. Was dabei häufig vergessen wird, ist die Tatsache, dass Bewohner bzw. Zugehörige die „Brötchengeber" für die Mitarbeiter sind. Zu bedenken ist in diesem Kontext auch die Reputation des Unternehmens: 13% der unzufriedenen Kunden tragen dazu bei, dass sie das Unternehmen nicht weiterempfehlen und damit den Unternehmenserfolg nachhaltig hemmen.[21]

Am Ende ist Lena diejenige, die das Gespräch mit Isolde Schwarz einfach abrupt beendet: Sie spiegelt dieser sehr deutlich, dass sie noch wichtigere Dinge zu tun hat, als sich mit den Befindlichkeitsstörungen der Babyboomerin und dessen Vater „aufzuhalten".

Gründe dafür: Lena tritt mit einer gewissen Großspurigkeit auf, die für die Generation Y als „typisch" zu erachten ist, wenngleich sich dahinter ein sehr leicht nachvollziehbarer Mechanismus und Wunsch verbirgt: Als eigenständige Persönlichkeit wahrgenommen werden zu wollen.[22] Infolgedessen distanziert sich Lena aus ihrer subjektiven Sicht und mit ihrem gezeigten Verhalten von überholten Konformitätsmustern, alten Rollenbildern und überholten Autoritätsmustern.[23]

Die Ypsilonerin Lena stellt ihren Individualismus eindeutig in den Vordergrund ihres Handelns: Folglich entsteht eine Diskrepanz zwischen an und für sich gesellschaftlich erwartbarem Verhalten (hier: die selbstverständliche Anpassung an bereits definierte Strukturen und Prozesse, wie die des Beschwerdemanagements) und dem Ziel, dass Persönlichkeitsentwicklung nur möglich ist, wenn eine Schaffung von erweiterten und selbstdefinierten Freiräumen existiert.[24]

Die Ypsilonerin Lena funktioniert nach dem Prinzip „Leistung und Gegenleistung": Ein hohes Arbeitspensum macht ihr nichts aus, wenn dafür eine Anerkennung ihrer Leistung erfolgt und wenn ihr ihre berufliche Tätigkeit Spaß bringt.[25] Allerdings kann und will sie es aufgrund ihrer sozialisationsspezifischen Prägung nicht nachvollziehen, wenn sie mit einem kritischen Kundenfeedback konfrontiert wird, das ihr bar jeder Realität erscheint.

Lena hat als Ypsilonerin ein Kundenverständnis verinnerlicht, das nicht dem aktuellen Paradigmawechsel einer kundenorientierten Altenpflege folgt: Es ist ihr zwar klar, dass soziale Dienstleistungsbereiche, wie stationäre Altenpflegeeinrichtungen, eine Vielzahl von unterschiedlichen Pflege- und Betreuungsangeboten offerieren und damit im unmittelbaren Wettbewerb zueinander stehen. Auch weiß sie darum, dass sich jeder Kunde – je nach seinem individuellen Hilfebedarf – aus einem breiten Angebot die passende Dienstleistung aussuchen kann.[26] Dennoch ignoriert sie ihr Wissen darum, da sie sich in ihrer Mitbestimmung und freien Meinungsäußerung bedroht fühlt.

Lena hat als Ypsilonerin ein starkes Bedürfnis danach, Erfüllung in ihrem Beruf zu finden und bestehende Abläufe zu verbessern. Ihre diesbezügliche Hartnäckigkeit sollte allerdings nicht ausschließlich als Aufmüpfigkeit und schlechtes Benehmen interpretiert werden: Als Angehörige der Generation Y ist sie es von Kindheit an gewohnt, dass ihr alles gerecht ge-

21 vgl. Meister et al. 2002:11
22 vgl. www.zukunftswerkstatt.de/fileadmin/user-upload/Publikationen/alterstudium/studie-generation y; Zugriff vom 14.06.2020
23 vgl. ebd.
24 vgl. ebd.
25 vgl. ebd.
26 vgl. Poser et al. 2001:15

macht wird.[27] Folglich reagiert sie mit Unverständnis darauf, wenn sie mit Situationen konfrontiert wird, die sich ihr nicht erschließen und deren Wichtigkeit ihr nicht haarklein vor Augen geführt wird.[28]

Lenas Dos: Lena sollte sich zeitnah mit den vier Schritten auseinandersetzen, die für den Prozess des Beschwerdemanagements handlungsleitend sind: Beschwerdeannahme, Beschwerdebearbeitung, Beschwerdeauswertung und Beschwerdecontrolling.[29]

Lena muss gewisse „Knigge-Regeln" kennenlernen, um künftig besser für die Annahme einer Beschwerde gewappnet zu sein. So sollte sie Zugehörige künftig in einen separaten Raum bitten, damit diese nicht das Gefühl haben, dass sie auf dem Flur ein Anliegen vortragen müssen, das gar nicht für alle anderen Personen bestimmt ist, die sich hier ebenfalls aufhalten könnten.

Lena hätte die BABYBOOMERIN auch freundlich darauf hinweisen können, dass sie momentan gar keine Zeit hat, um sich mit der Beschwerde von Isolde Schwarz zu befassen. In diesem Fall hätte sie die BABYBOOMERIN um ein wenig Geduld bitten können, um sich dann ungestört mit dieser unterhalten zu können. Sie hätte auch einen zeitnahen Termin mit Isolde Schwarz vereinbaren können, um sich dann voll und ganz auf die Beschwerdeführerin und ihre Wünsche zu konzentrieren.

Lena muss begreifen, dass nicht sie darüber entscheidet, ob ihr Dienstleistungsangebot den qualitativen Ansprüchen von Zugehörigen entspricht oder nicht, sondern dass ihre Aufgabe darin besteht, flexibel und anpassungsfähig auf Kundenerwartungen zu reagieren und Kundenorientierung zu leben.[30]

Lena muss künftig unabhängig und neutral auf von ihr womöglich als provokant empfundene Aussagen von Zugehörigen reagieren: Es darf ihr in keinem Fall mehr passieren, dass sie darüber zu entscheiden meint, wann es besser ist, dass ein Zugehöriger einen Versorgungsvertrag mit der Einrichtung kündigt oder nicht.

Lena muss erkennen, dass die Bindung und Pflege des Kundenbestands zu ihren Kernaufgaben gehören[31]: Hier mangelt es ihr noch ein wenig an Demut. Ihre Aufgabe ist es, Kundenloyalität anzustreben. Dies wird ihr nur gelingen, wenn sie auf Kritik, Veränderungswünsche und Anregungen von Zugehörigen positiv reagiert, um im Anschluss daran Verbesserungen vornehmen zu können.

Lena muss darum wissen, dass nicht sie diejenige sein sollte, die ein Gespräch mit einer Zugehörigen beendet, sondern die Kundin selbst, und zwar erst dann, wenn diese aktiv das Signal dafür gegeben hat, dass ihr die avisierte Lösung eines Problems definitiv zusagt.

Ein kurzer Blick auf die Persönlichkeit

Lena sieht in dieser Kritik wahrscheinlich einen persönlichen Angriff (hohe Ausprägung bei Neurotizismus) und sucht – wenn auch sehr ruhig – gleich die Konfrontation (geringe Verträglichkeit). Für sie haben Zusagen einen eher zielbeschreibenden Charakter. Da sie eine geringe Ausprägung im Bereich der Gewissenhaftigkeit und Perfektion hat,

---

27 vgl. Mangelsdorf 2015:38
28 vgl. ebd.:38
29 vgl. Poser et al. 2001:118ff.
30 vgl. Poser et al. 2001:101
31 vgl. Meister et al. 2002:12

sieht sie es als weniger dramatisch an, wenn sich Situationen und damit Strukturen verändern. Dieses allerdings nur, wenn sie sich nicht selbst verändern muss.

Im dem sich nun wieder anschließenden Absatz wird der Frage danach nachgegangen, wie es die Ypsilonerin Lena vor dem Hintergrund ihrer generations- bzw. persönlichkeitsbedingten Grundlagen künftig professioneller managen kann, sich auf die Bedarfe der Babyboomerin Isolde Schwarz einzustellen, wenn diese künftig wieder mit einer Beschwerde an sie herantreten sollte.

Aus Gründen der Redundanz wird an dieser Stelle wiederum darauf verzichtet, die Sichtweise der Babyboomerin Isolde Schwarz darzustellen. Diese Perspektive wurde bereits auf Seite 51ff. im Hinblick auf das Erstgespräch erörtert. Zudem ist Isolde Schwarz als Zugehörige von ihrem Vater als Kundin der Pflegeeinrichtung anzusehen. Somit bestimmt sie angesichts ihrer Kundensicht maßgeblich darüber, ob ihr die Qualitätskriterien und Qualitätsmaßstäbe der Einrichtung zusagen oder nicht.

Was muss die Ypsilonerin Lena künftig mit Blick auf den Beschwerdemanagementprozess bei Zugehörigen beachten, die der Babyboomer-Generation angehören, wie z. B. Isolde Schwarz? Was muss sie an ihrem Verhalten verändern?

Die Ypsilonerin Lena ist es aufgrund ihrer Sozialisation gewohnt, selbst zu entscheiden, worin ihre Freiheitsgrade im direkten Kundenkontakt bestehen. Sie tut sich schwer damit, Autoritäten zu akzeptieren und sich unterzuordnen.[32] Grundsätzlich neigt sie dazu, Aussagen ihres Gegenübers solange infrage zu stellen, bis diese Erklärungen dazu abgeben, die ihr persönlich als schlüssig erscheinen.[33]

Sie merkt es allerdings nicht, dass ihr Verhalten bei der Generation der Babyboomer, der ja Isolde Schwarz angehört, sehr schnell als Widerstand interpretiert werden kann[34] und somit auf Gegenwehr stößt.

- Lenas Weltsicht funktioniert nach anderen Gesetzen: Sie nimmt es für sich in Anspruch, ein „Recht" auf Individualismus zu haben.[35] Jegliche Vorgaben, die die Pflegeeinrichtung in Bezug auf den Umgang mit Kunden vorgibt, stellt sie vor diesem Hintergrund erst einmal infrage. Dies geschieht nicht „böswillig", sondern einfach aufgrund der Haltung, die sie verinnerlicht hat: Sie nimmt es für sich selbstverständlich in Anspruch, Freiheitsgrade bei der Interpretation von Kundenanliegen zu definieren. Die Unzufriedenheit mit der Dienstleistung aus der Kundensicht ist dabei für sie zunächst nachrangig.

- Es mangelt ihr somit an Handlungskonzepten, die es ihr ermöglichen, ein positives Verhältnis zu Beschwerden zu entwickeln. Denn: Jede von einem Kunden vorgetragene Beschwerde trägt langfristig dazu bei, dass bestehende Fehler von Pflegeeinrichtungen entdeckt und revidiert sowie damit einhergehende Verbesserungen abgeleitet werden können.

---

32 vgl. Mangelsdorf 2015: 144

33 vgl. ebd.: 144

34 vgl. ebd. 144

35 vgl. (vgl. www.zukunftswerkstatt.de/fileadmin/user-upload/Publikationen/alterstudium/studie-generation y; Zugriff vom 15.06.2020

Was muss die Ypsilonerin Lena in Zukunft noch lernen, damit sie einen besseren Zugang zur Umsetzung des Beschwerdemanagementprozesses in ihrer Einrichtung bekommt?

- Lena sollte um die typischen Charakteristika wissen, die auf Seite 14ff. abgebildet sind und die handlungsleitend für das Verhalten der Babyboomer-Generation sind.

Somit muss Lena noch Folgendes unter Bezugnahme auf eine zu verändernde Blickrichtung lernen:

- Lena muss dringend an einem einrichtungsinternen oder auch externen Training teilnehmen, das bei ihr auf die Entwicklung eines kundenorientierten Beschwerdemanagements abzielt. Ihre soziale und kommunikative Kompetenz muss gefördert werden, damit sie es künftig versteht, dass bei einer Beschwerde von einem Kunden lediglich die Klärung eines Sachverhalts und die damit einhergehende Situationsbeschreibung im Mittelpunkt des Geschehens stehen[36] und nicht eigene bzw. persönliche Symptomlösungen. Verhaltenstrainings und Rollenspiele anhand von konkreten Fallbeispielen aus ihrem Alltag könnten dazu beitragen, dass sie kritikfähiger und selbstbeherrschter mit Beschwerden umgeht.[37] Auf diese Art und Weise könnte sie es schrittweise lernen, dass sich auch ihr Denken und Handeln tatsächlich verändert, und nicht nur der häufig nur im Pflegekonzept von stationären Einrichtungen der Altenhilfe verschriftlichte, aber nicht unbedingt gelebte Prozess der kontinuierlichen Verbesserung. Lena wäre dann dazu befähigt, dass sie generell zur Behebung von beanstandeten Leistungen darauf angewiesen ist, von der Unzufriedenheit ihrer Kunden zu erfahren.[38] Denn nur so kann sie gemeinsam mit dem Kunden eine Lösung finden, die tatsächlich seinen – und nicht ihren - Vorstellungen entspricht.

- Die Ypsilonerin Lena muss es lernen, konstruktiv mit Beschwerden von Kunden umzugehen und deren Unmut entgegenzunehmen,[39] ohne dabei den Kunden als „Gegner", „Angreifer" oder gar als „Feind" zu etikettieren, der ihre systemische Ordnung infrage zu stellen droht. Lenas Aufgabe sollte künftig lediglich darin bestehen, Kundenbeschwerden wertneutral aufzunehmen bzw. zu dokumentieren. Im Anschluss daran muss sie sie an die verantwortlichen Stellen weiterleiten und den Beschwerdeführer über den Beschwerdebearbeitungsprozess und über seine Auswirkungen informieren.[40] Dieser Weg wäre für Lena sinnvoll, da sich jede dokumentierte Beschwerde nachverfolgen lässt und bei dem Kunden das Gefühl erzeugt, dass sein Anliegen ernst genommen wird. Bei einer mündlich entgegengenommenen Beschwerde besteht hingegen die Gefahr, dass der Sachverhalt im Nachhinein anders interpretiert wird und keiner mehr genau weiß, welche Vereinbarungen definitiv getroffen wurden. Deshalb sollte Lena den einrichtungsinternen Beschwerdemanagementbogen in jedem Fall nutzen, um eine Beschwerde sofort aktiv und wertneutral aufzunehmen, um sie dann im Sinne eines kundenfreundlichen Beschwerdemanagementprozesses weiterzuleiten.

---

36 vgl. Poser et al. 2001:123
37 vgl. ebd.:123
38 vgl. ebd.:126
39 vgl. ebd.:127
40 vgl. ebd.:127

- Lena muss im Umgang mit Kunden noch sehr viel lernen bzw. umdenken: Sie sollte jedem Kunden, der sich bei ihr beschwert, ein gewisses Maß an Emotionen und Aggressionen zugestehen.[41] Viele Beschwerdeführer (Angehörige und Bewohner) vertreten die Auffassung, dass ihre Beschwerde mit Nachdruck vorgebracht werden muss, bevor sie von Mitarbeitern in der stationären Altenpflege ernst genommen wird.[42] Folglich sollte Lena dem Kunden erst einmal die Möglichkeit einräumen, sich abzureagieren, bevor sie vorschnell interveniert bzw. eine Lösung offeriert, die ihr, aber nicht unbedingt dem Kunden als sinnvoll erscheint. In dem Augenblick, in dem sich ein Kunde bei Lena beschwert, ist sie Repräsentantin ihrer Einrichtung und muss sich dementsprechend deeskalierend verhalten. Sie muss das Problem auf der Sachebene klären und darf sich keinesfalls persönlich angegriffen fühlen.[43] Dies könnte ihr zum Beispiel gelingen, indem sie dem Kunden, nachdem er sich abreagiert hat, eine kurze positive Rückmeldung gibt („Ja, ich verstehe Sie und Ihren Unmut!"). Je eher es ihr glückt, den Kunden auf eine sachliche Ebene zurückzubringen, desto besser kann sie das eigentliche Problem gemeinsam mit ihm lösen.[44]

- Die YPSILONERIN Lena muss dringend an ihrem Auftreten arbeiten: Sie lässt die BABYBOOMERIN Isolde Schwarz nicht ausreden und unterbricht sie, indem sie ihr ungefragt und sehr vorschnell ihre Sichtweise des Sachverhalts spiegelt und ihr somit indirekt widerspricht.[45] Dieses Verhalten resultiert aus der ihr innewohnenden Überzeugung, die ihr aufgrund ihrer Sozialisation beigebracht wurde: Jedwedes Fehlverhalten ihrerseits wurde von ihren Eltern entschuldigt.[46] Lena muss es also lernen, dass sie das Verhalten ihrer Eltern nicht zwangsläufig mit dem ihrer Kunden assoziieren kann. Ihr Auftrag besteht darin, den Kundennutzen zu erhöhen und langfristig eine stabile Beziehung zu ihren Kunden aufzubauen, ohne, dass sich die Kunden dabei als Bittsteller behandelt fühlen.[47] Infolgedessen heißt dies für sie, dass sie Hierarchien und damit einhergehende alt hergebrachte Werte nicht grundsätzlich in Frage stellen darf. Nur dann kann sie einen Kunden, in diesem Fall Isolde Schwarz, als König behandeln.

- Lena könnte ihren Blickwinkel in Bezug auf das Thema Kundenorientierung des Weiteren durch Techniken erweitern, die sich mit dem „Aktiven Zuhören" beschäftigen. Diese finden ihren Ausdruck u .a. darin, dass nicht nur Rückfragen zu den Aussagen des Kunden gestellt werden sollten.[48] Die Aussagen des Kunden sollten von ihr in keinem Fall bewertet werden. Am Ende des Gespräches müssen die Aussagen des Kunden dann zusammengefasst werden.[49] damit Klarheit darüber besteht, was sich der Kunde genau wünscht.

41 vgl. Poser et al. 2001:129
42 vgl.ebd.:129
43 vgl. ebd.:129
44 vgl. ebd.:129
45 vgl. ebd.:129
46 vgl. Mangelsdorf 2015:18
47 vgl. Nerdinger 2003:1
48 vgl. ebd.:22
49 vgl. ebd.:22

- Der YPSILONERIN Lena muss an ihrem Kommunikationsstil arbeiten: Sie sollte einen Kunden niemals belehren, ihn verunsichern oder gar verärgern.[50] Da Lena als YPSILONERIN durchaus über Potenziale verfügt, die sich durch eine gewisse Hartnäckigkeit auszeichnen und den Wunsch danach, alles verstehen zu wollen, wenn man es ihr haarklein erklärt,[51] kann der „Schalter" bei ihr noch umgelegt werden, so dass sie bei der Regulierung von Beschwerden künftig einen professionellen Enthusiasmus zeigt und sich dadurch zur kundenorientierten Mitarbeiterin hin entwickelt.

Die voranstehend sehr ausführlich dargestellte Thematik des Beschwerdemanagementprozesses in stationären Einrichtungen der Altenhilfe zeigt sehr deutlich, dass das Verhalten von Mitarbeitern maßgeblich dazu beiträgt, hohe Kundenansprüche entweder zu befriedigen oder diese schlichtweg zu ignorieren.

Wenn Sie diesen Absatz gelesen haben, dann sollte es ihnen am Beispiel des generationsbedingten Verhaltens der YPSILONERIN Lena deutlich geworden sein, dass Pflegeeinrichtungen oftmals noch keine gelebte Form der Kundenorientierung im Zusammenhang mit der Entgegennahme von Beschwerden verinnerlicht haben. Kundenorientierung bedeutet aber, dass die Bedürfnisse und Erwartungen von Kunden erkannt werden und dass sich darum bemüht wird, diese zu erfüllen.[52]

Vielen Mitarbeitern aus der Altenpflege ist der Prozess des Beschwerdemanagements nach Ansicht der Autoren jedoch gar nicht immer geläufig. Sie wissen zwar, dass es einen Beschwerdebogen gibt. Es ist ihnen aber nicht klar, wann sie eine Beschwerde aufnehmen und verschriftlichen sollen. Hinzu kommt, dass sie sich nicht immer im Klaren darüber sind, mit welchen Konsequenzen die Aufnahme einer Beschwerde für sie persönlich verbunden ist. Häufig besteht der Grund für eine „Beschwerdevermeidung" darin, dass sie mögliche Sanktionen befürchten: Angefangen von einseitigen Schuldzuweisungen seitens des direkten Vorgesetzten über Rechtfertigungszwänge bis hin zur Angst um den eigenen Arbeitsplatz. Aus Sicht der Autoren besteht hier ein dringender Handlungsbedarf, der sicherlich nicht nur mit Blick auf die GENERATION Y in den Fokus genommen werden sollte. Jede Einrichtung der stationären Altenhilfe muss sich dessen bewusst sein, dass die Arbeitsplätze der Mitarbeiter zum Großteil von der Zufriedenheit ihrer Kunden abhängen.[53] Das Wissen darum muss jedem Mitarbeiter – egal in welcher Position und unabhängig von der Generationszugehörigkeit - im Unternehmen bewusst sein. Eine stationäre Pflegereinrichtung sollte sich heutzutage als „lernendes Unternehmen" sehen, das mit Dankbarkeit darauf reagiert, wenn Kunden Fehler aufdecken, die bereinigt werden müssen. Insofern sollte aus Autorensicht einmal darüber nachgedacht werden, Mitarbeiter, die Beschwerden aktiv aufnehmen, weiterleiten und bearbeiten, zu prämieren, statt ihnen vermeintlich das Gefühl zu vermitteln, dafür direkt oder indirekt „bestraft" zu werden.

Denn: Auch der kontinuierliche Verbesserungsprozess in einem Unternehmen der stationären Altenhilfe ist nie abgeschlossen. Verbesserte Arbeitsabläufe können immer wie-

---

50 vgl. ebd.:23
51 vgl. Mangelsdorf 2015:38
52 vgl. Nerdinger 2003:1
53 vgl. ebd.:40

der nur entstehen, wenn Kundenwünsche jederzeit berücksichtigt und dadurch stets innovative und zudem kundenorientierte Lösungen entwickelt werden.

Die Macht kommt von oben? – Führung und Persönlichkeit

Wenn Sie diesen Abschnitt gelesen haben, dann …

werden Sie erkennen, wie wichtig es ist, dass die Mitarbeitenden die jeweilige Persönlichkeit des anderen wertschätzen. Hierbei darf jedoch nicht in einer hierarchischen Struktur gedacht werden. Denn auch die Mitarbeitenden müssen wissen, woran sie bei ihren Führungskräften sind.

Dass der Führungsstil einer der wesentlichen Grundlagen für die Mitarbeiterbindung darstellt, hat sich in den letzten Jahren in der stationären Altenhilfe „herumgesprochen". Das bedeutet in erster Linie, dass die Mitarbeitenden sich von ihren direkten Führungskräften einen transparenten und konsequenten Umgang wünschen. „[…] Führungskräfte [wissen]… sehr wohl, welche Bedeutung ihr Führungsstil hat. 95 Prozent der befragten Leader stimmen der Aussage zu, dass ein guter Führungsstil einen großen Einfluss auf die Mitarbeiterbindung hat. Demnach achten die Führungskräfte nicht nur auf das Erreichen von Zielen und Ergebnissen – auch gute Mitarbeiter zu halten, spielt für sie eine bedeutende Rolle."[1] Denn „Führungskräfte haben die Mitarbeitenden unendlich nötig.": Es gibt keine Führung ohne Geführte!

Der persönliche Führungsstil ist in diesem Zusammenhang auch eine Frage der eigenen Persönlichkeit. Auch, wenn es keine Nachweise dafür gibt, welche Persönlichkeit den besseren Führungsstil verinnerlicht hat, so ist es wohl eindeutig, dass Führungskräfte die Fähigkeit haben müssen, auf die Mitarbeitenden zuzugehen (Extraversion), bei Konflikten konstruktiv mit dem Gegenüber umzugehen (Verträglichkeit; Neurotizismus), Veränderungen aktiv anzustoßen (Offenheit für Neuerungen) und konsequent die eigenen und die Ziele der Mitarbeitenden im Fokus zu behalten (Gewissenhaftigkeit). Wobei die als notwendig erachteten Eigenschaften nicht nur bei der Führungskraft, sondern genauso bei den Mitarbeitenden vorhanden sein sollten. Timo Richter als Pflegedienstleitung trägt eine große Verantwortung für die Bewohner. Dieser kann er nur im Zusammenspiel mit den Mitarbeitenden gerecht werden. Tägliche Kontakte zwischen der Pflegedienstleitung und den Mitarbeitenden sind, wie auch bei allen anderen Beziehungen, stark von den Erwartungen (Generationsfrage) und dem Verhalten (Persönlichkeit) geprägt. Nicht nur positive, sondern auch negative Verhaltensweisen, die das „Miteinander" prägen, schleifen sich immer wieder ein. Egal, ob es sich dabei um den Kommunikationsstil, den Erwartungshorizont oder die Kooperationsbereitschaft handelt.

1 Bussmann 2017:11

Ein Auszug aus einem Gespräch, das Timo und Lena miteinander führen:

Lena: „Guten Morgen Timo, kannst du mir bitte verraten, wie weit wir in der Einrichtung mit den Daten für die Qualitätsindikatoren sind?"

Timo: „Guten Morgen Lena, ich habe mich eben auch gefragt, ob ihr auf eurem Wohnbereich wirklich alle Vorbereitungen zur Meldung der Indikatoren abgeschlossen habt ..."

Lena: „Dir ist schon klar, dass wir auch noch andere Dinge zu erledigen haben!? Ansonsten würde ich es bevorzugen, wenn du diese Aufgabe an dich nimmst und die letzten Eintragungen selbst vornehmen bzw. kontrollieren würdest."

Timo: „Du weiß schon, dass das nicht mein, sondern dein Job ist. Und dir ist auch klar, dass wir vor Monaten beschlossen haben, dass die Verantwortlichen auf den Wohnbereichen das Indikatorenmodell umsetzen. Also warum sollten wir heute eine andere Vorgehensweise wählen? Ich mache meinen Job und du machst deinen ..."

Lena: „Das kann nicht wahr sein, dass du dich wieder auf deine Position zurückziehst und ich die Arbeit habe. Aber, wenn du es so willst, dann werde ich mich darum kümmern, wenn ich die Zeit dazu finde ..."

Timo: „Das kenne ich. Du wirst diese Aufgabe in dieser Woche noch abarbeiten. Ansonsten bleibt sie wieder liegen, wie so viele Dinge, die ich dir übertragen habe."

Das Gespräch kann ab diesem Moment in einem offenen Konflikt enden oder aber einer der beiden Protagonisten bricht es zu diesem Zeitpunkt ab.

Das oben beschriebene kurze Gespräch zeigt eine positive Nuance. Timo und Lena sprechen sehr offen über ihre Erwartungen gegenüber der anderen Person. In den meisten Fällen herrschen in solchen Situationen eher Schweigen oder unterschwellige Anfeindungen vor. Somit können Timo und Lena im ersten Moment dankbar dafür sein, dass sie es in ihrer Arbeitsbeziehung schaffen, sich gegenseitig „ihre Wahrheit" zu sagen. Dennoch erscheint das Ergebnis des Gespräches nicht dafür geeignet, dass sich beide Parteien uneingeschränkt auf die nächsten Arbeitsschritte freuen.

In der nachfolgenden Tabelle werden die unterschiedlichen und eindeutigen Erwartungen der Protagonisten dargestellt. Es zeigt sich hierbei, dass Timo Richter eine Abarbeitung der von ihm delegierten Aufgaben wünscht. Lena ist jedoch nicht dazu bereit, noch mehr Tätigkeiten zu übernehmen. Dieses vor allem dann nicht, wenn sie das Gefühl hat, stets Aufgaben zu erledigen, die „eigentlich" der Pflegedienstleitung zugeschrieben werden können. Das Dilemma steckt in der „Berechenbarkeit" des Gegenübers. Nur, wenn sich beide aufeinander verlassen können, sind sie dazu in der Lage, die an sie gestellten Erwartungen zu erfüllen. Denn ansonsten tritt eine unplanbare chaotische Situation auf.

... erwartet von ...	Welche Erwartungen können – auch unausgesprochen – im Führungskontext formuliert werden?				
	Emil	Isolde	Timo	Lena	Alina
Emil		Keine Erwartungen	Führe die Mitarbeitenden in meinem Interesse	Mit weniger Widerstand schafft man mehr im Leben	Sei nicht so verspielt und höre mehr auf die „Alten"
Isolde	Keine Erwartungen		Haben Sie Ihre Mitarbeitenden im Griff	Hören Sie auf Ihren Vorgesetzten	Hören Sie auf Ihren Vorgesetzten
Timo	Keine Erwartungen	Keine Erwartungen		Erledige deine Aufgaben in der vorgegebenen Zeit	Befolge einfach die Anweisungen
Lena	Keine Erwartungen	Keine Erwartungen	Übernimm Deine Verantwortung und sei berechenbar		Arbeite deine Aufgaben ohne jede Stimmungsschwankung konsequent ab
Alina	Keine Erwartungen	Keine Erwartungen	Siehe meine Bemühungen und wertschätze sie	Wir müssen zusammenhalten	

Die Systematik, die zwischen Timo Richter und Lena besteht, lässt sich auch entsprechend des sogenannten „Teufelskreises" von Schulz von Thun (2018:28) kennzeichnen. Dieses stellt sich grafisch aufbereitet wie folgt dar.

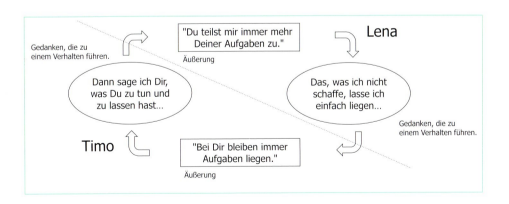

Sollten die beiden nicht aus dieser Systematik herausfinden, so werden sie wahrscheinlich zu keiner Lösung kommen. Die möglichen Lösungswege werden zunächst mit Blick auf den XER Timo Richter und im Anschluss daran in Bezug auf die YPSOLINERIN Lena in den nachfolgenden Absätzen erörtert.

Dont's und Dos des XERS *Timo*

Timos Dont's: Timo zeigt Lena auf, dass er ihre Gedanken für seine eigenen hält.

Gründe dafür: Als XER will sich Timo in erster Linie selbst ins rechte Licht rücken.

Timos Dos: Timo sollte Lena in der Regel mit einem Lob oder einer Belohnung für ihr Handeln begegnen. Da ihr Nachfragen von einem Mitdenken zeugt, wäre eine positive Rückmeldung von Timo ratsamer als seine eigenen Gedanken zu dem Thema in den Vordergrund zu stellen.

Timos Dont's: Timo grenzt sich von den Aufgaben ab, die aus seiner Sicht durch die Mitarbeitenden des Wohnbereiches zu erledigen sind.

Gründe dafür: Er erwartet, dass Lena eigenständig arbeitet und dabei nicht ständig Wertschätzung und Anerkennung verlangt.

Seine Work-Life-Balance steht für ihn im Vordergrund.

Timos Dos: Timo sollte sich darüber im Klaren werden, dass Mitarbeitende der GENERATION Y (Lena) einen partizipativen Führungsstil auf Augenhöhe erwarten.[2] Folglich muss er sich mit in das Aufgabenfeld von Lena einbringen. Er kann von Lena nicht erwarten, dass sie sich – wie er es in seiner Generation gewohnt ist – in jegliche Tätigkeit soweit eingibt, dass ihre persönlichen Belange in den Hintergrund treten.

Der Begriff „Verantwortung" wird von jedem Menschen anders wahrgenommen. Für die einen bedeutet es, sich selbst unter Druck zu setzen, für die anderen ist es ein Gefühl der Selbstverwirklichung. Timo sollte seine eigenen Vorstellungen in den Hintergrund rücken lassen, um herauszufinden, welchen Stellenwert die jeweiligen Aufgaben für seine Mitarbeitenden haben.

Timos Dont's: Timo unterstellt Lena von vornherein eine „Verdrängungsstrategie", so dass er nicht glaubt, dass sie ihren Aufgaben nachkommen wird.

Gründe dafür: Timo ist in jedem Fall misstrauisch und skeptisch. Dabei erwartet er, dass die Mitarbeitenden sich kontinuierlich selbst „optimieren", um das Beste für die Einrichtung zu erreichen.

Auch hier, wie schon in dem Kapitel mit Isolde Schwarz dargestellt, stehen für ihn die Zeitvorgaben und die Kontrollen im Vordergrund.

Timos Dos: Um aus dem oben beschriebenen Teufelskreis herauszukommen, muss sich Timo auf Lena „zubewegen". Eine ständige Kontrolle führt bei den Mitarbeitenden am Ende dazu, dass sie dann ihren Tätigkeiten nachkommen, wenn sie wissen, dass das Ergebnis durch die Führungskräfte kontrolliert wird.

2 Mangelsdorf 2015:85

Lenas Dont's: Lena sucht sofort die Konfrontation mit ihrem Vorgesetzten.

Gründe dafür: Lena interpretiert die Rückfrage von Timo sofort als persönliche Kritik ihr gegenüber und ihrer Leistung.

Für sie steigt der Druck, den sie in ihrem Aufgabengebiet empfindet.

Lenas Dos: Lena sollte darüber nachdenken, welchen Mehrwert die Aufgabe für sie haben kann. Für die GENERATION Y ist es wichtig, dass sie eine persönliche Weiterentwicklung in ihrem Arbeitsalltag erlebt. Dieses funktioniert jedoch nur, wenn sie sich nicht schon im Vorwege mit ihren Aufgaben überfordert fühlt.

Lenas Dont's: Sie unterstellt Timo, dass er unangenehme Tätigkeiten auf die Mitarbeitenden abwälzt, ohne über die möglichen Folgen nachzudenken.

Gründe dafür: Lenas Frustrationstoleranz ist überschritten: Sie fühlt sich von Timo ausgenutzt und überfordert.

Da sie vom Grundsatz her eine Teamplayerin ist, ist sie darüber verärgert, dass sie die weiteren Aufgaben allein erledigen soll.

Lenas Dos: Lena sollte das Gespräch mit Timo suchen und ihm verdeutlichen, in welcher Situation sie sich gerade befindet. Denn, das Gefühl der Überforderung lässt sich nicht einfach wegdelegieren.

In diesem Zusammenhang kann sie auch erwähnen, dass sie sich ein kooperatives Verhalten gewünscht hätte. Sollte Timo dazu bereit sein, die Aufgabe mit ihr zusammen zu bewältigen, besteht die Wahrscheinlichkeit, dass beide aus dem Ergebnis einen Nutzen für ihre weitere Zusammenarbeit ziehen.

Lenas Dont's: Sie droht Timo damit, die ihr übertragene Aufgabe liegen zu lassen.

Gründe dafür: Da sie schlecht mit Kritik umgehen kann, ist ihre Drohung als Gegenmaßnahme zu verstehen.

Lenas Dos: Lena sollte sich nicht gleich verweigern, sondern Timo eher fragen, wie er zu dieser Wahrnehmung kommt.

Lena sollte es als Ypsilonerin begreifen, dass es für eine Führungskraft der GENERATION X schwierig ist, mit einer Arbeitsverweigerung zu drohen, wenn das Resultat die Rückdelegation der Tätigkeit an die Führungskraft ist. Lena muss erkennen, dass Führungskräfte, die der GENERATION X angehören, ihre Autonomie und Selbstbestimmtheit lieben. Folglich muss sie darum wissen, dass diese mit Druck von Mitarbeitenden nur sehr schlecht umgehen können.

Ein kurzer Blick auf die Persönlichkeit

Auch entlang des voranstehend dargestellten Beispiels zeigt es sich, dass Timo gegenüber Mitarbeitenden kurz und bündig auftritt. Sein Gesprächsstil ist knapp gehalten und auf „seinen" Punkt gebracht (Verträglichkeit). Dabei hat er wenig Sorge darum, dass Lena sein Verhalten negativ beurteilt (Neurotizismus). Er bestimmt die Vorgehensweise im Pflegebereich und verlangt dabei Disziplin (Gewissenhaftigkeit). Lena wiederum fühlt sich in dieser Situation gestresst (Neurotizismus), da sie möglichst keine weiten Aufgaben übernehmen (Gewissenhaftigkeit) möchte.

Im nachfolgenden Absatz stellt sich nun die Frage danach, wie es den beiden Mitarbeitenden in Anbetracht ihrer generations- bzw. persönlichkeitsbedingten Prägung künftig angemessener gelingen kann, sich aufeinander einzustellen.

Was sollte der XER Timo unter Bezugnahme auf den Umgang mit der YLERIN Lena beachten?
Worauf sollte er seinen Blick unbedingt richten?

Timo muss sich darüber im Klaren sein, dass Lena in erster Linie arbeitet, weil sie ihren Lebensunterhalt verdienen will. Das kann bedeuten, dass sie sich stark an die Regeln hält, die ihr in ihrer Einarbeitungszeit kommuniziert wurden. Mitarbeitende der GENERATION Y legen viel Wert auf die Einhaltung des „psychologischen Vertrages" (siehe Infokasten). Besonders dann, wenn sie das Gefühl haben, dass der Arbeitsinhalt und die damit einhergehende Belastung die persönliche Work-Life-Balance stört. Hier ist viel Sensibilität gefragt. Wobei diese Tugend nicht die Stärke des XER Timo Richters ist. Es mag für einen Mitarbeiter der GENERATION X als „unnötiges Gefasel" verstanden werden, wenn es in Gesprächen mit der GENERATION Y und Z zu aller erst um das Wohlbefinden der Mitarbeitenden geht. Das gezeigte Interesse an der Persönlichkeit des Gegenübers öffnet jedoch den Raum, um die eigentlichen Sachfragen konfliktfreier zu erörtern.

INFO

Der psychologische Vertrag

Tritt ein Mitarbeitender in eine Organisation ein, so unterschreibt er einen Arbeitsvertrag, der den Rahmen der Zusammenarbeit zwischen dem Mitarbeitenden und dem Unternehmen definiert. Dieser schriftliche Vertrag beschreibt jedoch nicht die gesamten Erwartungen beider Parteien zueinander. Vielmehr entwickelt sich aus den ersten Erfahrungen und Erlebnissen beider Parteien eine Erwartungshaltung, die sich auf die weitere Zusammenarbeit auswirkt. Hierbei handelt es sich um die detaillierten Arbeitsinhalte, mögliche Karrierechancen oder die in der Altenhilfe häufig nicht eingehaltene Zusicherung von Arbeits- bzw. Dienstzeiten. Diese Erwartungen der beiden Parteien werden auch als „psychologischer Vertrag" beschrieben.

Wesentlich ist hierbei, dass es sich um einen dynamischen Prozess handelt. „Es kann angenommen werden, das Mitarbeitende mit der Zeit steigende Verpflichtungen aufseiten des Arbeitgebers sehen, aber abnehmende eigene Verpflichtungen. […] Die Tatsache, gute Arbeit für den Arbeitgeber zu leisten, ist bereits ein Beitrag im Sinne des psychologischen Vertrages, und dadurch steigen die Ansprüche der Mitarbeitenden und ihre Verbindlichkeiten sinken"[3]. Wenn dieses Phänomen auf langjährige Beschäftigungsverhältnisse in der Altenhilfe übertragen wird, ist es nicht verwunderlich, wenn Mitarbeitende im Laufe ihrer Tätigkeit keine weiteren Aufgaben übernehmen wollen, solange nicht andere Tätigkeiten dafür entfallen. Das System des „Gebens und Nehmens" muss dauerhaft ausgeglichen sein.

3 Raeder, 2012:34

Des Weiteren muss das Unternehmen von sich aus immer wieder mit den Mitarbeitenden in Kontakt treten, um insbesondere die unausgesprochenen Erwartungen zu ermitteln und daraus mögliche effektive Maßnahmen abzuleiten.

Eine spontane „Gegenwehr" eines Mitarbeitenden der GENERATION Y bedeutet auch nicht gleich, dass es wirklich zu einem Konflikt kommen muss. Vielmehr ist darauf zu achten, dass in diesem Moment die Emotionen des Gegenübers zutage treten. Ein Verhalten, das sich viele der GENERATION X im beruflichen Kontext nicht erlauben würden. Somit sollte in einer solchen Situation eine „emotionale Runde" gedreht werden, damit der Sachverhalt nicht in einem Konflikt mündet. Hierbei ist besonders auf das Hervorheben der positiven Eigenschaften des Mitarbeitenden zu achten. Dieses in einem ehrlichen Rahmen und nicht als Manipulationsmittel: „Solange ich ihr erzähle, wie großartig sie ist, macht sie schon, was ich will."

Mitarbeitende der GENERATION Y wollen den Sinn hinter einer Handlung erkennen. Die Aussage: „Mache es einfach und frage nicht danach, warum das wichtig ist", hat bei der GENERATION X noch ganz gut funktioniert. Führungskräfte müssen jedoch künftig bei der GENERATION Y und Z vorab den Sinn ihrer Handlung erläutern. Dann können sie, mit entsprechender Überzeugungskraft, auch auf Unterstützung hoffen.

Was sollte die YLERIN Lena unter Bezugnahme auf den Umgang mit dem XER Timo beachten?
Worauf sollte sie ihren Blick unbedingt richten?

Timo Richter verfährt nach der Devise: Zahlen, Daten, Fakten. Warum soll er also eine Mitarbeitende loben, wenn sie lediglich ihren Job macht? Lena sollte bewusst sein, dass dieses Verhalten in der Regel nichts mit ihr als Person zu tun hat. Vielmehr erwartet er Eigeninitiative von ihr, die ihn schließlich auch erfolgreich durch das Leben gebracht hat.

Mitarbeitende sollten sich immer die Frage danach stellen, warum deren Vorgesetzte Führungskräfte geworden sind. Das ist häufig nicht nur mit vermeidlich positiven Eigenschaften zu erklären. Mitarbeitende, denen es an Teamfähigkeit fehlt, die aber ausreichende Durchsetzungsfähigkeit besitzen, werden auch heute noch gerne auf Führungspositionen gesetzt. Auch, wenn Lena als Angehörige der GENERATION Y eher eine Teamplayerin ist, muss sie für sich erkennen, dass Timo Richter als XER mit seiner eher statusorientierten Haltung niemanden neben sich akzeptieren wird.

Doch solange Lena die Position und damit die Führungsmacht von Timo Richter nicht infrage stellt, kann sie auch von ihm Unterstützung erwarten. Er muss das Gefühl haben, dass er seine eigenen Interessen verfolgen kann.

Der fachliche Austausch – Wenn es einmal hakt

Wenn Sie diesen Abschnitt gelesen haben, dann …

sollten Sie sich darüber im Klaren sein, dass eine kompetente Praxisanleitung von Auszubildenden in der Altenpflege in jedem Fall dazu beiträgt, den „Nachwuchs" langfristig an eine Pflegeeinrichtung zu binden. Dies insbesondere vor dem Hintergrund, dass es bundesweit zu wenig angehende Pflegefachkräfte auf dem Markt gibt und dass sich jede Pflegekraft ihren Arbeitgeber derzeit und auch in naher Zukunft aussuchen kann.

Somit ist jeder Praxisanleiter angesichts der grundlegenden Veränderungen im Rahmen des seit 01.01.2020 in Kraft getretenen Pflegeberufegesetzes[1] gefordert, sich vertiefend mit den neuen Anforderungen auseinanderzusetzen, die auf den Auszubildenden und die damit einhergehende Anleitung zukommen.[2]

Das neue Pflegeberufegesetz verpflichtet Praxisanleiter künftig nicht nur dazu, die Auszubildenden in einem festgelegten zeitlichem Rahmen zu begleiten[3], der nachweislich 10 Prozent – bezogen auf die Praxiseinsätze beträgt – und im Dienstplan hinterlegt sein muss. Es setzt aufseiten der Praxisanleiter auch eine Anleitung voraus, die dem Curriculum der Schulen angepasst ist, um den Theorie-Praxis-Transfer gewährleisten zu können.[4]

Seit 1. April 2020 erhalten alle Auszubildenden der Kranken-, Kinderkranken- und Altenpflege zwei Jahre lang eine gemeinsame, generalistische Ausbildung, mit der Möglichkeit einen Vertiefungsbereich in der praktischen Ausbildung zu wählen[5].

„Wer die generalistische Ausbildung im dritten Jahr fortsetzt, erwirbt den Abschluss zur Pflegefachfrau oder zum Pflegefachmann. Auszubildende, die ihren Schwerpunkt in der Pflege alter Menschen oder der Versorgung von Kindern und Jugendlichen sehen, können für das dritte Ausbildungsjahr statt des generalistischen Berufsabschlusses einen gesonderten Abschluss in der Altenpflege oder Kinderkrankenpflege erwerben"[6]. Einen Einzelabschluss in der Krankenpflege gibt es angesichts der neuen Ausbildungsverordnung nicht mehr.

Im Zuge dieser Reform haben sich damit einhergehend auch die Anforderungen an die Praxisanleiter verändert: Sie müssen Hilfsmittel nutzen, um den Pflegefachfrauen und Pflegefachmännern von morgen eine gute praktische Ausbildung zu ermöglichen[7]. Des Weiteren müssen Praxisanleiter künftig um die sogenannten „vor-

---

1 https://www.bundesgesundheitsministerium.de/pflegeberufegesetz.html; Zugriff vom 18.06.2020
2 vgl. Hentschel 2020:57
3 vgl. ebd.:59
4 vgl. ebd.:59
5 vgl. https://www.pflegen-online.de/generalistik-kommt-2020; Zugriff vom 16.06.2020
6 ebd.
7 vgl. ebd.:57

behaltenen" Tätigkeiten wissen, die im Pflegeberufegesetz [8] hinterlegt sind. Hieraus ergibt sich, das erstmals Vorbehaltsaufgaben für Pflegefachpersonen festgelegt sind. Diese umfassen die Erhebung und Feststellung des Pflegebedarfs sowie die Organisation, Gestaltung und Steuerung des Pflegeprozesses. Ferner soll die Analyse, Evaluation, Sicherung und Entwicklung der Pflegequalität den Pflegefachpersonen vorbehalten sein.[9] Wichtig ist es in diesem Zusammenhang für jeden Praxisanleiter, der Auszubildende zu Pflegefachpersonen anleitet, dass er darum weiß, dass klassische „pflegerische" Tätigkeiten, wie die Grundpflege, nach bestandenem Examen nicht mehr zu den Tätigkeiten einer fertig ausgebildeten Pflegefachperson zählen.[10] Somit ändern sich die Kompetenz- und Aufgabenbereiche von Pflegefachfrauen und Pflegefachmännern.[11] Im Rahmen der Praxisanleitung ist es dennoch die Aufgabe von Praxisanleitern, jeden Auszubildenden – je nach Ausbildungsjahr – in grundpflegerische und behandlungspflegerische Tätigkeiten einzuarbeiten. Um Auszubildende zum Pflegefachmann bzw. zur Pflegefachfrau kompetent und verantwortungsvoll zu qualifizieren, bedarf es künftig eines betrieblichen Ausbildungsplans und einer direkten Anleitungszeit sowie einer damit verbundenen Vor- und Nachbereitung.[12] Das Wissen darum sollte dazu beitragen, dass der Auszubildende nicht mehr länger als „günstige Arbeitskraft" in Pflegeeinrichtungen angesehen wird, sondern dass das Unternehmen auf der Grundlage der Ausbildungsinhalte einen strukturierten betrieblichen Ausbildungsplan erstellt, an dessen Umsetzung sich in der Praxis auch gehalten wird.

Die Darstellung im Rahmen des nachfolgenden Absatzes zielt erneut auf ein exemplarisches Beispiel ab: des der Praxisanleitung. An dem abgebildeten Prozess sind die folgenden zwei Protagonisten beteiligt: Die YPSILONERIN Lena und die ZLERIN Alina. Lena nimmt neben ihrer Funktion als Pflegefachkraft auch noch die Aufgaben einer Praxisanleiterin wahr.

Folglich ist es ihre Aufgabe, die Auszubildende und Zlerin Alina in regelmäßigen Abständen anzuleiten. Lena vertritt mit Blick auf die Wahrnehmung ihrer Praxisanleiteraufgaben eher die Auffassung, dass diese „so nebenbei" durchgeführt werden können und dass es hierfür aus ihrer Sicht keiner besonderen Vorbereitung oder gar Nachbereitung bedarf. So hat sie im Anschluss an die Übergabe die spontane Idee, dass sie die ZLERIN Alina an diesem Morgen, an dem beide im Frühdienst vor Ort sind, mit zu mehreren Bewohnern nehmen kann, u. a. auch zu dem VETERANEN bzw. TRADITIONALISTEN Emil Schwarz. Lena will Alina schnell zeigen, wie sie die Grundpflege bei diesen Bewohnern durchführen muss. Lena denkt sich, dass sie dann schon einmal einen Teil ihrer Praxisanleiteraufgaben „abgearbeitet" hat. Die ZLERIN Alina hingegen erfährt erst im Anschluss an die Übergabe im Frühdienst davon, worin sie heute angeleitet werden soll.

---

8 vgl. § 4 unter https://www.bundesgesundheitsministerium.de/pflegeberufegesetz.html; Zugriff vom 18.06.2020
9 vgl. ebd.:57
10 vgl. ebd.:57
11 vgl. ebd.:57
12 vgl. ebd.:58

Ein Auszug von der Praxisanleitung, die Lena mit Alina durchführt:

Lena: „Ach, Alina, ich habe gerade eben beschlossen, dass ich dich heute Morgen einmal mit in die Grundpflege zu meinen Bezugspflegebewohnern nehmen will. Dann kannst du gleich einmal sehen, wie du bei diesen Bewohnern grundpflegerisch vorgehen musst. Das ist doch eine prima Idee von mir, denn ich muss dich hierin ja laut Ausbildungsplan sowieso irgendwann anleiten. Dann haben wir das gleich hinter uns und können einen „Haken" dahinter machen, denn du weißt ja auch selbst, dass ich eigentlich keine zeitlichen Kapazitäten für deine Praxisanleitung habe!"

Alina: „Das ist in Ordnung für mich, Lena. Aber, ich hätte mir gewünscht, dass du mich nicht so kurzfristig damit überrascht. Ich wäre da gerne ein bisschen mehr darauf vorbereitet gewesen."

Lena: „Auf was muss du dich denn da groß vorbereiten? Grundpflege ist Grundpflege. Die verläuft immer nach Schema X. Tagein und tagaus. Du musst nur gucken, was ich bei den Bewohnern mache. Das ist keine große Magie. Und das geht alles recht schnell vonstatten!"

Alina: „In der Pflegeschule ist es mir aber so beigebracht worden, dass ich mir die Dokumentation und schriftliche Maßnahmenplanung sowie den Ablaufplan von den einzelnen Bewohnern immer vorab durchlese und die Inhalte verinnerliche, bevor ich mir die direkte Umsetzung in der Praxis anschaue."

Lena: „Das ist großer Unsinn, Alina. Da sieht man mal wieder, dass deine Lehrer keine Ahnung von der Praxis haben. Das sind alles nur Theoretiker, die schlau schnacken und gar nicht mehr wissen, wie es tatsächlich an der Pflegefront aussieht. Die Dokumentation kannst du dir auch hinterher durchlesen. Die ist erst einmal nicht so wichtig für dich. Ich weiß sowieso, was da drinsteht. Ich muss da nicht mehr reingucken. Du kannst dann hinterher darin nachlesen, ob ich „nach Plan" gehandelt habe. Das ist dann auch gleich eine schöne Zusatzaufgabe für dich, die ich dann in deinem Praxisbegleitheft als durchgeführt vermerken kann. Das ist super. Damit kann ich dann auch gleich einen weiteren Meilenstein mit Blick auf deine Anleitungszeit geltend machen."

Alina: „Und wenn ich die Dokus dann heute alle gelesen habe, setzen wir uns im Anschluss daran noch einmal zusammen, damit ich dir berichten kann, was mir diesbezüglich aufgefallen ist?"

Lena: „Nee, Alina. Dazu habe ich heute bei Weitem nicht die Zeit dafür. Du kannst einfach aufschreiben, was dir wichtig ist. Wir besprechen das dann irgendwann einmal, wenn ich wieder Zeit für deine Anleitung habe. Es drängt uns doch keiner!"

Alina: „Ich hätte aber gerne ein zeitnahes Feedback von dir, damit ich weiß, ob ich auf dem richtigen Weg bin oder ob ich noch Wissenslücken habe."

Lena: „Ach, Alina. Nun mach mal keinen Stress. Den habe ich hier schon genug. Du liest dir die Doku zu den Bewohnern, die wir jetzt aufsuchen, einfach bis zum Ende deines Frühdienstes durch und machst dir Notizen dazu. Dann hast du auch gleich etwas Sinnvolles zu tun. Ich sag dir dann einfach Bescheid, wann ich mich mit deinen Ergebnissen auseinandersetzen werde."

Alina: „O.k., wenn du meinst. Dann warte ich einfach darauf, bis du wieder auf mich zukommst!"

(Alina hat Lena circa bis elf Uhr vormittags bei der Grundpflege von mehreren Bewohnern begleitet. Sie hat aufmerksam zugeschaut, wie Lena die Grundpflege dort durchgeführt hat. Im Anschluss daran hat sich Alina in das Stationszimmer gesetzt und sich bis zum Ende ihrer Frühschicht mit der Dokumentation beschäftigt. Für Alina sind viele Fragen offengeblieben, die sie nun verschriftlichen muss, weil Lena keine Zeit für sie hat. Alina fühlt sich angesichts dessen ein wenig frustriert: Sie hätte es sich gewünscht, zeitnah gezielte Fragen stellen und damit einhergehend eine angemessene Reflexion zu erhalten).

Das Beispiel der beiden Protagonisten (der Ypsilonerin Lena und der Zlerin Alina) lässt erkennen, dass beide Beteiligten ein völlig unterschiedliches Verständnis von der Gestaltung und Umsetzung einer Praxisanleitung haben.

Die Ypsilonerin Lena misst der aufgezeigten Anleitungssituation eher eine „randständige" Funktion zu, während sich die Zlerin Alina eine professionell vorbereitete Anleitung erhofft, die im Rahmen ihrer Ausbildung de facto zu Erweiterung ihres Kompetenzstandes beitragen soll. Alina möchte im Prinzip nur ihre Wissenslücken „stopfen" und diese mit der Pflegetheorie und -praxis verknüpfen. Die Praxisanleiterin Lena hingegen vermittelt der Auszubildenden Alina keine positive Einstellung im Zusammenhang mit der dargestellten Anleitungssituation.

Folglich sind die Interessen der beiden Protagonisten diametral entgegensetzt ausgerichtet: Lena erachtet die Anforderungen, die die Auszubildende Alina an sie stellt, für nicht tragbar. Alina hingegen fühlt sich in ihrer Rolle als Auszubildende von Lena nicht gesehen.

Somit besteht am Ende der auszugsweise abgebildeten Anleitungssituation keine Einvernehmlichkeit zwischen den beiden Beteiligten: Lena erwartet von Alina ein weitestgehend selbstständiges und selbstorganisiertes Lernen, ohne großartige Nachfragen und „Störungen". Alina wünscht sich aber viel Unterstützung und Betreuung mit Blick auf die Praxisanleitung und ihre diesbezügliche Kompetenzerweiterung.

In der nachfolgenden Tabelle werden die unterschiedlichen und eindeutigen Erwartungen der Protagonisten dargestellt. Hierbei wird insbesondere auf die Erwartungsgegensätze von Lena und Alina geachtet, die sich auf den Prozess der Praxisanleitung beziehen.

... erwartet von ...	Welche Erwartungen können – auch unausgesprochen – in der Anleitung formuliert werden?				
	Emil	Isolde	Timo	Lena	Alina
Emil		„Entspanne dich, mir passiert schon nichts"	„Stelle ausreichende Ressourcen zur Verfügung"	„Sei ein Vorbild"	„Lerne das Richtige"
Isolde	„Sei kein Versuchskaninchen"		„Passen Sie auf meinen Vater auf"	„Halten Sie die Azubine an der kurzen Leine"	„Finger weg, wenn Sie keine Ahnung haben"
Timo	„Akzeptieren Sie die Versorgung von Azubis genauso, wie die von anderen Kräften"	„Entspannen Sie sich. Ihrem Vater passiert nichts"		„Die Anleitung funktioniert im Regelbetrieb"	„Lerne schnell, damit wir dich so gut es geht einsetzen können"
Lena	„Alles wird gut"	„Entspannen Sie sich. Ihrem Vater passiert nichts"	„Gib mit Zeit für die Anleitung"		„Verändere keine Strukturen!"
Alina	„Helfen Sie mir bei meiner Ausbildung"	„Vertrauen Sie mir. Ich werde Ihren Vater nicht schädigen"	„Ich will hier etwas lernen und nicht nur waschen"	„Lass mich machen!"	

Ein kurzer Blick auf die Persönlichkeit

Alina erkennt für sich den Nutzen, sich in eine Pflegedokumentation einzuarbeiten (Mittlere Ausprägung in Gewissenhaftigkeit), um darüber eine zielgerichtetere Pflege umsetzen zu können. Das sieht Lena ganz anders (Geringe Ausprägung in Gewissenhaftigkeit). Besonders weil sie weiß, dass es eben auch „ohne eine Planung" funktioniert und die, obwohl es ihr bewusst ist, einen wesentlichen Teil des Pflegeprozesses darstellt. Somit ist sie auch nicht zimperlich in Bezug auf ihre Schuldzuweisung (Geringe Ausprägung in der Verträglichkeit). Sie zeigt Alina auf, dass die Lehrenden keine Ahnung von der Wirklichkeit in der Pflege haben und sie sich nicht auf dieses Niveau begeben soll. Sie ärgert sich darüber, dass „Fremde" in ihren Arbeitsprozess eingreifen (Hohe Ausprägung an Neurotizismus).

Dont's und Dos der YPSILONERIN *Lena*

Lenas Dont's: Lena arbeitet nicht mit einem strukturierten Ausbildungsplan, im Rahmen dessen sie in Kooperation mit der Pflegeschule genau festlegt, wann sie der Auszubildenden Alina welche Inhalte vermitteln sollte.

Lena spiegelt der Auszubildenden Alina sehr deutlich, dass sie weder Zeit noch Interesse an deren Praxisanleitung hat. Sie begründet dies mit den ihr nicht zur Verfügung stehenden Kapazitäten im Bereich der Ausbidungsorganisation und der sich daraus ableitenden Planungssicherheit.

Lena erwartet einfach von der ZLERIN Alina, dass sich diese spontan und ohne jegliche Vorbereitungsmöglichkeit auf „ihre Form" der praktischen Anleitung einstellt. Die Qualität des Ausbildungsprozesses ist dabei völlig zweitrangig für sie.

Gründe dafür: Die YPSILONERIN Lena ist damit überfordert, die Auszubildende Alina schrittweise an die Wahrnehmung ihrer beruflichen Aufgaben als künftige Pflegefachfrau heranzuführen. Zwar verfügt sie über eine berufspädagogische Zusatzqualifikation als Praxisanleiterin. Sie strebt aber als YPSILONERIN nach einer sofortigen Befriedigung ihrer Wünsche, Bedürfnisse und Ziele[13], die mit Blick auf die Praxisanleitung nicht darin bestehen, ausführliche Zusammenhänge darzustellen und in die Tiefe zu gehen.[14]

Für Lena steht ihre eigene Selbstverwirklichung im Mittelpunkt ihres jeweiligen Vorgehens. So stellt sich ihr auch die Durchführung einer Praxisanleitung dar. Diese soll ihr in erster Linie Spaß machen und eigenverantwortlich spielerisch von ihr gestaltet werden können.[15] Rigide vorgegebene Ausbildungszeiten und -inhalte, die geplant und strukturiert auf der Grundlage des vereinbarten Ausbildungsplanes erfolgen müssen[16], erachtet sie als YPSILONERIN als völlig überbewertet.

Lena bevorzugt als YPSILONERIN einen Kommunikationsstil, der unmittelbar, locker und kurzweilig ist.[17] In Anbetracht ihrer eher kurzen Aufmerksamkeitsspanne[18] entspricht es überhaupt nicht ihrem persönlichkeitsbedingten Stil, akribische Vorbereitungen zu treffen. Sie präferiert eher kurzweilige Lösungen, die aus ihrer Sicht durchaus auch zu einem schnellen Ergebnis und einem damit verbundenen Erfolg für sie führen.

Lenas Dos: Lena sollte ihre Rolle als Praxisanleiterin dringend einmal kritisch hinterfragen: Gerade als Angehörige der GENERATION Y muss sie sich die Frage danach stellen, ob und inwiefern sie für Auszubildende der GENERATION Z überhaupt die richtige Ansprechpartnerin ist. Sollte sie hierbei zu dem Ergebnis kommen, dass sie mit der vom Gesetzgeber geforderten Organisation, Steuerung und Gestaltung des Praxisanleiterprozesses überfordert ist, dann sollte sie diese Aufgabe abgeben.

Lena kann es aber auch lernen, ihren generationsbedingten Widerstand gegenüber Formalien[19] aufzugeben: Wenn sie es respektiert und auch umsetzt, dass Auszubildende gezielt sowie fachgerecht bei der Ausführung der Aufgaben von ihr angeleitet werden müssen, dann wird es ihr hierüber auch möglich sein, einen Zusammenhang zu ihren ganz persönlichen Werten zu entwickeln, so dass sie sich umso intensiver um die Erreichung von gemeinsam mit Auszubildenden zu vereinbarenden Zielen bemüht[20].

Lena muss es künftig lernen, dass es ihr Job als Praxisanleiterin ist, die Kompetenzen der ZLERIN Alina zu fördern und ihr Methoden zu vermitteln, die die Auszubildende zum selbstorganisierten Lernen befähigen. Dies kann ihr gelingen, indem sie sich gemeinsam mit der ZLERIN Alina auf den Weg macht, um sich den Zugang zu den veränderten Ausbildungsin-

---

13 vgl. Mangelsdorf 2015:19
14 vgl. ebd.:30
15 vgl.ebd.:47
16 vgl.www.bgbl.de/xaver/bgbl/start.xav?startbk=Bundesanzeiger; Zugriff vom 20.06.2020
17 vgl. Mangeldorf 2015:60
18 vgl. ebd.:60
19 vgl. Mangelsdorf 2015:63
20 vgl. ebd.:70

formationen zu verschaffen. Das mit Alina geteilte Wissen kann sie dann als wichtigen Baustein für Innovationen ansehen, die sie ja als YPSILONERIN von Haus an anstrebt.[21]

Lenas Dont's: Lena relativiert die fachpflegerischen Anforderungen, die mit der Durchführung von Grundpflegen bei Bewohnern verbunden sind, von vorherein: Dadurch vermittelt sie Alina das Gefühl, dass es keinerlei Anleitung und Begleitung von Auszubildenden im grundpflegerischen Bereich bedarf. Damit setzt sie auch die Wertigkeit einer professionellen Versorgung herab und vermittelt Alina indirekt das Gefühl, dass jeder – auch eine ungelernte Pflegekraft – dieser Aufgabe nachkommen kann. Diese Haltung folgt der überkommenen und absolut nicht mehr zeitgemäßen Parole: „Pflegen kann jeder!"

Die YPSILONERIN Lena äußerst sich sehr despektierlich über die qualitativen Fähigkeiten und Fertigkeiten der Lehrkräfte, die Alina an der Pflegeschule unterrichten. Damit bringt sie Alina in einen Rollenkonflikt, da diese nicht mehr weiß, wem sie nun Glauben schenken soll: ihrer Praxisanleiterin oder ihren Lehrkräften an der Pflegeschule.

Lena spiegelt Alina, dass die Pflegeplanung und die damit verbundene Dokumentation von Pflegemaßnahmen für sie nicht einmal in Grundzügen relevant sind. Damit macht sie die Sicherung und Entwicklung der Pflegequalität zur zentralen Frage, wenngleich diese einen zentralen Indikator für Alinas Ausbildung darstellen. So, wie Lena der ZLERIN Alina den Pflegeprozess und die damit verbundenen Pflegesituationen vermittelt, muss diese unter dem Eindruck stehen, dass jegliche von ihr erlernte und verinnerlichte Theorie nicht einmal ansatzweise im Einklang mit der Umsetzung in der Praxis steht.

Gründe dafür: Die YPSILONERIN will für ihren Einsatz belohnt und gelobt werden[22]: Sie zeigt aus ihrer Sicht ein ausgeprägtes Engagement für die Umsetzung ihrer Form der Praxisanleitung. Ihr Idealismus beschränkt sich allerdings aufgrund ihrer sozialisationsspezifischen Prägung darauf, dass ihr Gegenüber stets begeistert auf ihren Vorschlag reagieren sollte[23] und nicht mit einem Feedback, das ihre Expertise infrage stellt.

YPSILONER, wie Lena, wollen sich nicht mit zusätzlichem „Ballast" (wie z. B. mit einer akribisch geplanten Anleitung) herumschlagen. Sie agieren vielmehr nach dem Minimalprinzip.[24] Die YPSILONERIN Lena hat nicht den Ehrgeiz, als Praxisanleiterin zur Expertin zu werden und tief in die Materie von Ausbildungskonzepten einzutauchen. Vielmehr ist sie durch Schnelligkeit und eine kurze Aufmerksamkeitsspanne geprägt, die für die Gestaltung und Vermittlung von Lerninhalten eine zentrale Rolle für sie spielen.[25]

Hartnäckigkeit und Ausdauer zählen nicht gerade zu den Eigenschaften der YPSILONERIN Lena: Sie verliert schnell die Lust daran, sich mit von ihr als viel zu theoretisch und unlösbar empfundenen Aufgaben auseinanderzusetzen.[26] Folglich neigt sie dazu, kreative Lösungsansätze zu entwickeln und diese so umzudeuten, das sie von ihr als angemessen und ausreichend bewertet werden können.

Lenas Dos: Lena sollte sich dringend noch einmal mit den Grundlagen und Rahmenbedingungen des Pflegeberufegesetzes (PflBG) auseinandersetzen, das am 01.01.2020 in Kraft getreten ist. Hier könnte sie dann mehr Gewissheit darüber erlangen, welche direkten Aus-

21 vgl. ebd.:80
22 vgl. Mangelsdorf 2015:85
23 vgl. ebd.:85
24 vgl. ebd.:95
25 vgl. ebd.:95
26 vgl.ebd.:95

wirkungen dieses Gesetz auf ihre Praxisanleitung in der Pflege hat und was es künftig für sie bedeutet, Pflegefachkräfte generalistisch auszubilden.[27]

Die Erwartungen, die an sie als Praxisanleiterin gestellt werden, kann sie nur anhand eines Ausbildungsplans vollumfänglich erfüllen, der im Vorfeld der Ausbildung von Pflegefachpersonen gemeinsam mit den Ausbildungspartnern (Pflegeschulen und Ausbildungspartner für die Praxiseinsätze) erstellt werden sollte.[28]

Lena muss die ZLERIN Alina vor Ort schrittweise an einzelne Tätigkeiten, wie z. B. die Durchführung der Grundpflege, heranführen. Sie sollte die Auszubildende also dabei unterstützen, das theoretisch erworbene Fachwissen in die Praxis umzusetzen.[29] Wenn sie sich für diesen Weg entschieden hat, dann kann sie für sich persönlich einen Lernerfolg verbuchen und der Auszubildenden, hier der ZLERIN Alina, eine Perspektive aufzeigen, die ihr den Weg zur Ausübung ihres Berufes als künftige Pflegefachfrau als attraktiv, herausfordernd und hochwertig erscheinen lässt.

Lenas Dont's: Lena räumt Alina noch nicht einmal die reale Chance auf eine zeitnahe Reflexion und Evaluation von möglichen Lerninhalten ein: Stattdessen vertröstet sie Alina mit dem Hinweis darauf, dass es ihr nicht möglich sein wird, in festgelegten zeitlichen Abständen mit Alina über Ausbildungsinhalte und die damit verbundenen Ergebnisse zu kommunizieren.

Lena reagiert sehr abwehrend auf Alinas Forderungen nach einer aus ihrer Sicht allumfassenden Praxisanleitung. Dadurch beraubt sie Alina jeglicher Entwicklungsmaßnahmen, die ihr lediglich auf dem Papier einen qualifizierten Ausbildungsnachweis attestieren.

Lena nimmt ihren pädagogischen Auftrag in ihrer Rolle als Praxisanleiterin gegenüber Alina nicht einmal in Grundzügen wahr: Stattdessen demoralisiert sie diese, indem sie ihren Leistungsanspruch relativiert und ihren scheinbaren Wissensvorsprung in Bezug auf die praktische Umsetzung von Pflegehandlungen in dem ihr eigenen Sinne einfach neu definiert..

Gründe dafür: Lena vertritt als YPSILONERIN die Auffassung, dass sie etwas Besonderes ist. Ihre Einstellung folgt der Devise, dass sich alles personalisieren lässt.[30] In diesem Sinne führt sie auch ihre „eigenbestimmte" Form der Praxisanleitung durch. Diese soll in jedem Fall zu ihrem selbst gewählten Verständnis von einem Anleitungsmodell passen und nicht umgekehrt.[31]

Der YPSILONERIN Lena widerstrebt es, sich akribisch an einen Ausbildungsplan zu halten, der ihr „von oben" (Pflegeschule, Kooperationspartner für Praxiseinsätze usw.) vorgegeben wird. Dies entspricht nicht ihrem Naturell als YPSILONERIN. Sie muss innerhalb von institutionalisierten Prozessen, wie dem der Praxisanleitung, maximale Freiräume für Innovationen und eine aktive Mitgestaltung sehen.[32] Findet sie diese Bedingungen nicht vor, dann sieht sie darin keinen Ansporn für eine von ihr zu erbringende Leistung.[33]

Lena vertritt als YPSILONERIN die Auffassung, dass es immer gute Erklärungen und Gründe dafür gibt, warum Ziele innerhalb von gesetzten Fristen nicht erreicht werden: Allerdings

27 vgl. https://www.forum-verlag.com/BlogDetailPdf/index/articleId/2075; Zugriff vom 22.06.2020
28 vgl. Hentschel 2020:59
29 vgl. https://www.forum-verlag.com/BlogDetailPdf/index/articleId/2075; Zugriff vom 22.06.2020
30 vgl. Mangelsdorf 2015:117
31 vgl. ebd.:118
32 vgl. ebd.:131
33 vgl. ebd.:131

ist sie der Meinung, dass diese eindeutig außerhalb ihrer Einflussnahme liegen.[34] Sie hat es nicht gelernt, mit einem unguten Gefühl (Scheitern oder gar Versagen) aus einer beruflichen Situation herauszugehen, in der sie keinen Schutz von einem wohlmeinenden Gegenüber bekommt.[35]

Lenas Dos: Lena muss auf der Grundlage des Ausbildungsplans für Auszubildende zielgerichtete Arbeitsaufgaben für die Auszubildenden auswählen und diesen – je nach Ausbildungsjahr – die Möglichkeit einräumen, eigenständig Arbeitsabläufe zu gestalten.[36]

Lena sollte die Zlerin Alina gezielt und fachgerecht bei der Ausführung von allen künftigen Aufgaben anleiten: Hierzu gehören in jedem Fall auch Vor- und Nachgespräche im Rahmen der Praxisanleitung sowie die Auswertung und Dokumentation von Anleitungsprozessen.[37]

Lena muss sich dessen bewusst werden, dass es ihre Aufgabe ist, die Kompetenzen der Auszubildenden Alina zu fördern und ihr dabei Methoden zu vermitteln, die diese zum selbstorganisierten Lernen befähigen.[38]

Im nachfolgenden Abschnitt soll nun wiederum erörtert werden, wie es der YPSILONERIN Lena angesichts ihrer generations- bzw. persönlichkeitsspezifischen Prägung in Zukunft besser gelingt, die Auszubildende und ZLERIN Alina professioneller anzuleiten.

Wie muss die YPSILONERIN *Lena ihre Praxisanleiterfunktion zukünftig in Bezug auf die* ZLERIN *Alina gestalten, damit diese sich als Auszubildende angemessen wahrgenommen und gefördert fühlt?*

Die YPSILONERIN Lena geht mit ihrer Rolle als Praxisanleiterin aufgrund ihrer generationsbedingten Prägung sehr laisser-faire um: Es macht ihr generell nichts aus, Zusatzaufgaben zu übernehmen, da sie hieraus eine gewisse Motivation für sich ableitet. Bei der Umsetzung und Wahrnehmung dieser Aufgaben möchte sie aber nach eigenen Gesetzen und Vorstellungen[39] handeln können. Starre Strukturen, fehlende Partizipation und zu lange Zeitrahmen empfindet sie dabei als absolut einschränkend. Die Anleitungsbedarfe der ZLERIN Alina sind für sie vor diesem Hintergrund zweitrangig und spielen somit eine untergeordnete Rolle.

Lenas Auftreten und Verhalten in der Rolle als Praxisanleiterin trägt dazu bei, dass sie der ZLERIN und Auszubildenden Alina vorrangig das Gefühl vermittelt, dass es gar nicht so wichtig sei, pflegerische Tätigkeiten von Grund auf zu erlernen. Vielmehr spiegelt sie ihr, dass sie diese irgendwann durch eine hinreichende Berufserfahrung und langjähriges Erfahrungswissen kompensieren kann. Generell kann diese Sichtweise nicht vollständig infrage gestellt werden. Aber: Bei der ZLERIN Alina handelt es sich um eine Auszubildende im ersten Lehrjahr. Sie hat einen Anspruch darauf, professionell angeleitet zu werden. Lena hingegen verfährt nach dem Prinzip „learning by doing", in-

---

34 vgl. ebd.:132
35 vgl. ebd.:132
36 vgl. https://www.forum-verlag.com/BlogDetailPdf/index/articleId/2075; Zugriff vom 22.06.2020
37 vgl. ebd.
38 vgl. ebd.
39 vgl. Mangelsdorf 2015:133

dem sie meint, Alina einfach ins kalte Wasser stoßen zu können. Diese grobe Fahrlässigkeit kann dazu führen, dass sie Alina unbemerkt vor den Kopf stößt, so dass diese infolgedessen Fehler macht, die nicht gerade zu ihrer beruflichen Motivation und der damit verbundenen Sinnstiftung beitragen.

Aus Sicht der Autoren findet sich dieses Verhalten bei Praxisanleitern in Einrichtungen der stationären Altenhilfe nicht gerade selten wieder: Zwar wird die Aufstiegsqualifikation zum Praxisanleiter gerne wahrgenommen. An der Umsetzung der damit verbundenen Funktion hapert es jedoch in vielen Fällen. Dies wird zum Teil mit dem Mangel an Freistellungszeiten und einer damit verbundenen Planbarkeit von Anleitungsaufgaben im Früh- und Spätdienst begründet. Daraus resultiert dann, dass der Auszubildende während der Dienste einfach „mitlaufen" muss, um überhaupt etwas zu lernen. Oder aber der Auszubildende stellt einen „Störfaktor" dar, der die gewohnte Ablaufstruktur behindert. In diesem Fall werden dann einfach Aufgaben an ihn delegiert, die nicht mit Blick auf seine individuellen Fertigkeiten und Fähigkeiten maßgeschneidert sind. Zudem wird hierbei nicht überprüft, welche Vorkenntnisse beim Auszubildenden vorhanden sind. In über zwanzig Jahren, in denen die Autoren in der Altenpflege unterwegs sind, hören sie nach wie vor, dass so mancher Auszubildender seinen Praxisanleiter in den drei Jahren seiner Ausbildung nur ein- bis zweimal im Rahmen einer Anleitung zu Gesicht bekommen hat. Wie aber soll ein Praxisanleiter einen Auszubildenden dann am Ende seiner Ausbildung real beurteilen können? Und wie fühlt sich erst der Auszubildende, für den oftmals keiner Zeit hatte? Das Wissen um diesen Sachverhalt hat in der Vergangenheit sicherlich auch dazu beigetragen, dass Auszubildende künftig eine andere Form der Anleitung benötigen, damit sie sich nicht noch während ihrer Ausbildung einen anderen Ausbildungsbetrieb suchen, in dem sie mehr Betreuung und Beachtung finden. Um dies zu vermeiden, stellt die nachweislich zu erbringende Freistellungszeit von Praxisanleitern zukünftig sicherlich einen guten und sinnvollen Ansatz dar, den der Gesetzgeber im Rahmen des Pflegeberufegesetzes nicht umsonst fordert: „Die Praxisanleitung erfolgt im Umfang von mindestens 10 Prozent der während des Einsatzes zu leistenden praktischen Ausbildungszeit und muss anhand eines Ausbildungsnachweises dokumentiert werden".[40]

Doch welche Auswirkungen haben diese grundlegenden Veränderungen im Pflegeberufegesetz für die YPSILONERIN Lena? Was muss sie zeitnah unternehmen, damit sie Handlungssicherheit in ihrer Rolle als Praxisanleiterin gewinnt und besser gegenüber Auszubildenden aus der GENERATION Z gewappnet ist, die immer jünger werden und die zum Teil noch nicht volljährig sind, wenn sie ihre Ausbildung zur/zum Pflegefachfrau/Pflegefachmann beginnen?

Lena muss sich in einem ersten Schritt vertiefend mit den Eigenschaften und Merkmalen auseinandersetzen, die auf Seite 22ff. dargestellt sind und die ihr einen ersten Überblick über das Auftreten der GENERATION Z liefern können.

Lena muss des Weiteren eine „andere Brille" aufsetzen, wenn es darum geht, die Auszubildenden der GENERATION Z dort abzuholen, wo sie stehen:

40 https://www.forum-verlag.com/BlogDetailPdf/index/articleId/2075; Zugriff vom 23.06.2020

- Lena sollte zunächst einmal stärker und regelhafter in Verbindung mit den unterschiedlichen Pflegeschulen treten, mit denen die Einrichtung zusammenarbeitet und die die Auszubildenden ausbilden. Diese Kontakte muss sie dann fortwährend pflegen: Hierzu gehört unter anderem der regelmäßige Austausch über die Lerninhalte und Lernprobleme der jeweiligen Auszubildenden.[41]

- Lena muss die ZLERIN und Auszubildende Alina darüber hinaus zum Führen des Ausbildungsnachweises anhalten.[42] Das setzt allerdings voraus, dass Alina auch tatsächlich entsprechend der vom Gesetzgeber und der von der Pflegeschule vorgegebenen Ausbildungsinhalte in der Praxis von Lena angeleitet wird, und dass nicht nur „auf dem Papier" ein Handzeichen gesetzt wird, um dieser Auflage einfach pro forma nachzukommen.

- Um eine qualifizierte Leistungseinschätzung bezüglich der ZLERIN Alina treffen zu können und um darüber ihre Mitsprache vor Ende der Probezeit von Alina geltend zu machen[43], muss sich Lena mit dem Leitfaden vertraut machen, der als Arbeitshilfe für die zehn verschiedenen Themenbereiche dient, die im Rahmen der neuen Ausbildung zur/zum Pflegefachfrau/Pflegefachmann geltend gemacht werden.[44]

- Lena muss ihre Aufgaben als Praxisanleiterin in der Pflegeeinrichtung neu erarbeiten bzw. überarbeiten und in einer Aufgabenbeschreibung festlegen: So sollte sie z. B. einen Gesprächsleitfaden erstellen, in dem geregelt ist, wann und zu welchem Zweck sie Gespräche mit Auszubildenden führen muss (zum Beispiel nach einem Schulblock oder vor Beurteilungen).[45] Dieser Prozess sollte in enger Abstimmung mit allen am Prozess der Ausbildung Beteiligten (Leitungskräfte in der Einrichtung, internes Qualitätsmanagement sowie Pflegeschulen und Kooperationspartner und natürlich mit den Auszubildenden selbst) stattfinden.

- Lena sollte als Praxisanleiterin des Weiteren einmal aus freien Stücken heraus Fachliteratur studieren, um stets auf dem aktuellen Stand zu bleiben.[46] Denn: Gerade in der Pflege verändert sich das Fachwissen sehr rasant. Und oftmals ist das Wissen von ZLERN, wie Alina, wesentlich aktueller als das Wissen, das die YPSILONERIN Lena während ihrer Ausbildung verinnerlicht hat. Insofern könnte Lena auch noch etwas von Alina und weiteren Auszubildenden aus der GENERATION Z lernen und ihr Wissen darüber „auffrischen".

- Lena muss für die Beurteilung ihrer persönlichen Ausbildungsarbeit sowie für die Sicherung der Ausbildungsqualität in ihrer Pflegeeinrichtung regelmäßig Gespräche und schriftliche Befragungen zur Ausbildungsqualität mit der ZLERIN und Auszubildenden Alina durchführen. Neben dem Austausch über den Ausbildungsprozess sollte Lena die Ergebnisse gemeinsam mit Alina reflektieren, indem sie Befragungen mit der Auszubildenden durchführt. Die durch die Reflexion erkann-

---

41 vgl. https://www.forum-verlag.com/BlogDetailPdf/index/articleId/2075; Zugriff vom 23.06.2020

42 vgl. ebd.

43 vgl. ebd

44 vgl. Hentschel 2020:57; vgl. dazu auch: https://www.pflegeausbildung.net/fileadmin/de.altenpflegeausbildung/content.de/Publikationen/Broschuere_Arbeitshilfe_Pflegeeinrichtungen.pdf; Zugriff vom 23.06.2020

45 https://www.bzag.pflegeausbildung.net/fileadmin/de.altenpflegeausbildung/content.de/Publikationen/Broschuere_Arbeitshilfe_Pflege; Zugriff vom 23.06.2020

46 vgl. https://www.forum-verlag.com/BlogDetailPdf/index/articleId/2075; Zugriff vom 23.06.2020

ten Verbesserungspotenziale kann Lena dann aufgreifen und in konkrete Verbesserungsmaßnahmen einfließen lassen.[47]

■ Neben der Entwicklung eines gemeinsamen und fachlich anspruchsvollen Ausbildungsverständnisses mit der Auszubildenden Alina muss sich die YPSILONERIN Lena ferner darüber im Klaren werden, dass sie es bei der Anleitung von ZLERN, wie Alina, mit einer Generation zu tun hat, die gerade erst am Anfang ihrer beruflichen Laufbahn stehen. Wichtig ist es, dass sie sich nicht nur fachlich, sondern vor allem menschlich auf die ZLERIN einstellt und erkennt, dass sich Alina im Unternehmen wohlfühlen muss, da ansonsten die Gefahr besteht, dass diese die Einrichtung schnell wieder verlässt. Lena sollte Alina beim Herausfinden ihrer eigenen Stärken unterstützen. Eines darf Lena mit Blick auf die GENERATION Z nie vergessen: Es handelt sich hierbei um noch sehr junge Menschen. Diese haben einen hohen Bedarf an Erklärung und Beratung.[48] Wenngleich sie nach außen hin wenig belastbar erscheinen, so können sie doch vieles verkraften, wenn sie ein ehrliches und authentisches Feedback in Bezug auf ihre real erbrachte Leistung erhalten.[49]

Im Rahmen des sich nachfolgend anschließenden Absatzes stellt sich nun diametral entgegengesetzt die folgende Frage: Wie hätte die ZLERIN Alina vor dem Hintergrund ihrer generations- bzw. persönlichkeitsbedingten Prägung besser auf die dargestellte Praxisanleitersituation reagieren können? Welche „Fehler" hat die ZLERIN Alina gemacht und worin bestehen die Ursachen?

Dont's und Dos der ZLERIN Alina

Alinas Dont's: Alina formuliert ihren Unmut, der sich darauf bezieht, dass sie es sich von Lena gewünscht hätte, nicht so kurzfristig von einer Anleitungssituation überrascht zu werden, nicht vehement genug.

Gründe dafür: Die ZLERIN Alina ist es von Haus aus gewohnt, „bespaßt" zu werden. Nichtsdestotrotz benötigt sie genaue und klar kommunizierte Erwartungen[50], die aber nicht unbedingt mit ihren individuellen Bedürfnissen korrespondieren müssen. Sie hat es jedoch nicht gelernt, genügend Eigeninitiative zu entwickeln, um ihre Vorstellungen von einer professionellen Praxisanleitung nachdrücklich geltend zu machen und diese auch bei Widerständen durchzusetzen.

Alinas Dos: Alina muss sich darüber im Klaren werden, dass sie nur dann eine individuelle Betreuung und Anleitung durch ihre Praxisanleiterin Lena erfährt, wenn sie die von ihr gewünschte Unterstützung, die sie im Rahmen ihrer Ausbildung benötigt, immer wieder konsequent einfordert.

Alina sollte es fortan lernen, auch einmal „Nein" zu sagen, anstatt immer nur „Ja", um Repressalien weitestgehend aus dem Weg zu gehen. Durch eine damit einhergehende Verhaltensänderung könnte sie der YPSILONERIN Lena spiegeln, dass sie durchaus schon erwachsen ist, aber erst auf dem Weg ist, ihre Ressourcen zu entdecken und zu entfalten.

47 vgl. ebd.
48 vgl. Mangelsdorf 2015:136
49 vgl. ebd.:136
50 vgl. Mangelsdorf 2015:51

Alinas Dont's: Alina belehrt Lena, indem sie sie sehr deutlich darauf hinweist, dass sie es in der Pflegeschule so gelernt hat, dass sie sich erst mit der Dokumentation und Maßnahmenplanung auseinandersetzen muss, bevor sie sich ein Bild von der praktischen Umsetzung in der Pflege macht.

Gründe dafür: Die Zlerin Alina ist aufgrund ihrer generationsbedingten Sozialisation absolut lernwillig. Sie möchte gerne von kompetenten Profis lernen.[51] Erhält sie allerdings nicht permanent Aufmerksamkeit und eine ständige Rückmeldung[52] von erfahrenen Mitarbeitern, dann fühlt sie sich schnell persönlich angegriffen, ist schnell „verstimmt" und orientiert sich an anderen Vorbildpersonen, die ihre Leistung eher „huldigen".

Alinas Dos: Alina sollte nicht unreflektiert davon ausgehen, dass ihr das theoretische Wissen, das ihr in der Pflegeschule vermittelt wird, als Weisheit letzter Schluss erscheint. Ebenso wenig sollte sie ihre Praxisanleiterin, die Ypsilonerin Lena, und ihr praktisches Verständnis von der Umsetzung der Pflege nicht von vornherein infrage stellen: Ihr Benefit liegt in der zunächst einmal vorbehaltlosen Verbindung zwischen Theorie und Praxis. Wenn sie es schafft, sich aus beiden Segmenten Wissen anzueignen, dann ist sie auf einem guten Weg, ihre Ausbildungsinhalte jeweils als „zwei Seiten einer Medaille" zu betrachten.

Alinas Dont's: Alina lässt sich wider Willen dazu überreden, die Dokumentation und Maßnahmenplanung erst im Anschluss an die Durchführung der Grundpflege zu lesen. Sie verknüpft ihr diesbezügliches Vorgehen aber mit einer Anforderung an Lena: Diese soll ihr postwendend ein Feedback zu den von ihr ermittelten Wissenslücken geben.

Gründe dafür: Die Zlerin Alina ist dahingehend geprägt, dass sie sofort ein Feedback erhält: Sie bevorzugt eine unkomplizierte, schnell konsumierbare und leicht verdauliche Kommunikation.[53] Sie möchte Klarheit haben und will nicht geschont werden. Beschönigende Auskünfte[54] lehnt sie von vornherein ab. Aber: Sie erwartet von ihrem Gegenüber, dass es gleich, jetzt und sofort und aufrichtig mit ihr kommuniziert[55], und dass es sie nicht vertröstet oder gar auf unabsehbare Zeit im Ungewissen lässt.

Alinas Dos: Alina verfügt bereits über eine gesunde Portion Realismus: Geradlinigkeit, Ehrlichkeit, Echtheit und Unverfälschtheit zeichnen sie aus.[56] Sie muss es allerdings noch lernen, sich in Konfliktsituationen nicht immer tendenziell zurückzuhalten, weil sie befürchtet, dass sie dann von ihrem Gegenüber nicht mehr „lieb gehabt" wird. Sie kann an ihrer Reifung arbeiten, indem sie zwischen den Faktoren Person und Sache zu unterscheiden lernt: Treten Widerstände in Bezug auf ihr Arbeitsverständnis auf, so sollte sie nicht zwangsläufig davon ausgehen, dass sie zugleich auch als Person diskreditiert wird.

Alinas Dont's: Alina reagiert frustriert und beleidigt darauf, dass sich Lena keine Zeit für sie genommen hat: Sie fühlt sich alleingelassen mit all ihren unbeantworteten fachlichen Fragen. Sie unternimmt aber auch keinen weiteren Versuch, noch einmal aktiv während des Frühdienstes auf Lena zuzugehen. Stattdessen geht sie davon aus, dass sich Lena dann schon irgendwann einmal bei ihr melden wird, wenn es ihr zeitlich passt.

---

51 Mangelsdorf 2015:51
52 vgl. ebd.:50
53 vgl. Mangelsdorf 2015:62
54 vgl. ebd.:62
55 vgl. ebd.:62
56 vgl. Mangelsdorf 2015:62

Gründe dafür: Die ZLERIN Alina will etwas leisten und sich eigenes Know-how aneignen.[57] Sie benötigt aber zugleich auch einen „Spiegel", der ihr Sicherheit dabei vermittelt, dass sie auf dem richtigen Weg ist: Bleibt dieser aus, so fühlt sie sich nicht gehört und ernstgenommen. Auf diesen Mangel an Wertschätzung reagiert sie dann mit Rückzug, ohne die Situation noch einmal aus eigenem Antrieb heraus zu thematisieren. Hieraus resultiert dann bei ihr eine stille Resignation und eine herabgesetzte Motivation.

Alinas Dos: Alina muss ihre Ansprüche, die sie an ihre Praxisanleiterin, die YPSILONERIN Lena, stellt, klar, deutlich und sachlich formulieren und nicht unterschwellig „aggressiv" reagieren, wenn diese nicht erfüllt werden. Eine Möglichkeit bestünde darin, dass sie ihre Vorstellungen von einer Praxisanleitung verschriftlicht und diese dann im Anschluss daran mit Lena bespricht. Daraus könnten dann Zielvereinbarungen abgeleitet werden, die für beide Seiten transparent und realistisch sind.

In dem nun folgenden Abschnitt wird jetzt im Gegenzug noch einmal dargestellt, was die ZLERIN Alina angesichts ihrer generations- bzw. sozialisationsspezifischen Grundlagen hätte anders machen können, um eine konstruktivere Form der Praxisanleitung von der YPSILONERIN Lena zu erfahren.

Welches Verhalten sollte die ZLERIN Alina künftig in ihrer Rolle als Auszubildende zeigen, um fachgerechter von der Praxisanleiterin und YPSILONERIN Lena betreut zu werden?

Die ZLERIN Alina geht aufgrund ihres sehr jungen Lebensalters noch recht naiv mit der Wahrnehmung ihrer Rolle als Auszubildende um. Dies resultiert zum Teil aus ihrem Mangel an Berufserfahrung. Zum Teil ist dies aber auch das Ergebnis ihrer generationsbedingten Prägung, der eine Haltung zugrunde liegt, die darauf abzielt, dass ein Vorgesetzter (in diesem Fall die Praxisanleiterin Lena) stets gerecht, kompetent, verständnisvoll und freundlich ist.[58]

In der Realität angekommen, erlebt sie jedoch eine eindeutige diesbezügliche Diskrepanz: Von der YPSILONERIN Lena vermisst sie eine gewisse Aufgeschlossenheit gegenüber ihren Ideen sowie ein auf ihre Bedarfe zugeschnittenes Informationsverhalten.[59] Des Weiteren fehlten ihr der Vorbildcharakter und die Fairness[60], die aus ihrer Warte von einer Praxisanleiterin ausgehen sollten. Vor diesem Hintergrund fühlt sich die XERIN Alina ungerecht behandelt, obwohl sie von Haus aus absolut motiviert und engagiert ist. Sie möchte etwas lernen: Der Lernstoff sollte für sie allerdings so „aufbereitet" sein, dass es ihr generationstypisch gelingt, diesen in praktisch vorgegeben „Dosen" zu verinnerlichen. Hierfür benötigt sie eindeutig eine unterstützende Praxisanleiterin, die sie zum Erreichen ihrer hochgesteckten Ausbildungsziele anspornt und ihr den Weg dahin ebnet.[61]

57 vgl. ebd.:71
58 vgl. Mangelsdorf 2015:82
59 vgl. ebd.:82
60 vgl. ebd.:82
61 vgl. ebd.: 85

Angesichts des langjährigen Erfahrungswissen der Autoren findet sich genau diese Erwartungshaltung auf Seiten von Auszubildenden, die der GENERATION Z angehören, in der Praxis wieder: Die ZLER-Auszubildenden sind noch sehr jung. Sehr viele von ihnen sind sehr „behütet" aufgewachsen. Sie haben es nicht gelernt, sich selbst in ihrem privaten und beruflichen Alltag zu organisieren. Viele von ihnen sind minderjährig und wohnen folglich noch bei ihren Eltern. Andere, die bereits volljährig sind, leben ebenfalls noch im elterlichen Haushalt und genießen dort das „Hotel Mama" mit all seinen Komfortzonen. Hieraus resultiert bei den ZLERN häufig die Annahme, dass sie im beruflichen Kontext vergleichbare Strukturen vorfinden: Einen Praxisanleiter, der sich als „Leithammel" erweist, ihnen „gut geschnürte Lernpakete" präsentiert und ihnen unbequeme Aufgaben abnimmt. Die Realität, die die ZLER dann vorfinden, wirkt auf sie infolgedessen desillusionierend.

Diesen bereits bestehenden „Spagat" gilt es aus Sicht der Autoren in Zukunft zu überwinden: Es müssen in den Einrichtungen der stationären Altenhilfe Programme angeboten werden, die die jungen ZLER-Auszubildenden dort abholen, wo sie stehen. Denkbar wäre z. B. ein „Knigge-Kurs", der das Thema Auftreten, Sprachgebrauch und allgemeines Verhalten gegenüber Bewohnern, Angehörigen, Kollegen usw. aufgreift, da es viele ZLER von Haus nicht gelernt haben, angemessen im beruflichen Umfeld zu kommunizieren. Diese Umgangsregeln können also nicht als selbstverständlich vorausgesetzt werden. Dies kann ihnen nicht angelastet werden, da es ihnen nicht beigebracht wurde. Die Aufgabe, diese „Lücke" zu füllen, liegt allerdings künftig nach Meinung der Autoren bei den Verantwortlichen in den stationären Einrichtungen der Altenhilfe. Dieses Angebot gilt es sogar noch zu erweitern: Die Autoren kennen Pflegeeinrichtungen, in denen es inzwischen Kurse gibt, in denen ZLERN beigebracht wird, wie sie Kaffee oder Tee kochen und Brote schmieren bzw. Tische korrekt eindecken. Dies ist kein Scherz, sondern Realität. ZLER-Auszubildende müssen betrieblich noch einmal „anders" sozialisiert werden als ihre Vorgängergenerationen. Sie können im wahrsten Sinne des Wortes nichts dafür, dass es ihnen oftmals an lebenspraktischen Schlüsselqualifikationen mangelt, die ihnen eben nicht mit der „Muttermilch" verabreicht wurden.

Gelingt es Pflegeeinrichtungen, dieses Defizit zu bereinigen, dann können sie ZLER zu leistungsstarken und motivierten Mitarbeitern heranwachsen lassen, da diese am liebsten auf unterhaltsame und humorvolle Art und Weise lernen, wobei Spaß und Entertainment dabei nicht zu kurz kommen dürfen.[62] Die diesbezüglichen „Lernplattformen" für ZLER müssen also kreativ umgestaltet werden: „Trockenes" fachliches Wissen und komplexe Inhalte müssen kurz und prägnant vermittelt werden[63], nur dann verinnerlichen ZLER Fachwissen. Auch die Methodik des „Storytellings" erweist sich für ZLER-Auszubildende als durchaus attraktiv: Eine lebendig erzählte Pflegesituation weckt neben der Aufmerksamkeit und Konzentration auch Emotionen bei ZLERN.[64] Diese Überlegungen sollten Träger von stationären Einrichtungen der Altenhilfe nach Meinung der Autoren

---

62 vgl. ebd.: 97
63 vgl. ebd.: 98
64 vgl. ebd.:98

in Zukunft einmal näher in Betracht ziehen, um die Eigenständigkeit und das Mitdenken bei Z<small>LERN</small> zu fordern und zu fördern.

Was bedeuten nun aber die vorangestellten Ansätze für die Auszubildende Alina in der Praxis? Welche Entwicklungsmaßnahmen müssen bei ihr stattfinden, damit sie mit Blick auf ihre Praxisanleiterin Lena ihre in Grundzügen durchaus vorhandene und eigenständige Arbeitsweise unter Beweis stellen kann?

Alina sollte sich zunächst einmal mit den Charakteristika der G<small>ENERATION</small> Y vertraut machen, die bereits umfassend in auf der Seite 18ff. abgebildet wurden. Hierüber könnte sie erfahren, warum ihre Praxisanleiterin Lena sich so verhält, wie es keinesfalls ihren Vorstellungen entspricht.

Im Anschluss daran könnte Alina ihren Blickwinkel dann maßgeblich erweitern, indem sie begreift, warum die Y<small>PSILONERIN</small> Lena aufgrund ihrer Generationszugehörigkeit andere Lernpräferenzen und -inhalte bei ihr voraussetzt, als sie es gewohnt ist:

- Alina nimmt die Y<small>PSILONERIN</small> Lena in ihrer Rolle als Praxisanleiterin weder als Autorität noch als Expertin oder gar als Coach wahr, sondern in erster Linie als „Freundin" auf Augenhöhe.[65] Dieser Sacherhalt liegt ursprünglich darin begründet, dass Alina als Z<small>LERIN</small> mit folgendem Verständnis aufgewachsen ist: Fast jeder ist ein potenzieller (Facebook-)„Freund", mit dem man sich austauschen, vernetzen und Inhalte teilen kann.[66] Alina geht zwar davon aus, dass ihr ihre Praxisanleiterin pflegefachliche Inhalte zu einem bestimmten Thema vermitteln kann, weil diese dafür zufällig Expertin ist. Sie vertritt allerdings als Z<small>LERIN</small> die Auffassung, dass auch sie Dinge weiß, die sie der Y<small>PSILONERIN</small> Lena beibringen kann, so dass sich aus dem Wissensvorsprung, den Lena hat und der sich aus Alinas Sicht auch jederzeit umkehren kann, nicht zwangsläufig ein Autoritätsanspruch gegenüber Lena abgeleitet werden kann.[67] Die Z<small>LERIN</small> Alina fühlt sich erst dazu verpflichtet, beruflichen Einsatz zu zeigen und ihrer Praxisanleiterin Lena mit Respekt, Vertrauen und Loyalität zu begegnen, wenn es sich diese nach ihrem Dafürhalten „verdient" hat.[68] Bezogen auf diesen Blickwinkel muss Alina dringend an ihrer Haltung arbeiten und diese revidieren: Die Position, die Lena als Praxisanleiterin in der Pflegeeinrichtung einnimmt, ist festgelegt bzw. „gesetzt". Die damit verbundene Funktion darf Alina nicht von vornherein infrage stellen. Sie muss es ganz einfach akzeptieren lernen, dass Lena ihr nun einmal vorgesetzt ist, ihr etwas zu sagen hat und nicht eine gleichberechtigte „Freundin" ist. Das Wissen darum könnte zur Steigerung von Alinas Lerneffizienz beitragen, ohne dass sie dabei zwangsläufig darauf verzichten muss, berechtigte und sachlich formulierte Forderungen in Bezug auf die Qualität der jeweiligen Praxisanleitung zu stellen und auch diesbezüglich Kritik zu äußern.
- Alina muss Lena davon überzeugen, dass eine geplante und strukturierte Praxisanleitung wesentlich für ihren Ausbildungserfolg ist und dass diese auf der Grundlage des vorgegebenen Ausbildungsplans stattfinden muss. Zudem sollte Alina

65 vgl. Mangelsdorf 2015:98
66 ebd.: 98
67 vgl.: 98
68 vgl. ebd.:99

ihren Wunsch nach einer Erstellung von qualifizierten Leistungseinschätzungen gegenüber Lena formulieren sowie ihren realen Bedarf in Bezug auf eine situative Praxisanleitung im alltäglichen Pflegealltag artikulieren.[69] Auf der Grundlage dessen könnte es Alina mit einem bisschen diplomatischen Geschick gelingen, die YPSILONERIN Lena langfristig davon zu überzeugen, dass eine Praxisanleitung fundiert, gezielt und zeitlich geplant und eben nicht einmal so „nebenbei" erfolgen muss.

- Alina sollte offen mit Lena darüber sprechen, dass ihre Ausbildung nur dann positiv für sie verlaufen kann und dass sie als Auszubildende nach dem erfolgreichen Abschluss ihrer Ausbildung durchaus eine Festanstellung in der stationären Pflegeeinrichtung anstrebt, wenn es dem Unternehmen und der Praxisanleiterin Lena gelingt, ihre Ausbildung so zu organisieren und zu gestalten, dass der Ausbildungsgedanke im Vordergrund steht. Die ZLERIN Alina kann als Auszubildende nur dann eine positive Einstellung zu ihrer Ausbildung und ihrem Ausbildungsbetrieb entwickeln, wenn sie das Gefühl vermittelt bekommt, dass ihren diesbezüglichen Forderungen annähernd entsprochen wird.[70]

- Alina sollte sich mit der YPSILONERIN Lena darauf verständigen, welche Eigenschaften sie als Auszubildende mitbringen bzw. entwickeln muss, um ihre Ausbildung erfolgreich meistern zu können. Alina ist als ZLERIN zwar zur Unabhängigkeit erzogen worden und möchte eigene Beiträge leisten und dafür auch individuell belohnt und wertgeschätzt werden.[71] Allerdings benötigt sie hierfür eine Praxisanleiterin, die ihre bereits vorhandenen Kompetenzen erkennt und fördert. Des Weiteren muss sie bei der YPSILONERIN Lena darauf dringen, dass diese ihr Methoden vermittelt, die die ZLERIN Alina zum selbstorganisierten Lernen befähigen.[72] Alina würde somit die Chance erhalten, kurze und leicht verdauliche Lerneinheiten vermittelt zu bekommen, die zu ihrem individuellen Lernen beitragen und die auf ihr damit verbundenes und flexibles Lerntempo abgestimmt sind.[73]

- Schlussendlich sollte Alina Lena auf die Notwendigkeit der Erstellung eines einrichtungsinternen Einarbeitungskonzepts hinweisen, das sowohl für die ZLERIN-Auszubildende als auch für die YPSILONERIN Lena eindeutige Strukturen beinhaltet, die sich auf Praxisanleitungsinhalte und -abläufe beziehen. Vor diesem Hintergrund würde Alina Gewissheit darüber erhalten, was sie von ihrer Praxisanleiterin Lena definitiv erwarten und fordern kann und was nicht. Alina sollte im Rahmen dieses Prozesses allerdings in jedem Fall einen regelmäßigen Austausch mit Lena einfordern: Zum einen betrifft dies das zeitnahe Feedback von Lena bezüglich der Lernstandskontrolle von Alina. Zum anderen wäre es wünschenswert, dass die YPSILONERIN Lena die ZLERIN Alina offen dazu befragt, wie diese ihre Ausbildungsqualität als Praxisanleiterin beurteilt und welche Verbesserungspotenziale sie sieht und sich wünscht.

Die abgebildete Thematik „Praxisanleitung" zwischen der GENERATION Y und der Z zeigt sehr deutlich, dass nicht nur die Beurteilung der eigenen Ausbildungsarbeit in einer

---

69 vgl. https://www.pflegeausbildung.net/fileadmin/de.altenpflegeausbildung/content.de/Publikationen/Broschuere_Arbeitshilfe_Pflegeeinrichtungen.pdf; S. 5; Zugriff vom 25.06.2020
70 vgl. ebd.:22
71 vgl. Mangelsdorf 2015:98
72 vgl. https://www.forum-verlag.com/BlogDetailPdf/index/articleId/2075; Zugriff vom 25.06.2020
73 vgl. Mangelsdorf 2015:105

stationären Einrichtung der Altenhilfe sehr wichtig für die Sicherung der Ausbildungsqualität ist.[74] Vielmehr geht es auch darum, dass der regelmäßige Austausch über den Ausbildungsprozess auf die jeweiligen Bedürfnisse, Fähigkeiten und Fertigkeiten der Generationen in Einklang miteinander gebracht werden müssen. Hier steht die Theorie oftmals noch im krassen Widerspruch zur Praxis: Gespräche und schriftliche Befragungen zur Ausbildungsqualität werden nicht regelmäßig mit den ZLER-Auszubildenden durchgeführt und die Kooperation im Ausbildungsverbund findet nicht gezielt statt.[75] Dies passiert nicht böswillig, sondern aufgrund der sehr eingeschränkten Zeitressourcen, die Praxisanleiter seit Jahren immer wieder gegenüber den Autoren beklagen und die einer qualitativ hochwertigen Praxisanleitung oftmals im Wege stehen. Im Ergebnis bleibt es abzuwarten, ob die neuen und gesetzlich festgelegten 10%igen Freistellungsquoten für Praxisanleiter eine bessere Qualität für beide Seiten ermöglichen: Für die Praxisanleiter und die ZLER-Auszubildenden.

Wenn Sie diesen Absatz gelesen haben, dann sollte es Ihnen klar sein, dass es für Ihren langfristigen Erfolg der Ausbildungsarbeit wichtig zu wissen ist, wie Ihre eigenen Ausbildungsleistungen im Vergleich zu den Ausbildungsleistungen der anderen Ausbildungeinrichtungen im Ausbildungsverbund gesehen werden.[76] Nur so können Sie Verbesserungspotenziale für die GENERATION Z erkennen, damit diese auch nach der Ausbildung in Ihrem Unternehmen verbleibt.

Im Rahmen des nachfolgenden Kapitels wird nun auf individualisierte Personalentwicklungsprozesse in Einrichtungen der stationären der Altenhilfe geschaut. Denn die Entwicklung von Mitarbeitenden schließt nicht nur die Möglichkeiten unserer Protagonisten ein. Vielmehr wird jetzt der Blickwinkel erweitert.

74 vgl. https://www.pflegeausbildung.net/fileadmin/de.altenpflegeausbildung/content.de/Publikationen/Broschuere_Arbeitshilfe_Pflegeeinrichtungen.pdf; S. 28; Zugriff vom 28.06.2020

75 vgl. ebd.

76 vgl. ebd.

Die Personalentwicklung anhand von Persönlichkeitsprofilen

Wenn Sie diesen Abschnitt gelesen haben, dann …

werden Sie verstehen, warum die gezielte Personalauswahl innerhalb eines systematischen Personalentwicklungsprozesses einen anderen Stellenwert erhält. Des Weiteren werden Sie verschiedene Methoden kennenlernen, wie das Fünf-Faktoren-Modell in Ihrem Unternehmen umgesetzt werden kann.

Auch, wenn aufgrund der Personalknappheit in vielen Einrichtungen eine strukturierte Personalauswahl „aus der Mode" gekommen ist und besonders in schwierigen Phasen (dieses Buch wurde mitten während der CORONA-Krise geschrieben) fast jeder Bewerber eingestellt wird, sollte eine Einrichtung der Altenhilfe sich auf das besinnen, was neben aller Professionalität gegenüber den Bewohnerinnen und Bewohnern im Vordergrund steht: eine systematische Personalarbeit. Insbesondere dann, wenn in der Einrichtung schon eine „Vielzahl von ähnlichen Persönlichkeiten" arbeiten, kann eine gezielte Auswahl eines neuen Mitarbeitenden aufgrund von verschiedenen möglichen Verhaltensweisen nutzbringend sein. Denn eine bestimmte und gesteuerte Heterogenität schafft in einer Arbeitsgruppe eine verbesserte Leistung.

Im nächsten Schritt – in der Einarbeitung – ist es hilfreich zu wissen, wie der neue Mitarbeitende in der einen oder anderen Situation reagieren wird. Andererseits kann dieser Person auch über ein mögliches Persönlichkeitsprofil der Bestandsmitarbeitenden die Chance gegeben werden, sein Verhalten und seine Kommunikation entsprechend auszurichten.

Dieses setzt sich dann in der weiteren Personalentwicklung fort. „Wer bin ich und wer bist du?", ist hierbei die entscheidende Frage. Es geht also um das Verstehen und nicht um den Zwang, seine eigene Persönlichkeit zu „verbiegen". Das darf niemals das Ziel einer Maßnahme im Sinne der Persönlichkeitsanalyse in einem Unternehmen sein.

Des Weiteren sind grundlegende Fragen im Sinne von Verhaltensweisen innerhalb der verschiedenen Generationen ebenfalls nützlich, um die jeweiligen Teams zielgerichtet zu fördern.

Die Nutzung von Persönlichkeitsprofilen bei der Personalauswahl

Es gibt eine Vielzahl von Personalauswahlverfahren. Ob es sich um die Sichtung der Bewerbungsunterlagen – so, wenn es noch welche gibt – bis hin zum Assessment-Center handelt. Häufig wird in den Einstellungsgesprächen und in den sich oft daran anschließenden „Probetagen" nicht nur auf die pflegerischen Fähigkeiten und Fertigkeiten geachtet, sondern auch auf die „Persönlichkeit" des Gegenübers. Dieses kann in strukturierter Weise erfolgen. Es ist hierbei die Frage danach zu stellen, welcher Aufwand welchem Nutzen gegenübersteht. Eine „einfache" Möglichkeit ist die der strukturierten Fragestellungen über definierte Situationen.

Kritische Ereignisse als Möglichkeit des besseren Kennenlernens

Eine in der Personalauswahl etablierte Methode ist die der „Kritischen Ereignisse". Dem Bewerber wird durch den „Interviewer" eine Situation vorgestellt und er wird gebeten, sein mögliches Verhalten unter Bezugnahme auf diese Situation zu beschreiben. Es gibt für die möglichen Verhaltensweisen jeweils abgestufte Antwortbeschreibungen (von erwünschtem bis hin zu dem unerwünschtem Verhalten), die aufzeigen, welche Verhaltensnuancen möglich sind. Unabhängig von einem vorgegeben Persönlichkeitsprofil stellt sich dieses zum Bespiel wie folgt dar:

Die Situationsbeschreibung: Ein Mitarbeitender findet einen Bewohner kurz vor seinem Dienstende in einer Sitzecke auf dem Boden sitzend vor. Der Bewohner erzählt dem Mitarbeitenden, dass ihm schwindelig war.

Nachdem dem Bewerber diese Situation geschildert wurde, wird dieser gebeten, seine Handlungsweise so zu beschreiben, als wenn er in dieser Situation wäre. Der Interviewer hat mindestens drei Antwortmöglichkeiten vorab beschrieben und „fügt" die gegebene Antwort in die „passende" Alternative ein. In dem beschriebenen Beispiel könnten dieses unter anderem folgende Antwortmöglichkeiten sein:

Das erwünschte Verhalten: Der Mitarbeitende geht auf den Bewohner zu, spricht ruhig mit ihm und führt einen kurzen Check-Up des Bewohners durch. Sind irgendwelche äußeren Verletzungen zu erkennen. Beschreibt der Bewohner außergewöhnliche Schmerzen? Wenn soweit mit dem Bewohner alles „in Ordnung" ist, ruft der Mitarbeitende eine weitere Pflegekraft zur Unterstützung zu sich.

Das akzeptierte Verhalten: Der Mitarbeitende geht auf den Bewohner zu, spricht ruhig mit ihm und bittet ihn, sich nicht selbständig zu bewegen. Der Mitarbeitende verspricht, eine Pflegekraft zu holen, damit der weitere Prozess „Sturz eines Bewohners" von den Kollegen aufgenommen werden kann. Dann sucht der Mitarbeitende eine andere Pflegekraft, um den weiteren Ablauf zu „delegieren".

Das unerwünschte Verhalten: Der Mitarbeitende spricht den Bewohner kurz an und verspricht ihm, eine Pflegekraft zu „organisieren". Solange solle der Bewohner sich nicht bewegen.

Auch, wenn dieses Beispiel inhaltlich von vielen Experten im Bereich des Sturzmanagements vielleicht anders interpretiert oder es als zu oberflächlich wahrgenommen wird, so soll es doch Folgendes verdeutlichen: In jeder Situation kann es verschiedene Herangehensweisen geben, die durch die Beschreibung des Bewerbers einen ersten Einblick in dessen individuelles Arbeitsverhalten geben können. Dieses kann in einem ersten Schritt völlig losgelöst von einem Persönlichkeitsprofil oder einer tiefergehenden Analyse geschehen.

INFO

Kritische Ereignisse und der Führungsanspruch

Sehr interessant ist die Auseinandersetzung mit den kritischen Ereignissen und der Beschreibung von Handlungsalternativen auf der Führungsebene. Die Führungskräfte sanktionieren (belohnen – ignorieren – bestrafen) jeden Tag das Arbeitsverhalten der Mitarbeitenden. Wenn mehrere Führungskräfte unterschiedliche Teams führen, kann es sinnvoll sein, die Führungskräfte mit der Methode der „Kritischen Ereignisse" die möglichen „erwünschten bis unerwünschten Verhaltensweisen" beschreiben oder bewerten zu lassen. Häufig ist es der individuelle Maßstab. Was für eine Führungskraft noch akzeptabel ist, kann bei einer anderen Führungskraft inakzeptabel sein. In Workshops besteht die Möglichkeit, diese Unterschiedlichkeit „aufzudecken" und ein einheitliches Anspruchsbild herzustellen. Denn, es darf nicht dem Zufall überlassen werden, in welchem Team die Mitarbeitenden gerade tätig sind. Hiermit wird dem System des „bad guy – good guy" entgegengewirkt. In unzähligen Workshops trat am Anfang immer eine Erkenntnis zutage: „Solange wir nicht über unsere Verhaltensansprüche sprechen, solange werden wir keinen einheitlichen Führungsstil etablieren."

Eine einfache Herangehensweise in einem Workshop besteht darin, die derzeitigen und am häufigsten auftretenden „Verhaltensfehler" der Mitarbeitenden zu sammeln, die möglichen Verhaltensweisen zu definieren und im Anschluss daran, gemeinsam zu überlegen, welche Mitarbeitenden in der Regel welches Verhalten zeigen. Sollten bestimmte unerwünschte Verhaltensweisen gehäuft auftreten, muss das Unternehmen einen einheitlichen Sanktionskatalog erstellen, entlang dessen sich alle Führungskräfte zu orientieren haben. Das Gleiche gilt auch für positive Aspekte in der Mitarbeiterschaft.

Eines muss vor den nächsten Zeilen vorweg genommen werden: Die Betrachtung der Verhaltensbeschreibungen auf der Ebene eines Persönlichkeitsprofils ist für jedes Unternehmen ein methodisches und inhaltliches Experiment und schafft keine eindeutige Vorhersagewahrscheinlichkeit im Hinblick auf die zu vergebende Position.

Beispielhaft werden in nachstehender Tabelle mögliche Verhaltensmuster zu folgendem „kritischen Ereignis" aufgezeigt: In einer Übergabe teilt die Wohnbereichsleitung ihren Kollegen mit, dass die Nachtwache für das kommende Wochenende erkrankt sei. Nun muss sich leider eine Person aus dem Team finden, die zwei Nachtdienste übernimmt. Für Freizeitausgleich usw. wird gesorgt. Wenn diese Situation in einem Auswahlgespräch gestellt wird, sind exemplarisch folgende Antworten möglich.

	Hoch	Durchschnittlich	Niedrig
Extraversion	„Ich bespreche aktiv, wie wir das Wochenendproblem lösen können. Mir ist dabei der kommunikative Austausch ganz wichtig."	„Ich würde mich sicherlich nicht freuen, wenn es mich „trifft". Dennoch würde ich mich nicht verweigern."	„Bevor ich mich freiwillig melde, muss mich die Wohnbereichsleitung schon direkt ansprechen."
Verträglichkeit	„Wir alle haben sicherlich Pläne für das Wochenende. Ich werde also den Dienst übernehmen, wenn man mich darum bittet."	„Für mich ist es wichtig, dass wir als Team funktionieren. Deshalb wäre ich zum Einsatz bereit, wenn alle anderen Kollegen das „größere" Opfer bringen müssten."	„Das kenne ich schon. Wenn ich einmal „Ja" sage, dann bin ich meistens der Mitarbeiter, an dem es „hängen" bleibt. Deshalb würde ich dafür plädieren, dass vielleicht ein anderer Kollege die Aufgabe übernimmt."
Offenheit	„Wow, ein Nachtdienst ist ja mal etwas anderes. Raus aus der Routine des Tagesdienstes. Ich freue mich darauf."	„Solange ich mich nicht um alle Dinge, die im Nachtdienst passieren müssen, kümmern muss, also bestimmte Routinen liegen bleiben können, werde ich mich darauf einlassen. Schließlich stellt das Aushelfen nur eine Ausnahmesituation dar."	„Allein der Gedanke daran, dass ich mich in der Nacht auf andere Abläufe einstellen muss, erzeugt in mir absolute Abneigung."
Gewissenhaftigkeit	„Es wäre am besten, wenn mir eine erfahrene Nachtwache die genauen Abläufe für die Schicht erläutert, damit ich nichts vergesse oder anders mache, als es von mir erwartet wird."	„Die Hauptaufgaben werde ich mir vorab erläutern lassen. Die „kleinen" Nebentätigkeiten werde ich nur dann angehen, wenn wirklich noch Zeit dafür ist."	„Sollte ich dazu „verurteilt" werden, die Dienste zu übernehmen, dann mache ich wirklich nur das Nötigste."
Neurotizismus	„Ich freue mich auf die beiden Nächte. Sie werden mein Leben ein wenig „bereichern". Vor allem freue ich mich auf den veränderten Kontakt mit den Bewohnern in der Nacht."	„Hoffentlich sind es zwei ruhige Nächte. Ich werde bei zu viel Stress unruhig und mache Fehler."	„Hoffentlich mache ich alles richtig? Ich würde mich unwohl fühlen, wenn herauskommt, dass ich Fehler gemacht habe und andere jetzt „böse" auf mich sind."

Die Nutzung von Persönlichkeitsprofilen bezogen auf die Personalentwicklung

Jeden Tag werden in Einrichtungen der stationären Altenhilfe Übergaben zwischen Mitarbeitenden durchgeführt. Diese können sehr eindeutig: sprich auf die vorhergehenden Situationen ausgerichtet sein. Andererseits gibt es Teams, die während der Übergabezeiten über alles Mögliche sprechen. Das kostet Zeit und ist für viele anwesende Mitarbeitende frustrierend. In solchen Situationen zu wissen, warum sich das

Gegenüber vielleicht so verhält (viel über sich und seine Erfahrungen des Tages berichten möchte oder sich in „Nebenthemen" verstrickt.) ist natürlich kein Allheilmittel. Es kann jedoch helfen, dem Gegenüber so zu begegnen, dass es zu keinem Konflikt kommt. Um dies an einem Beispiel zu demonstrieren, treffen sich Timo, Lena und Alina während einer Übergabe. Die drei wissen um das jeweilige Persönlichkeitsprofil des anderen:

Ein Auszug aus einem Übergabegespräch zwischen Timo, Lena und Alina:

Alina: „Herr Schwarz hat heute großartig mitgemacht. Besonders super fand ich, dass er sich bei unserem kurzen Gang zum Speiseraum mit mir über seine Erfahrung beim Finanzamt unterhalten hat. Wusstet ihr …"

Timo Richter: „Ja, danke Alina, das interessiert mich jetzt eigentlich weniger. Vielmehr müsste ich wissen, wie er sich bei uns so fühlt. Schließlich müssen wir die Integrationsphase bald abschließen und dafür benötige ich einmal ein paar Informationen von euch."

Lena: „Timo, wenn es Alina wichtig ist, kurz über ihre Erlebnisse mit Herrn Schwarz zu berichten, dann gib ihr doch bitte eine Minute. Vielleicht können wir etwas davon für die Biografieerhebung gebrauchen."

Alina: „Danke Lena. Also Timo: ich weiß, dass du es eher knapp und bündig brauchst. Herr Schwarz hat sich beim Finanzamt sehr verdient gemacht, weil er als sehr gewissenhafter Mitarbeiter mit einem sehr großen Detailwissen ausgestattet war. Dieses Verhalten zeigt er schließlich auch in unserem Haus, wenn es um Absprachen und Vereinbarungen geht."

Lena: „Timo, was hältst du davon, wenn Alina die Biografie und die Maßnahmenplanung von Herr Schwarz vervollständigt? Ich habe andere Dinge zu erledigen und sie hat ja wohl einen Draht zu ihm aufgebaut."

Timo Richter: „Mit ist es egal, wer es macht. Hauptsache wir kommen in der Sache weiter."

Es ist für die Zlerin Alina ganz wesentlich, dass sie im Vorwege darum weiß, dass der Xer Timo Richter sie mit seinem Anwurf nicht persönlich meint. Denn dann würde sie eher beleidigt oder aggressiv reagieren. Timo Richter ist sich auf der anderen Seite auch dessen bewusst, dass Alina mehr „Raum" für ihre Ausführungen benötigt. Eines zeigt das Beispiel: „Kurz und knapp" kann sich mit „ausholend erklärend" konstruktiv ergänzen, wenn beide Parteien nicht auf „ihrer Wahrheit" beharren. Der oben beschriebene Gesprächsausschnitt zeigt, dass ein Miteinander nur funktionieren kann, wenn sich die Mitarbeitenden der „anderen Persönlichkeit" bewusst sind.

Hierbei ist es unerheblich, welches Persönlichkeitsmodell in einer Einrichtung der Altenhilfe herangezogen wird. Wichtig ist, dass die Erstellung eines Persönlichkeitsprofils und die Diskussion um die eigenen Stärken und Schwächen transparent erfolgt. Deshalb sollte jedes Unternehmen, das über eine solche Vorgehensweise nachdenkt, diese Idee offen und konstruktiv mit den Mitarbeitenden diskutieren.

Die Bedeutung für die Praxis

Die systematische Nutzung eines Persönlichkeitsprofils im Rahmen der Personalentwicklung

An erster Stelle steht die Analyse am Anfang der Einarbeitung

■ Für jeden Mitarbeiter wird ein – je nach Modell – Persönlichkeitsprofil erstellt. Dieses zeigt in erster Linie die individuelle Denkweise und das entsprechende mögliche Verhalten, was generell der verbesserten Kommunikation und einem stärkenorientierten Einsatz dient. Entscheidend ist es hierbei, dass in den Teams über die jeweiligen Ergebnisse gesprochen wird. Nur so kann von Anfang an ein gegenseitiges Verstehen stattfinden.

1. Die erkannten Eigenschaften werden in Personalgesprächen mit dem Mitarbeitenden diskutiert

   – Jede Stärke eines Mitarbeitenden birgt die Gefahr der Übertreibung. Ein Mitarbeiter, der durchsetzungsfähig ist, kann in entsprechenden Situationen dominant gegenüber den Kollegen auftreten. Um diesem entgegenzuwirken, müsste der Mitarbeiter eine Form von Zurückhaltung anstreben, die ihm zwangsläufig wieder wie ein Gefühl von persönlichem Stillstand erscheinen könnte. Deshalb tritt er wieder dominierend gegenüber seinen Kollegen auf. Dieses Spannungsfeld könnte er als seine Aufgabe in der Erlebens- und Verhaltensveränderung sehen. Aus dieser Erkenntnis heraus kann der Mitarbeiter seine nächsten Entwicklungsschritte ableiten. Dieses Vorgehen ist besonders dann von Nutzen, wenn es im Team eine andere Person gibt, die von ihren Verhaltensweisen her eine diametral entgegengesetzte Persönlichkeit aufweist. Dieses kann dann als Modell zur Verhaltensveränderung dienen.

   – Die nachfolgende Tabelle zeigt einige Beispiele für eine Struktur, die mögliche Entwicklungsschritte aufzeigt.

Stärken	Übertreibungen	Herausforderung	Gefahr
Bescheidenheit	Zurückhaltung	Durchsetzungsfähigkeit	Dominanz
Gutherzigkeit	Ausnutzung	Abgrenzungsfähigkeit	Distanzierung
Frohsinn	Hedonismus	Ernsthaftigkeit	Kälte
Durchsetzungsfähigkeit	Manipulation	Zurückhaltung	Stillstand
Vertrauen	Naivität	Kritisches Denken	Misstrauen
Selbstdisziplin	Starrheit	Ablenkung	Gleichgültigkeit

2. Die erkannten Eigenschaften werden für das Team transparent gemacht – zum Beispiel durch eine Visualisierung (siehe Seite 145 oben)

   – Der Mitarbeitende 01 zeichnet sich durch eine hohe Ausprägung im Bereich Gewissenhaftigkeit und Neurotizismus aus. Mit anderen Worten: „Ich muss alles richtig machen, damit die anderen mich mögen". Demgegenüber hat Mitarbeitende 02 eher eine Ausprägung in den Bereichen Verträglichkeit, Offen für Neuerungen und Extraversion. „Ich probiere alles aus, gerne gemeinsam mit

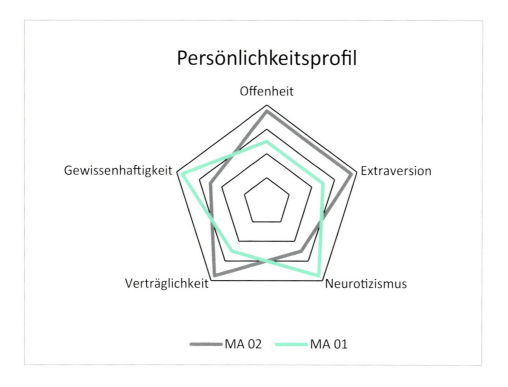

Persönlichkeitsprofil

Offenheit · Extraversion · Neurotizismus · Verträglichkeit · Gewissenhaftigkeit

MA 02 · MA 01

meinen Kollegen und bin dazu bereit, mich richtig einzubringen." Bei diesem Beispiel ist es jetzt nicht entscheidend, dass beide Mitarbeitende ein diametral entgegengesetztes Persönlichkeitsprofil haben. Wichtig wäre es für beide, um die Disposition des anderen zu wissen, um dann entsprechend zu handeln.

3. Jeder Mitarbeitende hat die Aufgabe, sich mit der Persönlichkeit des anderen auseinanderzusetzen

   – Zu wissen, wer man selbst ist, ist der erste Schritt. Der Zweite ist die intensive Auseinandersetzung mit den anderen. Und hier steht eine Frage im Vordergrund: Was kann ich leisten, damit der bzw. die andere die eigene Persönlichkeit „ausleben" kann. Wenn sich alle in einem Team die Frage danach stellen, so kann daraus etwas Großartiges entstehen: Jede/r nimmt real Rücksicht auf den anderen bzw. die andere. Denn jeder weiß in der Regel, woran er bei seinen Kollegen ist und vertraut sich selbst genug, um Entscheidungen und Verhaltensweisen zu rechtfertigen und zu verteidigen, selbst wenn der „Verursacher" nicht anwesend sein sollte. Denn jetzt weiß der Mitarbeiter um die Motive und Hintergründe des anderen.

4. Es wird regelmäßig über den Nutzen und die Nutzung des Persönlichkeitsmodells im Team diskutiert.

   – Es gibt viele Routinen in Unternehmen, die sehr ritualisiert ablaufen, ohne jemals den damit verbundenen Nutzen zu hinterfragen. Auch bei dieser Vorgehensweise sollte mindestens einmal im Jahr überprüft werden, welchen Nutzen das Vorgehen dem Unternehmen derzeit bringt. Denn, wie bei jeder hilfreichen Maßnahme gibt es Risiken (Wissen um die Schwächen des anderen) und Nebenwirkungen (hoher kommunikativer Aufwand).

INFO

Das Johari-Fenster zur Verdeutlichung der „blinden" Flecken

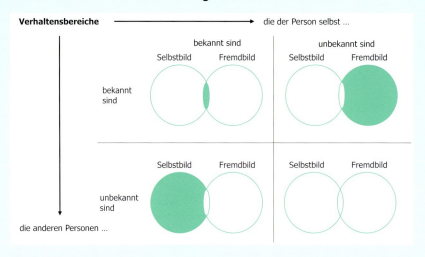

Das Johari-Fenster soll Menschen vermitteln, dass es wichtig ist, das eigene Verhalten von anderen spiegeln zu lassen. Denn nicht alle unsere Vorgehensweisen sind uns selbst in Gänze bewusst. Besonders das Fremdbild kann dem Betroffenen aufzeigen, wie er auf andere wirkt, sich in bestimmten Situationen verhält und dadurch die Beziehung untereinander beeinflusst. Auf der anderen Seite hat der Mensch Kenntnisse über sich, die anderen in erster Linie verborgen sind und auch häufig verborgen bleiben sollen. Erst wenn „blinde Flecken" aufgedeckt werden, z. B. über die offene Diskussion des eigenen Persönlichkeitsprofils, kann eine verbesserte Kommunikation und Kooperation stattfinden.

Folgendes muss bei den voranstehenden Ausführungen noch einmal sehr deutlich gemacht werden: Der oben beschriebene Prozess ist nur ein Abriss dessen, was mit einem Persönlichkeitsmodell alles umgesetzt werden kann. Besonders vor dem Hintergrund, dass jede Eigenschaft aus dem Fünf-Faktoren-Modell noch in unterschiedliche Facetten aufgeteilt ist. Somit ist es auch denkbar, dass ein Unternehmen sich nicht dem gesamten „Modell der Big-Five" zuwendet, sondern aus einzelnen Bereichen die Facetten betrachtet, die für die eigene Leistungsfähigkeit der Einrichtungen der stationären Altenpflege wichtig sind. Abschließend gilt es nun noch einmal den Blickwinkel auf das gesamte Unternehmen und seine Interessensgruppen auszurichten.

Das Unternehmen auf die Interessensgruppen ausrichten

Wenn Sie diesen Abschnitt gelesen haben, dann …

haben Sie einen kleinen Einblick in ein Managementsystem erhalten, das auf die konsequente Ausrichtung der identifizierten Interessensgruppen ausgerichtet ist. Denn auch, wenn sich die Inhalte dieses Buches primär mit den Verhaltensweisen der Mitarbeitenden und Kunden auseinandersetzen, so sollte sich eine Einrichtung der stationären Einrichtung des Weiteren auf die Erwartungen anderer Interessensgruppen konzentrieren.

In diesem Buch liegt der Fokus auf dem Individuum. Somit kann das beschriebene Vorgehen „der Analyse von Menschen mittels des Fünf-Faktoren-Modells und/oder das der Generationsbetrachtung" nicht auf all die Interessensgruppen abzielen, die für ein Unternehmen wichtig sind. Das wäre ein „Zuviel" und würde auf keine Akzeptanz bei den einzelnen Parteien stoßen. Somit soll dieses Kapitel den Rahmen für sehr detaillierte Vorschläge und Hinweise geben, um eine mögliche erweiterte Vorgehensweise ins Visier zu nehmen. So wird u. a. viel Wert auf die Analyse der Bewohner im Sinne des Pflegebedürftigkeitsbegriffes gelegt, wobei die Persönlichkeit des Menschen hierbei lediglich der Sekundärbetrachtung dient.

„Unter einer Interessensgruppe versteht man eine oder mehrere Organisationen oder aber eine bzw. mehrere Personen. Die Interessensgruppe ist von einem diffusen Umfeld abzugrenzen. Das heißt, die Interessensgruppe ist typischerweise ansprechbar."[1] Dazu zählen in einer stationären Altenhilfeeinrichtung, wie in diesem Buch betrachtet, insbesondere die Bewohner, die Angehörigen und die Mitarbeitenden. Es gibt jedoch noch eine Vielzahl von Gruppen, die aus verschiedenen Gründen ein Interesse an einem solchen Unternehmen haben. Das nebenstehende Interessensgruppenportfolio soll dieses beispielhaft verdeutlichen:

Ein Beispiel für ein Interessensgruppenportfolio

1 Moll 2019:131

Wie bei jeder Analyse kann darüber diskutiert werden, ob das Ergebnis für jedes Unternehmen umfassend dargestellt ist. Es gibt stationäre Altenhilfeeinrichtungen, die die Angehörigen und die Bewohner als eine Gruppe ansehen. Andere Unternehmen verweigern sich gegenüber diesem Gedanken vehement. Je näher die Interessensgruppen jedoch in den Mittelpunkt der Aufmerksamkeit rücken, desto intensiver wird auch der Kontakt zur jeweiligen Gruppe wahrgenommen. Was wiederum nicht bedeuten muss, dass andere Gruppen einen geringeren Einfluss auf das Unternehmen haben. In dem oben – sehr kurz gehaltenen – Beispiel wird die Kontaktqualität von der „Mitte nach außen" differenziert. Dieses Vorgehen könnte auch mit „Intensität", „Einflussnahme" und/ oder „Kontakthäufigkeit" übersetzt werden.

Aus diesen oder ähnlichen Betrachtungen, kann sich ein Unternehmen der stationären Altenhilfe und/oder ein Wohnbereichsteam die folgenden Fragen stellen:

1. Welche Anforderungen werden an uns durch die jeweiligen Interessensgruppen gestellt? Was wollen die Akteure wirklich von uns? Welche Erwartungen werden offen kommuniziert oder unterschwellig an uns herangetragen?

2. Welchen Einfluss haben die jeweiligen Anforderungen auf unsere Dienstleistungen? Je größer der Einfluss auf die Dienstleistung ist, umso stärker muss die Einrichtung auf die Erwartungen reagieren.

3. Welche Maßnahmen müssen wir einleiten bzw. welche Umsetzungsschritte müssen wir beibehalten, damit wir die Anforderungen erfüllen können? Die Erfüllung von Erwartungen sind in der Regel keine Zufallsprodukte. In der Regel steckt hinter einem erfolgreichen Handeln eine genaue und für alle Beteiligten transparente Planung.

4. Wie überwachen wir die Ergebnisse der Umsetzung? Nicht nur das Erfüllen von Erwartungen schafft einen Erfolg für das Unternehmen. Vielmehr wird durch transparente Ergebnisse der Nutzen für die Einrichtung verdeutlicht. Die Frage, die es sich dabei stellen sollte, lautet: „Woran soll man sich erinnern, wenn man später an uns denkt?" [2]

Der Kunde: Die wichtigste Interessensgruppe

Eine Einrichtung der stationären Altenhilfe kann sich nicht auf alle Interessensgruppen gleichzeitig konzentrieren. Deshalb muss am Anfang eine Unterscheidung zwischen Hauptkunden (Primärkunden) und Nebenkunden (Sekundärkunden) stattfinden. Dieses bedeutet jedoch nicht, dass die Nebenkunden keinen Einfluss auf die Einrichtung haben. In unseren Fallbeispielen ist die Angehörige, Isolde Schwarz, stark in das Gesamtgeschehen eingebunden. Auch, wenn Sie in einigen Situationen nicht vor Ort ist. Das Gleiche würde für Situationen mit Ärzten, Therapeuten, den Kassen und anderen Interessensgruppen gelten. Die Ausrichtung einer stationären Altenhilfeeinrichtung auf den dort lebenden Menschen muss immer auch die weiteren Interessen der anderen beteiligten Grup-

2 Kuhl 2015:17

pen berücksichtigen. Wenn Bewohner etwa Wünsche äußern, dann sind häufig weitere Anforderungen von nicht anwesenden Personengruppen damit in Einklang zu bringen.

„Alles, was beispielhafte Führungspersönlichkeiten tun, hat mit der Schaffung von Wert für ihre Kunden zu tun." [3] Dieses kann auch bedeuten, dass jede Handlung eines Mitarbeitenden einen spürbaren Nutzen für den Haupt- bzw. einen Nebenkunden haben muss. Es müssen also Bedürfnisse befriedigt und, Probleme gelöst werden.

Wie verändern sich die Bedürfnisse der einzelnen Interessensgruppen?

Die Wünsche der Kunden sind einer kontinuierlichen Entwicklung unterworfen. Vor 20 Jahren hat sich noch kein Bewohner über einen nichtvorhandenen Internetanschluss beschwert. Die klassische Hausmannskost war das Mittel der Wahl und die Gemeinschaftsdusche in vielen Einrichtungen das Standardangebot. Dieses Angebot wird in der Regel heutzutage nicht mehr akzeptiert. Die Individualisierung in der Gesellschaft hält nun auch in den stationären Altenhilfeeinrichtungen Einzug. Und das in vielen Bereichen, und dies zum Glück für die Bewohner. Diese Zielgruppe wird segmentiert, so dass es bestimmte Angebote für Subgruppen geben kann. Ob es sich hier um die Unterscheidung zwischen Frauen und Männern oder um Menschen mit oder ohne kognitive Einschränkungen handelt. Der soziokulturelle und biografische Hintergrund eines Menschen spielt hierbei eine wesentliche Rolle.

Das Gleiche lässt sich auch bei den Mitarbeitenden beobachten. Hier werden verschiedene Lebenskonzepte in die Personalplanung und Personalentwicklung eingebunden. Junge Eltern haben andere Möglichkeiten und Wünsche als Mitarbeitende, deren Kinder bereits groß sind. Junge Mitarbeitende benötigen andere Sicherheiten als Mitarbeitende, die nur noch wenige Jahre bis zum Renteneintrittsalter tätig sein müssen bzw. wollen. Leasingkräfte, auch eine zunehmende Entwicklung der letzten 15 Jahre, stellen an die Pflegeeinrichtung, in der sie tätig sind, andere Anforderungen als das Stammpersonal. Dieses Miteinander geschieht nicht immer konfliktfrei.

Krankenhäuser und andere Gesundheitsdienstleister haben in den letzten Jahren ebenfalls ihre Vorgehensweisen und die damit einhergehenden Anforderungen verändert.

DAS EFQM-Modell 2020 und die Interessensgruppen

2019 wurde das EFQM-Modell (European Foundation for Quality Management) grundlegend überarbeitet. Als ein anerkannter Managementansatz, der Organisationen seit über zwei Dekaden erfolgreich gemacht hat, werden nun noch stärker die Vorgehensweisen für unterschiedliche Interessensgruppen in den Vordergrund gestellt, ohne dabei spezielle Maßnahmen zu favorisieren.

3 Kouzes 2015:105

Die Struktur des EFQM-Modells 2020 (mit freundlicher Genehmigung der Initiative-Ludwig-Erhard-Preis)

Die Leitfragen des Modells lauten:

„Warum machen wir etwas? – Die Ausrichtung der Organisation"

Jedes Unternehmen benötigt einen grundlegenden Zweck seiner Existenz, eine Vision im Hinblick auf die eigene Entwicklung und einen klaren Plan der Zielerreichung: die sogenannte Strategie.

Ohne einen definierten Zweck der Existenz eines Unternehmens wird nicht klar, warum es das Unternehmen überhaupt geben sollte. Jede Einrichtung der stationären Altenhilfe hat ein klares Bild, warum es die Einrichtung geben muss und wie der Auftrag lautet. Wenn sich das Unternehmen jedoch die Frage danach stellt, wohin sich die Einrichtung entwickeln muss, dann sind viele Angesprochene überfordert. Wobei eine Vision, die sich in der strategischen Ausrichtung ausdrückt, nicht unbedingt Wachstum bedeuten muss. Es kann auch heißen, dass die Einrichtung sich durch ihr Handeln aus der Menge des Pflegemarktes herausheben möchte. „Unternehmen können sich nur dann als große Ausführer von Strategien auszeichnen, wenn all ihre Beschäftigten – vom Topmanagement bis zu den Leuten vor Ort – auf die Strategie eingeschworen wurden und sie uneingeschränkt unterstützen." [4]

Bei dem beschriebenen Vorgehen mittels des Fünf-Faktoren-Modells könnte die Entwicklungsrichtung wie folgt lauten: „Wir wollen unsere Mitarbeiter wirklich kennenlernen und diese durch unser Handeln individuell begeistern." Wenn das das Ziel einer Einrichtung ist, muss nun der globale Plan zur Erreichung dieses Ziels definiert werden. Das bedeutet, mit welchen Mitteln, wie z. B. mit dem Einsatz des Fünf-Faktoren-Modells zur individuellen Persönlichkeitsanalyse, kann dieses Ziel erreicht werden.

4 Kim 2016:161

Des Weiteren benötigt jede Organisation eine erlebbare und globale Führungskultur. Denn: Der „Führungskodex des Unternehmens" muss unabhängig von einzelnen Führungspersönlichkeiten umsetzbar sein. Viele stationäre Altenhilfeeinrichtungen sind sehr erfolgreich, weil herausragende Menschen das Unternehmen leiten. Es zeigt sich jedoch, dass mit dem Wegfall dieser Persönlichkeiten auch der Vorteil des Unternehmens verschwindet. Somit sollten der Führungsanspruch und das Führungsverhalten unabhängig von den jetzigen Führungspersönlichkeiten abgeleitet werden. Das funktioniert nur, wenn alle Mitarbeitende in den Diskurs über das Führungsverhalten eingebunden werden. Das wiederum hat eine klare Auswirkung auf die Kultur des Unternehmens.

Edgar Schein (1995) beschrieb schon in den 90er-Jahren des letzten Jahrhunderts, dass sich eine Unternehmenskultur aus drei Ebenen zusammensetzt: Den sogenannte Grundannahmen, den Werten und Normen und den daraus resultierenden Artefakten.

Die Grundannahmen sind meist unbewusst und im Denken der Menschen fest verankert. Sie beziehen sich beispielsweise auf das generelle Verhalten der Menschen untereinander, den unaufgeforderten Einsatz von Unterstützung bei Menschen, die Hilfe benötigen oder auch auf die generelle Denkweise über „Fremde" oder Minderheiten. In der Regel wird in den Unternehmen wenig über die Grundannahmen eines Menschen und damit über die Summe der allgemeinen Weltsicht aller Mitarbeitenden gesprochen. „Man weiß doch, wie sie oder er zu dem Thema „X" oder „Y" steht." Des Weiteren will das Unternehmen auch keine Konflikte „produzieren". Denn es könnte sich herausstellen, dass ein „rechtskonservativ denkender Mitarbeiter" gemeinsam mit einem „Sympathisanten der linken Szene" zusammenarbeitet: Völlig problemlos – bis sie „voneinander wissen". Die Menschen hoffen einfach, dass das Gegenüber mit seinen jeweiligen Wertvorstellungen zu dem jeweiligen Gegenüber passt.

Die Werte und Normen drücken sich in Verhaltensrichtlinien oder durch Gebote sowie Verbote aus. Diese Ebenen sind in der Regel in den Unternehmen dadurch sichtbar, dass sie den Mitarbeitenden als Leitbilder oder Richtlinien zur Verfügung gestellt werden. Da diese Richtlinien schon stark auf das Unternehmen ausgerichtet sind, kann auch konfliktfreier über die Umsetzung der beschriebenen Punkte gesprochen werden. Diese sind abstrakt dargestellt, so dass sich viele Menschen, auch mit unterschiedlichen Grundannahmen, darin wiederfinden können.

Ein Artefakt ist ein von Menschenhand erstellter Gegenstand bzw. eine wiedererkennbare menschliche Verhaltensweise, die sich durch Arbeitsroutinen ausdrückt. Dieses nicht, weil Routinen das Mitdenken verhindern sollen, sondern weil die Routine die optimierte Arbeitsweise darstellt, die sich im Laufe der Zeit als sinnvoll erwiesen hat.

Wenn der Einsatz des Fünf-Faktoren-Modells in einer Einrichtung der stationären Altenhilfe als kultureller Ansatz angesehen wird, so könnte dieser im Sinne der Unternehmenskulturperspektive von E. Schein (1995) folgendermaßen beschrieben werden:

a. Wir sind der festen Meinung, dass Menschen sich dann ehrlich miteinander auseinandersetzen, wenn sie das Gegenüber wirklich kennen. (Eine Grundannahme, die nicht jeder Mitarbeitende teilen muss.)

b. Wir integrieren jeden Mitarbeitenden in diese Systematik; von der Einstellung an und in kontinuierlicher Art und Weise. (Eine Norm, die eine Verbindlichkeit darstellt.)

c. Wir haben den Fragebogen XYZ zur individuellen Persönlichkeitsanalyse in unseren Routinen integriert. Dieser wird in den ersten zwei Beschäftigungswochen eines jeden neuen Mitarbeitenden angewandt. (Es gibt ein Dokument, das in dem Unternehmen eingesetzt und weiterverarbeitet wird.)

Organisationskultur bedeutet unter anderem im Modell der EFQM, dass sich die strategisch relevanten Themen durch Umsetzungsbeispiele widerspiegeln. Außerdem können die Normen und Werte erklärt werden, damit sie mit transparenten und für alle Mitarbeitenden geltenden Grundannahmen in Verbindung gebracht werden können.

„Wie machen wir etwas? – Die Realisierung in der Organisation"
Als wesentliche Interessensgruppen werden in diesem Modell die Kunden, die Mitarbeitenden, die wirtschaftlichen und regulatorischen Gruppen, die Gesellschaft sowie die Partner und Lieferanten betrachtet.

INFO

Die Umsetzung des EFQM-Gedankens am Beispiel der Angehörigen

Zu der Interessensgruppe der Angehörigen werden die Familienangehörigen der jeweiligen Bewohner gezählt. Die Einrichtung muss sich am Anfang die Frage danach stellen, welchen Nutzen diese durch das tägliche Handeln der Mitarbeitenden erleben. Dieser Umstand kann zum Beispiel darin begründet sein, dass diesem Personenkreis ein Gefühl von Sicherheit vermittelt wird, weil sich die Mitarbeitenden gezielt um die jeweiligen Erwartungen und Belange der Bewohner kümmern. Auch hier muss das Unternehmen sich folgende Frage stellen: „Woran soll sich der Angehörige auch noch nach Jahren erinnern, wenn er an unsere Einrichtung denkt?"

Welche Bedeutung haben die Angehörigen für die strategische Ausrichtung der Einrichtung? Diese Fragestellung sollte über die gesamte Wertschöpfungskette (Von der Aufnahme über die Versorgung bis zum Auszug des Bewohners) beantwortet werden. Dabei spielen die Kommunikation und die Kontaktqualität zu den Angehörigen die entscheidende Rolle. Und dieses nicht nur im Zusammenspiel mit den Bewohnern, sondern auch im Hinblick auf das eigene Erleben dieser Interessensgruppe.

Die jeweiligen Vorgehensweisen sind detailliert zu beschreiben:

Inwieweit werden die Erwartungen und Bedürfnisse der Angehörigen im Hinblick auf die Versorgung des Bewohners berücksichtigt?

Wann finden strukturierte Gespräche zwischen der Einrichtung und den Angehörigen statt?

In welchem Rahmen können sich die Angehörigen an der Pflege und Versorgung der zu Betreuenden beteiligen?

Wie ist ein kontinuierlicher Kontakt zwischen den Angehörigen und der Einrichtung bzw. dem Wohnbereich möglich?

Welche weiterführenden Kommunikationsformen, z. B. im Intranet, stehen den Angehörigen zur Verfügung?

In welchem Rahmen finden die Angehörigen Zuspruch, besonders dann, wenn sich der Bewohner in einem gesundheitlich kritischen Zustand befindet?

Wie wird mit den Angehörigen Kontakt gehalten, auch nachdem der Bewohner nicht mehr in der Einrichtung lebt?

In dem EFQM-Modell wird immer wieder der Begriff „Artefakte" verwendet. Dieser steht für die „Gegenstände", die zur Umsetzung der Ziele und Vorgehensweisen in der Einrichtung entwickelt worden bzw. zu finden sind. Dieses können Maßnahmenpläne, Prozessbeschreibungen, Kommunikationsprotokolle oder Auswertungen sein. Wichtig ist es hierbei auch, dass die Vorgehensweisen auch „sichtbar" werden, die die Einrichtung beschrieben hat.

Aus den Maßnahmen heraus sind am Ende Ergebnisse zu generieren. Dazu gehören Leistungsmessungen (Was haben wir umgesetzt?) und Befragungsergebnisse (Wie wird die Umsetzung erlebt?) im Hinblick auf die Kommunikation und Betreuung der Angehörigen. Das bedeutet auch, dass es Feedbackschleifen geben sollte, die mittels strukturierter Befragungen und/oder Gruppenmeetings (Angehörigengruppe – Selbsthilfegruppe Demenz o. ä.) unterstützt werden.

Folglich müssen zuerst die relevanten Interessensgruppen identifiziert werden und im Anschluss daran müssen die jeweiligen Wechselwirkungen mit der Strategie des Unternehmens überprüft werden. Im nächsten Schritt sind die Vorgehensweisen des Unternehmens im Sinne der Interessensgruppen zu beschreiben. Die entsprechenden Artefakte zeigen die geplante Umsetzung auf, die wiederum durch messbare Ergebnisse belegt werden.

„Welche Ergebnisse erzielen wir durch unser Handeln?"
Der Begriff „Ergebnisse" wird in diesem Modell in zwei wesentliche Bereiche getrennt: Die Wahrnehmungsergebnisse, z. B. aus Befragungen zum Einsatz eines Persönlichkeitsmodells (Zufriedenheit mit dem Vorgehen, persönlicher Erkenntnisgewinn durch das Vorgehen).

Die strategie- und leistungsbezogenen Ergebnisse, wie z. B. die Umsetzungsergebnisse im Bereich der Einbindung von Persönlichkeitsmodellen anhand von Beteiligungsquoten (Schulungen, Gespräche, Befragungen) oder Ergebnisdarstellungen (Grad der Qualifikationen, Veränderungsquoten nach Personalmaßnahmen).

Wer sich über das EFQM-Modell detaillierter informieren möchte, kann unter anderem unter „www.ilep.de" viele Anwendungsbeispiele finden.

Die Bedeutung für die Praxis

Ein gesamtes Unternehmen von seiner Struktur her auf einen Gedanken hin auszurichten, wie z. B. auf die Einführung eines Persönlichkeitsmodells, bedeutet in der Konsequenz, dass alle Interessensgruppen eine veränderte Haltung im Denken und Handeln der Mitarbeitenden erleben. Dieses gelingt jedoch nur durch ein strukturiertes und systematisches Vorgehen. Dafür könnte z. B. die Ausrichtung auf das EFQM-Modell hilfreich sein. Der Erfolg eines Unternehmens ist kein Zufallsprodukt, sondern bedarf einer disziplinierten und leidenschaftlichen Umsetzung der eigenen Ziele.

Des Weiteren wird die Auseinandersetzung mit einem solchen Modell von allen Externen wahrgenommen. Die Mitarbeitenden werden eine andere Haltung gegenüber dem unternehmerischen Umfeld entwickeln. Die Auseinandersetzung mit der eigenen Persönlichkeit führt zu einem emphatischen Handeln, das wiederum den Erfolg des Unternehmens fördert. Dieser Erfolg ist in der Regel von der Struktur bis hin zu den dazu passenden Ergebnissen ablesbar.

Die nachfolgende Tabelle zeigt hierfür einen Ausschnitt aus einer Prozessstruktur mit den dazugehörigen Ergebnissen.

Interessens-gruppe	Bereiche	Steuerungs- / Ablaufprozess	Wer?	Kennzahlen / Ergebnisse
MITARBEITENDE	Mit-arbeiter-findung	Stellenaus-schreibungen	EL	• Anzahl der Bewerbungen • Anzahl geeigneter Bewerbungen • Initiativbewerbungen • Anzahl Wiederbewerber (gekündigte)
		Auswahlverfahren	EL	• Quotient Bewerbungen zu Einstellungen
	Ein-arbeitung	Pflegebereich	WBL	• Einarbeitung nach zeitlicher Vorgabe erfolgt • Einarbeitung ist abgeschlossen und der Mitarbeiter ist in den Regelbetrieb integriert (Quotient zwischen SOLL und IST) • Erstellung des Persönlichkeitsprofils • Mitarbeiterpotenzialerhebung • Zufriedenheit mit der Einarbeitung
		Soziale Betreuung	LSB	
		Hauswirtschaft	HWL	
	Probezeit	Einarbeitung	Abt.LTG	• Quotient zwischen Einstellung und Probezeit
	Mit-arbeiter-zufrieden-heit	Zufriedenheitsbe-fragung	EL	• Ergebnisse der Zufriedenheitsbefragung
		Dienstplan-gestaltung	Abt.LTG	• Überstunden • Einhaltung der Vertragsstundenzahl • Einhaltung der Urlaubswünsche • Einhaltung des Grunddienstplans
		Mitarbeiter-beschwerden	Abt.LTG	• Anzahl der Beschwerden der Mitarbeiter
		Geburtstagsgrüße	Abt.LTG.	• Zufriedenheit der Mitarbeiter (Befragung)
		Karrierewege	EL	• Anzahl der Aufstiege

Wichtig ist es, dass die Effektivität und Effizienz jeder Handlung und jedes einzelnen Prozesses mit einer vorab definierten Kennzahl ermittelt werden kann. Nur dadurch ist eine unternehmensweite Steuerung einer Einrichtung erst möglich.

Zusammenfassung und Ausblick

Menschen treten jeden Tag in Kontakt mit anderen Menschen. Ein normaler Vorgang, der jedoch bei Konflikten zu schwerwiegenden Folgen für die Betroffenen und das Unternehmen führen kann. Das ist das Kernthema dieses Buches. Die einzelnen Protagonisten sind plakativ dargestellt. Dieses musste sein, um die unterschiedlichen Möglichkeiten von Verhaltensänderungen aufzeigen zu können. Das bedeutet auch, dass die Protagonisten in den beschriebenen Szenen häufig ein negatives Verhalten zeigen, was nicht den Schluss darauf zulässt, dass bei der Lektüre dieses Buches der Eindruck entsteht, dass bestimmte Generationen „genau so sind". Die Autoren kennen eine Vielzahl von Mitarbeitenden in der stationären Altenhilfe, die zu einer der beschriebenen Generation gezählt werden können, sich aber nicht „typisch" verhalten.

Dieses Buch legt den Fokus auf die Betrachtung der Verhaltensweisen unterschiedlicher Persönlichkeiten mit ihren jeweiligen Perspektiven. Diese wurden in den vorliegenden Kapiteln über die jeweilige Generationszugehörigkeit bzw. über die Zuordnung bestimmter Persönlichkeitseigenschaften erklärt. Auch, wenn nicht jede mögliche Situation, die in einer stationären Altenhilfeeinrichtung auftreten kann, beleuchtet wurde, so kann doch Folgendes festgestellt werden: Jeder Mensch reagiert aufgrund seines biografischen Hintergrunds und seiner daraus resultierenden Persönlichkeit „anders" auf sein jeweiliges Gegenüber. In diesem Spannungsfeld können sich für eine kurze Zeit oder auch dauerhaft Verhaltensweisen verfestigen, die sich aus der Sicht der Autoren nur durch einen transparenten Umgang mit den eigenen Erwartungen und Bedürfnissen konstruktiv beheben lassen. Und dies unabhängig davon, wie alt ein Mensch ist oder welchen biografischen Hintergrund er mitbringt. Der in diesem Buch beschriebene Ansatz kann jedoch nur von den Mitarbeitenden einer Einrichtung ausgehen. Nutznießer sind hierbei am Ende alle Beteiligten. Die Auseinandersetzung mit der eigenen Persönlichkeit wird als kommunikativer und kooperativer Prozess angesehen, der es den Mitarbeitenden ermöglicht, sich entsprechend der jeweiligen vorgegeben Situation zu verhalten. Dieser Gedanke setzt ein hohes Maß an Reflexionsfähigkeit voraus.

Das vorliegende Buch kann auf unterschiedliche Art und Weise genutzt werden:

1. Als Leitfaden zum Aufbau einer Personalentwicklung, die sich auf die Persönlichkeitsentwicklung der Mitarbeitenden konzentriert. Dieses ist für alle Führungskräfte interessant, die weg von den Standardthemen wollen, um einen echten Mehrwert im Bereich der Mitarbeiterbindung zu erzielen.

2. Als Ideengeber zur verbesserten Kommunikation zwischen einzelnen Mitarbeitenden und/oder Kunden in Alltagssituationen. Dieses ist für Wohnbereichsteams interessant, die sich so vor allem die Frage danach stellen, warum denn so manches Mal in der einen oder anderen Situation mit einem Bewohner „der Wurm drin ist".

3. Als Impulsgeber zur Reflexion von individuellen Verhaltensweisen und zur Veränderung der eigenen Sichtweise in Bezug auf Situationen. Dies ist für jeden Mitarbeitenden oder ein Team interessant, der bzw. das mehr über sich wissen will. Das kann gerne allein geschehen, denn die eigene Entwicklung ist für jeden Menschen die wichtigste Lebensaufgabe.

Die in diesem Buch beschriebenen Ansätze und Methoden sind keine „Alltagsfliegen". Vielmehr sollte am Anfang dieses Prozesses die Bereitschaft zu einem Kulturwechsel bzw. „Blickrichtungswechsel" in der stationären Altenhilfeeinrichtung stehen. „Wofür stehen wir?", „Wer wollen wir sein?", „Wie wollen wir wahrgenommen werden?" sind die wesentlichen Leitfragen, die das Unternehmen auf diesem Veränderungsweg dauerhaft begleiten sollte.

Es wird in den nächsten Jahren immer wichtiger werden, die Kunden stärker in den Personalentwicklungsprozess mit einzubinden. Dies nicht, um Bewohnern und deren An- bzw. Zugehörigen eine „Vormachtstellung" in diesem Segment zu gewähren. Vielmehr, um die Nahtstelle zwischen den Kunden und den Mitarbeitenden als einen Verbund der beiden wesentlichen Interessensgruppen zu begreifen. Damit wird ein wesentlicher Beitrag zur Schaffung einer Mitarbeiterbindungsstrategie geleistet, der weit über Themen, wie Arbeitszeiten oder Gehaltsmodelle, hinausgeht.

Lena und Alina müssen sich jeden Tag mit den Bedürfnissen der Bewohner, wie denen von Herrn Schwarz, auseinandersetzen. Dann kommen noch die Verhaltenserwartungen von Timo Richter und Isolde Schwarz hinzu. Entlang der Beschreibung von mehreren möglichen Begegnungen und anhand unterschiedlicher Situationen wurde eine Vielzahl von Verhaltensoptionen beschrieben, die jedoch alle die gleiche Ausgangslage haben: Es muss dem Einzelnen gelingen, sich auf das jeweilige Gegenüber einzulassen.

Auch, wenn es utopisch klingt: Wäre es nicht hervorragend, wenn sich Mitarbeitende und Bewohner nicht nur kennen, sondern sich auch gegenseitig in ihrer persönlichen Entwicklung bestärken? Dafür ist es bekanntlich nie zu spät.

Emil Schwarz feiert seinen Geburtstag und hat alle in diesem Buch vorkommenden Protagonisten eingeladen.

Emil Schwarz: „Ich freue mich, dass Sie alle – und auch du Isolde – zu meiner kleinen Feier erschienen sind. Über Sie Alina, freue ich mich ganz besonders, da ich weiß, dass Sie auf solche Veranstaltungen keine große Lust haben. Denn das zeigt mir, dass Sie mich doch mögen und ich muss Ihnen sagen: Ich mag Sie auch, auch, wenn ich manchmal keine Lust zum Mitmachen habe."

Alina: „Alles ist gut, Herr Schwarz. Ich weiß ja, dass sie mich nicht als Person meinen. Auch, wenn ich leicht einzuschüchtern bin."

Isolde Richter: „Lena, es tut mir leid, dass ich Sie Letztens mit meiner Beschwerde auf dem „falschen Fuß" erwischt habe. Wissen Sie, ich will die Dinge einfach immer schnell geregelt wissen."

Lena: „Frau Schwarz, ich muss mich eigentlich bei Ihnen entschuldigen. Wenn ich im Stress bin, dann habe ich oft keine Geduld, um noch eine Aufgabe zu übernehmen. Das hat mehr mit mir als mit Ihnen zu tun. Unser Pflegedienstleiter, Herr Richter, weiß davon ein „Lied zu singen."

Timo Richter: „Ja, Frau Schwarz, das kann ich nur bestätigen. „Schnell, schnell" geht in unserem Beruf eben nicht immer. Da muss ich mich auch stets disziplinieren. Besonders dann, wenn ich etwas von meinen Mitarbeitenden will. Und Herr Schwarz, ich werde Sie regelmäßig besuchen, um einfach einmal mit Ihnen zu plaudern."

Emil Schwarz: „Das ist in Ordnung. Wenn es nicht jeden Tag passiert …"

Schauen wir einmal, was die Zukunft für unsere Protagonisten noch bereithält …

Anhang

Die Strukturmerkmale der Einrichtung

Bei der vollstationären Pflegeeinrichtung „Olde Butz" (Altes Bett), die im vorliegenden Buch als Modell dient, handelt es sich um eine solitäre Einrichtung mit 100 Betten und fünf eingestreuten Kurzzeitpflegeplätzen. Die Einrichtung liegt in einer norddeutschen Großstadt und wird von einem privaten Träger betrieben.

Aus Datenschutzgründen erfolgt hier eine fiktive Namensnennung. Ähnlichkeiten mit einer real existierenden Einrichtung sind vor diesem Hintergrund also rein zufällig.

Die Einrichtung wurde im Jahr 1980 erbaut und im Jahr 2017 vollständig modernisiert.

Ein weiträumiger, liebevoll gestalteter und mit verschiedenen Hochbeeten ausgestatteter Garten, der sich im Innenhof der Einrichtung befindet, bietet Möglichkeiten zum Aufenthalt im Freien.

Das Quartier, in dem die Einrichtung liegt, stellt den Bewohnern in fußläufiger Entfernung attraktive Einkaufsmöglichkeiten und Verkehrsverbindungen zur Verfügung. Des Weiteren befinden sich in der direkten Umgebung öffentliche und kulturelle Angebote (z. B. Musik- und Kulturveranstaltungen), an denen die Bewohner teilhaben können, wenn sie es denn wünschen.

Insgesamt gibt es hier vier Wohnbereiche, auf denen jeweils 25 Bewohner in modern gestalteten Einzelzimmern mit eigenem behindertengerechtem Badezimmer, Telefon-, TV- bzw. Kabelanschluss und Internetzugang wohnen.

Die Pflegegrade der Bewohner

Die Anzahl der in der Einrichtung lebenden Bewohner stellt sich entlang der Pflegegrade (2 – 5) derzeit wie folgt dar:

100 Bewohner; derzeit belegte Betten: 99	Pflegegrad-Zuordnung
0 BW	PG 1
8 BW	PG 2
36 BW	PG 3
32 BW	PG 4
24 BW	PG 5

Die Kosten in der Einrichtung

Ergänzend erfolgt an dieser Stelle einer kurzer Überblick über die Kosten, die die Bewohner – je nach Pflegegrad – in dieser Einrichtung zu tragen haben.

Gesamtheimgeld nach Pflegegrad in Euro (ohne Investitionskosten)				
Pflegegrad 1	Pflegegrad 2	Pflegegrad 3	Pflegegrad 4	Pflegegrad 5
1627,42 Euro	2334,15 Euro	2826,30 Euro	3339,18 Euro	3569,16 Euro
Anteil des Versicherten	Anteil des Versicherten	Anteil des Versicherten	Anteil des Versicherten	Anteil des Versicherten
1502,45 Euro	1564,18 Euro	1564,18 Euro	1564,18 Euro	1564,18 Euro

Die Krankheitsbilder der Bewohner

In der Einrichtung leben Bewohner mit völlig unterschiedlichen Krankheitsbildern. Das Spektrum reicht hier von leicht bis zu schwer demenziell erkrankten Bewohnern bis hin zu Menschen mit oftmals multimorbiden Erkrankungen und einer eingeschränkten bzw. nicht mehr vorhandenen Mobilität: Parkinson, Multiple Sklerose, Hemiplegie, Thrombose, Diabetes Mellitus, COPD und psychiatrische und neurologische Beeinträchtigungen.

Blinde, beatmungspflichtige Bewohner und Menschen im Wachkoma oder mit einer schweren Suchterkrankung werden von der Einrichtung ebenso wenig aufgenommen, wie Menschen mit einer Schwerstbehinderung, da die Einrichtung nicht auf diese Versorgungsschwerpunkte spezialisiert ist.

Die Personalstruktur

Auf jedem Wohnbereich arbeitet eine Wohnbereichsleitung, die vollständig mit in der aktiven Pflege tätig ist. Neben den Pflegefachkräften und Pflegehilfskräften verfügt jeder Wohnbereich über zwei zusätzliche Betreuungskräfte nach § 43b SGB XI, die für die soziale Beschäftigung der Bewohner (Gruppen- und Einzelbeschäftigungsangebote) verantwortlich sind.

Der Personalschlüssel ist gemäß der dem Bundesland zugrunde liegenden Formel für die einzelnen Bewohner und den bei ihnen aktuell und jeweils vorhandenen Pflegegraden festgelegt.

Pflegegrad-Zurordnung	Personalschlüssel/Pflegegrad
PG 1	13,40
PG 2	4,60
PG 3	2,80
PG 4	1,99
PG 5	1,77

Quelle: www.michael-wipp.de/fachbeitraege/pflegekennzahlen; Zugriff vom 03.02.2020

Auf eine detaillierte Darstellung der Verteilung der Bewohner und ihrer jeweiligen Pflegegrade auf den einzelnen vier Wohnbereichen wird an dieser Stelle verzichtet, da die Zahlen und Daten nicht handlungsleitend für die vorliegende und zu behandelnde Thematik sind. Hierfür reicht eine globale und über das ganze Unternehmen hinweg zu betrachtende Darstellung aus.

Insgesamt verfügt die Einrichtung über 40 bereichsübergreifende Vollzeitstellen im Drei-Schicht-System (Früh-, Spät- und Nachtdienst) in der Pflege.
Die Fachkraftquote liegt bei 50% und entspricht damit den gesetzlichen Anforderungen der Prüfbehörden (MDK und Heim- bzw. Wohn- und Pflegeaufsicht).

Die Stellen der Einrichtungsleitung und Pflegedienstleitung sowie des Qualitätsbeauftragten, der Praxisanleiter und der Leitung der Sozialen Betreuung und der Hauswirtschafts- und Verwaltungsleitung und der dort angesiedelten Mitarbeiter sind separat verhandelt.

Auf jedem Wohnbereich gibt es derzeit einen Auszubildenden, der sich im 1., 2. oder 3. Ausbildungsjahr befindet und der nicht anteilig mit in die Personalbemessung einbezogen ist. Vielmehr laufen die Auszubildenden während ihrer dreijährigen Ausbildung im Dienstplan „on Top".

Die Personalsituation in der Einrichtung ist relativ stabil: Die Krankheits- und Fehlzeiten der Mitarbeiter beliefen sich im Jahr 2019 auf 6%. Die Quote der Mitarbeiter, die in diesem Jahr gekündigt haben bzw. denen gekündigt wurde, lag bei 7%. Innerhalb von drei Monaten konnten die vakanten Stellen wieder besetzt werden. Der prozentuale Anteil der Mitarbeiter, die mehr als 5 Jahre in der Einrichtung beschäftigt sind, liegt bei 80%.

Die Einrichtung hat einen sehr guten Ruf und ist dafür bekannt, dass sie im Bereich „Mitarbeiterbindung" viel Engagement zeigt: Die Mitarbeiter erhalten hier Löhne und Gehälter, die weit über den gesetzlich vereinbarten Tarif (TVÖD) hinausgehen.
Zudem findet eine zielgerichtete Einarbeitung eines jeden Mitarbeiters auf jeder Ebene statt und es gibt Mitarbeiterjahresgespräche im Unternehmen. Ferner steht auch die Karriereförderung und Aufstiegsorientierung eines jeden Mitarbeiters im Vordergrund des Vorgehens der Einrichtung.

Die Pflegedokumentation erfolgt seit mehreren Jahren ausschließlich EDV-gestützt und mittels Touchscreens, die sich auf jedem Wohnbereich befinden. Vor zwei Jahren erfolgte eine Umstellung der Pflegedokumentation auf das Strukturmodell.

Die hauswirtschaftliche Versorgung

In der Einrichtung wird selbst gekocht: Die hauseigene Küche bietet den Bewohnern jeden Tag zwei Gerichte (Vollkost, Diät-/Reduktionskost) zur Auswahl zum Mittagessen an. Im Erdgeschoss der Einrichtung befindet sich ein großer und modern gestalteter Speisesaal mit 50 Sitzplätzen, in dem mobile oder nicht zu sehr in ihrer Mobilität beeinträchtige Bewohner sechs Mahlzeiten am Tag einnehmen können.

Auf den einzelnen Wohnbereichen gibt es zudem neu gestaltete kleine Speise- und Aufenthaltsräume für diejenigen Bewohner, die nicht mehr in den Speisesaal im Erdgeschoss gelangen können oder es nicht wollen.

Die Wäscheversorgung, der Reinigungs-, Hausmeister- und Verwaltungsservice erfolgt ebenfalls hausintern. Alle Getränke (Kaffee, Wasser, Tee, Säfte, Bier und Wein etc.)

sind in den Heimkosten enthalten und somit zuzahlungsfrei. Diese Dienstleistungen sind also nicht „outgesourct", bis auf die Flachwäsche, die extern gewaschen wird.

Die letzte MDK-Note der Einrichtung

Die Qualität der stationären Einrichtung wurde im Rahmen der letzten Qualitätsprüfung (Regelprüfung) nach § 114 Abs. 1 SGB XI im Oktober 2019 wie folgt durch den MDK benotet.

Note für die Pflege und medizinische Betreuung	Note für den Umgang mit demenzkranken Bewohnern	Note für die Betreuung und Alltagsgestaltung	Note für das Wohnen, die Hauswirtschaft und Hygiene	Note für die Befragung der Bewohner
1,1	1,0	1,0	1,0	1,4

Gesamtergebnis und Bundeslanddurchschnitt	
Rechnerisches Gesamtergebnis	Durchschnitt im Bundesland
1,0	1,4

Momentan ist die Einrichtung dabei, sich auf die Vorbereitung zur Erhebung und Bewertungssystematik für die Indikatoren zu konzentrieren sowie auf die neue Prüfrichtlinie für vollstationäre Einrichtungen, die seit dem 1. November 2019 vom MDK als prüfungsrelevant zugrunde gelegt wird.

Aufgrund der Verschiebung der Meldung der Indikatoren und einer noch nicht erfolgten MDK-Prüfung nach der neuen QPR, die Corona-bedingt ausgesetzt bzw. verschoben wurde, sind keine aktuellen Daten vorhanden

Literaturverzeichnis

Aduno-Gruppe (Hg.) (2008): DieBabyBoomer.

Amelang, Manfred; Zielinski, Werner (1997): Psychologische Diagnostik und Intervention. 2., korrigierte, aktualisierte und überarb. Aufl. Berlin: Springer (Springer-Lehrbuch).

Armutat, Sascha et al. (2011): Zwischen Anspruch und Wirklichkeit: Generation Y finden, fördern und binden. Hg. v. Deutsche Gesellschaft für Personalführung e.V. (DGFP e.V. PraxisPapier, 9).

Beratungsteam Pflegeausbildung (2019): Arbeitshilfe für die praktische Ausbildung. 2.1. Aufl. Hg. v. Bundesamt für Familie und zivilgesellschaftliche Aufgaben (BAFzA). Online verfügbar unter https://www.pflegeausbildung. net/beratung-und-information/publikationen.html#fancybox-184-4, zuletzt geprüft am 22.06.2020.

BoomTimes (2016): Was die Generation der Babybommmer bewegt - und wie Arbeitgeber davon profitieren können. Hg. v. Kellyservices.com. Online verfügbar unter www.kellyservices.de/de/siteassets/germany---kelly services/uploadedfiles/germany_-_kelly_services/new_smart_content/business_resource_center/workforce_ trends/baby20boomers20kgwi20ebook.pdf, zuletzt aktualisiert am 20.01.2020.

Bundesministerium für Gesundheit (Hg.) (2018): Pflegeberufegesetz. Online verfügbar unter https://www. bundesgesundheitsministerium.de/pflegeberufegesetz.html, zuletzt geprüft am 23.06.2020.

Bußmann, Nicole (2017): Die Kunst des Führens. Mythen auf dem Prüfstand. Eine Studie von Stepstone und der Unternehmensberatung Kienbaum. In: Manager Seminare (233), S. 11.

Collatz, Annelen; Gudat, Karin (2011): Work-Life-Balance. Göttingen: Hogrefe (Praxis der Personalpsychologie, 25). Online verfügbar unter http://sub-hh.ciando.com/book/?bok_id=281307.

Comer, Ronald J.; Sartory, Gudrun (Hg.) (2008): Klinische Psychologie. 6. Aufl. Heidelberg: Spektrum Akad. Verl. Online verfügbar unter http://deposit.d-nb.de/cgi-bin/dokserv?id=3123575&prov=M&dok_var=1&dok_ ext=htm.

Drucker, Peter F.; Snyder Kuhl, Joan; Hesselbein, Frances (2015): Die fünf Fragen des Managements für Führungskräfte von heute. Unter Mitarbeit von Marlies Ferber. 1. Auflage. Weinheim: Wiley.

forum-verlag (Hg.) (2019): Praxisanleiter. Welche Erwartungen werden an die Praxisanleitung in der Pflege gestellt? Online verfügbar unter https://www.forum-verlag.com/blog-gp/praxisanleiter, zuletzt geprüft am 23.06.2020.

Heidenfelder, Eva (2014): „Sie sind angepasst, aber das ist ihr Vorteil". Hg. v. FAZ. Online verfügbar unter https:// www.faz.net/aktuell/karriere-hochschule/buero-co/2.3113/interview-mit-jugendforscher-zur-gen-y-13148663. html, zuletzt aktualisiert am 18.01.2020.

Hossiep, Rüdiger; Mühlhaus, Oliver (2005): Personalauswahl und -entwicklung mit Persönlichkeitstests. Göttingen: Hogrefe (Praxis der Personalpsychologie, 9). Online verfügbar unter http://deposit.dnb.de/cgi-bin/dokserv?id=2647684&prov=M&dok_var=1&dok_ext=htm.

Kahneman, Daniel (2012): Schnelles Denken, langsames Denken. Unter Mitarbeit von Thorsten Schmidt. Vierundzwanzigste Auflage. München: Siedler.

Kaufmann Matthias (2015): „Die wollen viel Feedback, aber nicht nur Lob". Junge Kollegen bei Daimler. Hg. v. Spiegel Job & Karriere. Online verfügbar unter https://www.spiegel.de/karriere/generation-z-wie-daimler-sich-auf-junge-mitarbeiter-vorbereitet-a-1039136.html, zuletzt aktualisiert am 27.01.2020.

Kim, W. Chan; Mauborgne, Renée (2016): Der blaue Ozean als Strategie. Wie man neue Märkte schafft, wo es keine Konkurrenz gibt. Unter Mitarbeit von Ingrid Pross-Gill und Helmut Dierlamm. 2., aktualisierte und erweiterte Auflage. München: Hanser. Online verfügbar unter http://www.hanser-fachbuch.de/9783446446762.

Knebel, Kassandra (2018): Generation Y, Generation X, Generation Z – Unterschiede & Chancen. Hg. v. berliner team. Online verfügbar unter www.berlinerteam/magazin/generation y,x,z,babyboomer.de, zuletzt aktualisiert am 16.01.2020.

Kitwood, Tom (2016): Demenz. Der person-zentrierte Ansatz im Umgang mit verwirrten Menschen. 7.- überarbeitete und ergänzte Auslage. Bern: Hogrefe.

Krumm, Stefan; Mertin, Inga; Dries, Christian (2012): Kompetenzmodelle. Göttingen: Hogrefe (Praxis der Personalpsychologie, 27). Online verfügbar unter http://sub-hh.ciando.com/book/?bok_id=471885.

Kury, Patrick (2012): Der überforderte Mensch. Eine Wissensgeschichte vom Stress zum Burnout. Frankfurt am Main: Campus-Verl. (Campus Historische Studien, 66). Online verfügbar unter http://sub-hh.ciando.com/book/?bok_id=337255.

Lau, Viktor (2013): Schwarzbuch Personalentwicklung. Spinner in Nadelstreifen. 1. Auflage. Stuttgart: Steinbeis-Edition.

Lord, Wendy (2011): Das NEO-Persönlichkeitsinventar in der berufsbezogenen Anwendung. Interpretation und Feedback. Göttingen: Hogrefe.

Mangelsdorf, Martina (2015): Von Babyboomer bis Generation Z. Der richtige Umgang mit unterschiedlichen Generationen im Unternehmen. Offenbach: Gabal (Whitebooks). Online verfügbar unter https://ebookcentral.proquest.com/lib/gbv/detail.action?docID=4687688.

Moll, André; Khayati, Saousen; Anton, Wiebke (2019): Excellence-Handbuch. Grundlagen und Anwendungen des EFQM Modells 2020. 1. Auflage.

Montag, Christian (2016): Persönlichkeit - Auf der Suche nach unserer Individualität. Berlin, Heidelberg: Springer. Online verfügbar unter http://dx.doi.org/10.1007/978-3-662-48895-9.

Neuberger, Oswald (2002): Führen und führen lassen. Ansätze, Ergebnisse und Kritik der Führungsforschung ; mit zahlreichen Tabellen und Übersichten. 6., völlig neu bearb. und erw. Aufl. Stuttgart: Lucius & Lucius (UTB für Wissenschaft Betriebswirtschaftslehre, Psychologie, 2234).

Pablocki, Frank von (2016): Kunden- und Mitarbeiterbefragungen. In: Häusliche Pflege (12).

Pablocki, Frank von (2016): Motivation und Führung im Qualitätsmanagement. In: CAREkonkret 19 (14).

Pablocki, Frank von (2018): In eigenen Schlüsselkompetenzen stärker werden. In: CAREkonkret (18), S. 9.

Pablocki, Frank von (2019): Integration neuer Mitarbeiter. In: Tagespflege (11), S. 12–13.

pflegen-online.de (2017): Generalistik kommt 2020. Hg. v. Schlütersche.de. Online verfügbar unter https://www.pflegen-online.de/generalistik-kommt-2020, zuletzt geprüft am 23.06.2020.

Pinquart, Martin: Stabilität und Veränderung: Persönlichkeit im Erwachsenenalter in entwicklungspsychologischer Perspektive. In: DIE Zeitschrift für Erwachsenenbildung 2013(4): Der Erwachsene in der Erwachsenenbildung 2013, S. 37–40. Online verfügbar unter http://www.die-bonn.de/id/31165.

PRO PflegeManagement (2019): Bewohneraufnahme: Sichern Sie maximale Zufriedenheit. Hg. v. PRO Pflege-Management. Online verfügbar unter https://www.ppm-online.org/bewohneraufnahme-sichern-sie-maximale-zufriedenheit/, zuletzt geprüft am 07.02.2020.

Raad, Boele de (2000): The big five personality factors. The psycholexical approach to personality. Seattle: Hogrefe & Huber.

Raeder, Sabine; Grote, Gudela (2012): Der psychologische Vertrag. Göttingen: Hogrefe (Praxis der Personalpsychologie, Band 26).

Roger Seeli (2019): Generationen im Web, Traditionalist, Boomer, Generation X, Generation Y. Hg. v. myknow.com. Online verfügbar unter https://blog.myknow.com/generationen-im-web-traditionalist-boomer-generation-x-generation-y/, zuletzt aktualisiert am 16.01.2020.

Sarges, Werner; Wottawa, Heinrich (Hg.) (2005): Handbuch wirtschaftspsychologischer Testverfahren. Band I: Personalpsychologische Instrumente. 2. überarbeitete und erweiterte Auflage. Lengerich: Pabst Science Publishers. Online verfügbar unter https://www.wiso-net.de/document/PBST,APBS__97839353575551000.

Saum-Aldehoff, Thomas (2018): Big Five. Sich selbst und andere erkennen. 4. Auflage. Ostfildern: Patmos Verlag.

Schein, Edgar (1995): Ein Handbuch für Führungskräfte. Frankfurt/Main: Campus Verlag. der Kommunikation. 37. Auflage, Originalausgabe. Reinbek bei Hamburg: Rowohlt Taschenbuch Verlag (rororo, 18496 : rororo-Sachbuch).

Schulz von Thun, Friedemann (2018): Stile, Werte und Persönlichkeitsentwicklung. Differentielle Psychologie Schein, Edgar (1995): Ein Handbuch für Führungskräfte. Frankfurt/Main: Campus Verlag.

Stiller, Mercedes; Pablocki, Frank von (2019): Führen in der Altenhilfe. Werkzeugkoffer für die Wohnbereichsleitung. 1. Auflage. Hannover: Vincentz Network.

Wegge, Jürgen; Schmidt, Klaus-Helmut (2015): Diversity management. Generationenübergreifende Zusammenarbeit fördern. 1. Auflage. Göttingen: Hogrefe (Praxis der Personalpsychologie, Band 31).

Wehr, Gerhard (2013): C. G. Jung. Mit Selbstzeugnissen und Bilddokumenten. 22. Aufl. Reinbek bei Hamburg: Rowohlt (Rowohlts Monographien, 50152).

Wipp, Michael (2019): Pflegekennzahlen. Hg. v. WippCare. Online verfügbar unter https://www.michael-wipp.de/fachbeitraege/pflegekennzahlen/, zuletzt aktualisiert am 03.02.2020.

wirtschaftswissen.de (2019): Fragetechnik: Der Unterschied zwischen offenen und geschlossenen Fragen. Hg. v. wirtschaftswissen.de. Online verfügbar unter https://www.wirtschaftswissen.de/marketing-vertrieb/public-relations/unternehmenskommunikation/fragetechnik-der-unterschied-zwischen-offenen-und-geschlossenen-fragen/, zuletzt geprüft am 07.02.2020.

Wittchen, Hans-Ulrich (Hg.) (2011): Klinische Psychologie & Psychotherapie. 2., überarb. und erw. Aufl. Heidelberg: Springer-Medizin (Springer-Lehrbuch).

Autoren

Dr. Mercedes Stiller

Gesellschafterin von SP Kommunikation und promovierte Soziologin sowie Zertifizierter Coach und Fachautorin. Sie ist seit über 25 Jahren im Fort- und Weiterbildungsbereich für examinierte und verantwortliche Pflegefachkräfte sowie Pflegedienstleitungen und Einrichtungsleitungen tätig. Sie ist Multiplikatorin für das Indikatorenmodell. Die Schwerpunkte der Arbeit beziehen sich auf die Bereiche Verkaufstraining, Akquisition und Beschwerdemanagement. Ferner liegt ihr Interessenschwerpunkt auf den Gebieten der Mobbing-, Burnout-und Stress-Prävention. Darüber hinaus liegt ein weiteres Arbeitsfeld im Bereich der Konfliktmanagement- und Unternehmensberatung.

Frank von Pablocki

Gesellschafter von SP Kommunikation und Diplom-Psychologe. Seit über 20 Jahren Berater und Trainer für Führung und Prozessoptimierung. Er ist QMB, EFQM-Excellence-Assessor, zertifizierter Coach und Fachautor. Er ist Mastermultiplikator. Neben der Strategieentwicklung liegen seine Schwerpunkte in den Bereichen Teamarbeit und Qualitätssicherung.

Unser Tipp

Führen in der Altenpflege
Werkzeugkoffer für die Wohnbereichsleitung
Dr. Mercedes Stiller, Frank von Pablocki

Vom Kollegen zum Vorgesetzten. Für alle Wohnbereichsleitungen, die den Rollentausch meistern müssen oder nach längerer Tätigkeit neue Impulse zum Thema Führung suchen:

Dieses Handbuch bietet Orientierung, praxisnahe Werkzeuge und Lösungsvorschläge. Zum Einstieg, zur Führungsrolle, zum eigenen Rollenverständnis, zu Führungstechniken.

Nutzen Sie den „Werkzeugkoffer", um für die verschiedensten Situationen gewappnet zu sein. Gewinnen Sie Sicherheit für die Herausforderungen der ersten 100 Tage als Wohnbereichsleitung. Profitieren Sie von vielen Praxistipps und Fallbeispielen. Denn so machen Sie sich „fit für die Führung".

Auch als eBook (ePub) erhältlich.

2019, 132 Seiten, kart., Format: 17 x 24 cm,
ISBN 978-3-86630-798-8, Best.-Nr. 20854

Jetzt bestellen! Vincentz Network GmbH & Co. KG · Bücherdienst · Postfach 6247 · 30062 Hannover
T +49 511 9910-033 · F +49 511 9910-029 · www.altenpflege-online.net/shop